Managing Suicidal Risk: A Collaborative Approach

自殺危機處遇

合作取向

| 第二版 |

五南圖書出版公司 印行

再一次獻給

柯琳（Colleen）、康納（Connor）、狄倫（Dillon）

並以茲紀念

法蘭克・賈伯斯（Frank Jobes）、海倫・賈伯斯（Helen

Jobes）、史提夫・賈伯斯（Steve Jobes）

關於作者

　　大衛・賈伯斯（David A. Jobes）博士，通過美國心理專業執照甄審委員會（American Board of Professional Psychology, ABPP）審查合格，是美國天主教大學（The Catholic University of America）心理系教授，並擔任該系臨床訓練的副主任。賈伯斯博士亦是美國軍醫大學（Uniformed Services University of the Health Sciences）醫學院精神科的客座教授。他擁有超過三十年在自殺學領域的研究經歷，並發表了大量的期刊論文，也例行性的為專業臨床工作者提供臨床自殺學、專業倫理，和風險管理的訓練。賈伯斯博士也擔任美國的國防部、退伍軍人事務部、疾病管制與預防中心，以及國家科學院醫學院的專業顧問。過去也曾擔任美國自殺學會（American Association of Suicidology, AAS）的會長，並接續在科學理事會（Scientific Council）和美國自殺防治基金會的公共政策理事會（Public Policy Council of the American Foundation for Suicide Prevention）中服務。賈伯斯博士的研究成果獲頒了許多獎項，其中包含瑪莎・林納涵針對自殺行為的治療處遇之傑出研究獎，以及路易斯 I. 都柏林獎（美國自殺學會的自殺防治職業貢獻獎）。他是美國心理學會（American Psychological Association, APA）的成員之一，也是認證的臨床心理師；在華盛頓哥倫比亞特區設有私人臨床執業暨司法顧問諮詢所。

前言

當我被邀請為第二版的自殺危機處遇合作取向撰寫序時，我馬上就答應了。我認識大衛・賈伯斯很久了，且和他過往有一些很有緣的經歷。他將他的專業生涯奉獻給美國天主教大學（The Catholic University of America），該校是我以助理教授的身分開啟學術生涯，還未受聘至華盛頓大學（University of Washington）任教前的學校。約莫三十年以前，當大衛還是美利堅大學（American University）的研究所學生時，他第一年的心理治療實習督導是艾倫・萊文塔爾，恰好就是在我早年的生涯及人生中影響我甚鉅的一位導師。在那個時候，大衛曾寫信詢問關於我的研究，而我回了信。爾後過了幾年，我們在美國自殺學會的年會中彼此終於見到了面，我便開始鼓勵他發展自殺風險的早期評估研究，最終這個研究發展成了自殺評估量表（SSF），就是本書所詳細深度探討的主題。

在我們彼此認識的過程中，一個重大的轉捩點便是在我被邀請出席於瑞士開辦的艾斯凱研討會（Aeschi Conference），這個研討會安排了一系列非常好的會議，提供與會者和致力找到以同理的方式來和自殺傾向患者一同工作的臨床研究者會面。在這些會議當中，我和大衛深度的討論了關於他想成為一名自殺處遇治療研究者的想法。我極力鼓勵他持續完成他的研究，並且找更多的資金來資助針對自殺危機處遇合作取向（CAMS——即是本書的所探討的重點）的研究。大衛申請了美國國立精神衛生研究院探索研究補助金（R-34），當時我在該研究院擔任顧問。然而，大衛並沒有申請到這筆研究補助金，但卻因此鞏固了我們之間的情誼；我因此能夠指導他撰寫補助金的申請計畫，以及協助他一步一步成為一位自殺處遇治療的研究者。

任何認識我的人都知道我對於科學和數據的熱情，以及我對於透過

隨機對照試驗來發展有效治療處遇的要求。在十年前，除了我自己對於辯證行為療法（Dialectical Behavior Therapy, DBT）的自殺研究採用隨機對照試驗的方法來研究之外，相關領域中都鮮少有針對自殺處遇而採用隨機對照試驗方法的研究。當我在西雅圖和一些資深的同事及許多年輕的研究學者，一同召開一系列研究會議來支持彼此的研究補助金申請計畫時，我做出了一個承諾：我要改變這個領域，讓更多資金能夠挹注到運用隨機對照試驗方法的自殺處遇研究。我很高興這一系列的會議很有效的幫助了許許多多的研究學者取得更多的研究補助金，得以運用隨機對照試驗方法來研究自殺防治，漸漸的為這個領域帶來轉型。大衛身為這一系列會議中的一員，他取得了數個補助隨機對照試驗研究的計畫經費，並以此發表了CAMS 在自殺防治領域上是如此有效的數據。透過這些研究數據，我們知道 CAMS 不僅大幅地降低了患者的自殺意念和整體的壓力症狀，同時也提升了患者對生活的希望感、滿足感，以及接受治療的意願。除此之外，現在有四個針對 CAMS 的隨機對照試驗研究正在進行，嘗試再製並擴展先前的臨床試驗發現，以利能夠更有效的分析 CAMS 對於自殺行為的影響。

　　許多人都認定我是邊緣性人格疾患（Borderline personality disorder）治療的研究者。但事實上，我一直將我自己首先定義為一名自殺處遇研究者。自殺在心理衛生照護上而言是非常不幸的，坦白說，相較於我們在臨床上做的，我們應該對於自殺處遇有更多的先備知識。而我此生的目標是幫助人們找到方式走出自殺的絕望，而大衛替我分攤了這個目標；證據支持講求同理、坦率、合作的 CAMS 模式，能幫助自殺傾向患者穩定下來，並使臨床工作者接續以各式各樣不同的實證取向處遇方式來有效治療患者自己所定義的「起因」。自殺評估量表則提供了很好的指引來幫助自殺傾向患者穩定，臨床工作者和患者得以使用 CAMS 為架構來一同工作；我

相信 CAMS 在臨床研究上的貢獻是獨一無二的。

　　在過去二十年來，我非常榮幸能夠支持大衛 CAMS 的科學發展，我也感激他將我視爲他身爲臨床科學家生涯當中，非常重要的影響者。能夠看見隨機對照試驗研究在臨床自殺防治上如此蓬勃發展是一件非常有意義的事，而大衛 CAMS 的研究則在其中占了大部分。我們自殺學者一輩都相信自殺傾向的人都需要被深切的理解，並且輔以適當的技巧來協助他們找到方式生存；而本書最大的貢獻就在於完成了這件事。現今臨床工作者對於自殺傾向患者常常會出現「羞辱和怪罪」的文化，而以 CAMS 取向來處遇自殺風險，便能夠有價值的改進這件事情。我相信本書將會幫助臨床工作者和患者找到方法來面對自殺苦痛，戰勝那些想毀滅自我的力量，最終能夠找到方式走出地獄，眞正了解生命是值得的。

　　　　　　　　　　　　　　　　瑪夏・林漢博士，ABPP
　　　　　　　　華盛頓大學（University of Washington）教授
　　行爲和治療臨床中心（Behavioral Research and Therapy Clinics）執行長

序言

我的自我專業認同一直都是治療師 — 研究者。在我心中，這跟治療研究員是完全不一樣的。在發展合作型自殺評估與處遇（CAMS）方案的幾年中，我總是聽到治療師表示 CAMS 對於正在心理衛生照護戰役中治療師來說，是易於理解的。CAMS 絕不是應用於自殺病人的「象牙塔」型方案。我總是覺得最好的臨床研究，應該要能直接告訴臨床工作者並且聽起來在臨床上很合理。不過我也強烈相信科學和實徵研究的重要性，證明這個直覺有用的方案真正有效（而且不會造成傷害）。

除此之外，身為治療師及臨床研究者，30 年來我全心投入研究自殺心靈，這個深度研究的各種發現，將透過本書呈現。最重要的是，我愈來愈堅定的相信大部分與心理健康照護者談話的自殺患者，事實上並不想死，而是完全困在一個心理空間和時間裡掙扎著不知所措。如果我們能理解這個概念 —— 並且患者能看見、能感覺到我們真的「懂」他的掙扎 —— 我們就已經在可能可以拯救生命的臨床道路上。

在本書的第一版中，我感覺必須提出非常有說服力的理由來應用 CAMS，我想讓讀者相信這個方案雖然很新，不過很有價值而且值得考慮採用。不過為了說服讀者，我必須說明一些關鍵（或爭議性）論點，包含（1）將自殺視為適當的治療核心（對應必須將精神疾病當作治療核心）；（2）保持自殺患者離開住院情境的好處；（3）多種形式的穩定化計畫，對應不自殺契約或承諾的優勢；（4）對自殺的同理心和合作對於治療成功的重要性；（5）透過患者自定義的議題，讓患者在療程中成為關鍵伙伴。在第一版完成後的十年裡，有數個論點在這個領域已經日漸有力，不過我仍然經常遇到因這些論點而驚訝的治療師，他們可能有些存疑，或完全抗拒這些論點。我因此也理解到要改變有既定熟悉做法的治療師有多麼困難。

CAMS 基本上是設計用賦能患者來賦能治療師。我整個執業生涯都決心要發展一個有效的方案，來幫助我的自殺患者在感到被自殺吸引時奮鬥求生。要實現這個目標，我知道我必須想辦法建立最好的治療聯盟，並且激發患者的動機。CAMS 的每個主要部分，都是要放大治療聯盟的力量，同時加強患者的動機和自主性。

雖然應用 CAMS（和自殺評估量表，Suicide Status Form, SSF）已經改變過去 25 年來應用的自殺防治方案，但想要真正應用 CAMS 或其他有實徵研究的療法（如辯證行為療法、認知療法自殺防治等）救更多人，還有很長的路要走。總令我震驚的是，治療師實在鮮少應用針對自殺的，或實徵研究有效的療法。在臨床救命這一行，現況就是令人無法接受。我們需要種子治療師，來應用那些實徵研究顯示有效的自殺防治方案，藉此減少自殺的折磨。

只是了解患者的自殺掙扎，未必可以預防自殺，不過卻是救命工作的絕佳起點。除了理解之外，要有效管理自殺危機還需要臨床患者與治療師都有個基本信念，相信自殺是複雜的、引發許多爭議的、神祕難以理解的、令人驚嚇的、吸引人的、誘人的、令人恐懼的，而且不論跨文化或跨地區都是這樣。沒有任何社經階層、宗教、人群可以免疫或不受威脅。此外，也沒有任何受折磨的靈魂可以保證，就算生活每況愈下也不會出現自殺想法。身為治療師，我們終究無法確定在未來執業生涯不會遇到或被迫要處理自殺危機，自殺似乎無所不在，它存在我們的新聞、文化、電影、文學以及我們的私人生活或專業生活裡。自殺似乎是人生百態之一，就是種無法否定或避免的存在。

必然會出現的自殺選項，總會引發自殺患者、他們的親友以及治療師的害怕、焦慮、恐懼。當面對這些恐懼時，我學到我們必須聚焦在我們的需求。當在臨床處遇自殺危機時，這個需求總歸就是提供能力範圍內最好

的照護，即使不一定能救所有人，不過對大部分人能造成重大改變。我們因此必須堅定不移的堅持信念，聚焦在能夠適當勝任的評估、理解、監控追蹤以及處遇引發這個人類最深刻追求──結束自己的存在──的原因。

我希望本書和所述方案，能夠幫助治療師有效的管理這個製造焦慮的臨床議題。我們的自殺患者是在糟糕境遇中與未知、恐懼、痛苦和無望感奮戰的絕望人們，不過如果他們願與我們坐在一起，那就有希望。本書就是有關我們如何煽動餘燼中的希望，也就是想拯救生命的治療師心之所向。

謝詞

　　一本書籍的撰寫完成，無法單歸功於作者本身；有太多其他的貢獻者和發展讓這樣的成就得已發生。在第一版中，我已向此書「第一代」的貢獻者致謝過，他們中有許多曾是我在天主教大學的學生，而他們的工作和貢獻同樣與第二版息息相關。然至此之後的這幾年中，有新一世代的學生及門徒讓第二版書籍的完成能夠實現。

　　我在天主教大學自殺防治實驗室（CUA-SPL）裡，指導大學生及研究生的過程中，感受到了許多的快樂和驕傲。有無數次當我走進實驗室時，看見學生們正忙著編碼量表、在研究小組裡工作著、或是正將大量的數據輸入電腦。我非常喜歡這些得以讓我見證科學發現及學習的純粹時刻。倘若沒有這些學生，許多你正閱讀著的內容將不會存在，而我對於他們的能量和熱情充滿感激。這些新一世代的 SPL 過去成員包含：蓋瑞・史東（Garry Stone）、艾莉西婭・納得曼（Elicia Nademin）、艾倫・康葛林納（Ellen Kahn-Greene）、米拉・布蘭古（Mira Brancu）、美琳達・莫爾（Melinda Moore）、史提芬・奧康納（Stephen O'Connor）、馬修・菲茨杰拉德（Matt Fitzgerald）、M.K・易爾井（M.K. Yeargin）、薇薇安・羅德里奎茲（Vivian Rodriguez）、塔拉・卡夫（Tara Kraft）、伊麗莎白・巴拉德（Elizabeth Ballard）、安德烈・庫里斯（Andrea Kulish）、朱利安・蘭卓（Julian Lantry）、凱斯・詹寧斯（Keith Jennings）、凱文・克勞利（Kevin Crowley）、拉夏爾・馬丁（Rachel Martin）、利茲・赫賽豪恩（Liz Hirschhorn）、艾瑪・卡黛利（Emma Cardeli）、凱蒂・布拉載提斯（Katie Brazaitis）、雷內・藍托（Rene Lento）、布萊爾・辛巴瑞（Blaire Schembari）、克里斯・科羅納（Chris Corona）、莫莉・鮑爾斯（Molly Bowers）、艾比・安德森（Abby Anderson）、阿謝爾・席格曼（Asher

Siegelman）、約瑟芬・歐（Josephine Au）、瑪格麗特・貝爾（Margaret Baer）、莫林・莫納翰（Maureen Monahan）、布萊恩・克拉克（Brian Clark）、萊恩・霍根（Ryan Horgan）、喬許・霍姆斯（Josh Holmes）、薩米・史加非（Sami Saghafi）、莎曼珊・喬克（Samantha Chalker）、布萊恩・皮爾（Brian Piehl）、喬治・龐斯（Jorge Ponce）、保羅・艾爾摩奇（Paul El-Meouchy）、克里斯・威拉德（Chris Willard）、尼克・考菲爾德（Nikki Caulfield）、塔拉・卡西（Tara Casey）、凱特琳・舒勒（Kaitlyn Schuler）、麗莎・彼得森（Lisa Peterson）以及瑪麗亞・圭格瑞恩（Mariam Gregorian）。我特別要感謝昔日 SPL 的夥伴約翰・卓德（John Drozd）、亞隆・賈可貝（Aaron Jacoby）、傑森・洛馬（Jason Luoma）、拉夏爾・曼（Rachel Mann）、史蒂夫・王（Steve Wang）以及艾蜜・康瑞德（Amy Conrad），他們在 SSF 及 CAMS 早期的發展上扮演著重要的角色。

　　許多其他的專業夥伴及合作者絕對應給予感謝，包括彼得・辛巴黎克（Peter Cimbolic）、貝利・魏格納（Barry Wagner）、黛安・安可夫（Diane Arnkoff）、喬治・波南諾（George Bonanno）、卡蘿・格拉斯（Carol Glass）、桑德拉・貝瑞格（Sandra Barreuco）、布蘭頓・瑞奇（Brendan Rich）、克萊爾・斯皮爾斯（Claire Spears）、瑪西・戈克－莫雷（Marcie Goeke-Morey）、馬克・斯伯茲（Marc Sebrechts）、拉爾夫・阿爾巴諾（Ralph Albano）、瑞克・康派斯（Rick Campise）、麥可・蒙德（Michael Mond）、拉里・大衛（Larry David）、史蒂夫・斯坦（Steve Stein）、布魯斯・克羅（Bruce Crow）、黛布拉・阿秋勒塔（Debra Archuleta）、莉奈特・普霍爾（Lynette Pujol）、茱莉・蘭德里・普爾（Julie LandryPoole）、約翰・布拉德利（John Bradley）、亞倫・偉伯（Aaron Werbel）、布雷特・施奈德（Brett Schneider）、雷吉・羅素（Reggie Russell）、拉斯・卡爾（Russ Carr）、麗莎・霍洛維茨（Lisa

Horowitz）、利茲 ・ 馬歇爾（Liz Marshall）、喬恩 ・ 艾倫（Jon Allen）、卡特里納 ・ 魯菲諾（Katrina Rufino）、羅爾 ・ 法希（Roar Fosse）、伊萊恩 ・ 法蘭克斯（Elaine Franks）、凱莉 ・ 克羅納（Kelly Keorner）、琳達 ・ 狄米夫（Linda Dimeff）、J.J ・ 瑞絲摩斯（J.J. Rasimus）、萊蒂西亞 ・ 杜維維耶（Leticia Duvivier）、傑夫 ・ 宋（Jeff Sung）、大衛 ・ 哈（David Huh）、薩拉 ・ 蘭德斯（Sara Landes）、卡琳 ・ 亨德里克斯（Karin Hendricks）、珍 ・ 肯普（Jan Kemp）、馬克 ・ 德桑蒂斯（Marc DeSantis）、伊芙 ・ 卡爾森（Eve Carlson）、凱特琳 ・ 湯普森（Caitlin Thompson）、格雷琴 ・ 如荷（Gretchen Ruhe）、葛蕾絲 ・ 凱斯（Grace Keyes）、丹尼斯 ・ 帕斯爾（Denise Pazur）以及安帕羅斯 ・ 芮索爾斯（Empathos Resources）。我同時也對 CAMS 照護團隊裡的成員相當感激，包括我的太太柯琳 ・ 凱莉（Colleen Kelly）、安德魯 ・ 埃文斯（Andrew Evans）、以及得文 ・ 埃文斯（Devon Evans），還有我們的顧問珍妮佛 ・ 匡利希（Jennifer Crumlish）、凱斯 ・ 詹寧斯（Keith Jennings）、史提芬 ・ 奧康納（Stephen O'Connor）、美琳達 ・ 莫爾（Melinda Moore）、艾蜜 ・ 鮑許（Amy Brausch）、眞 ・ 約克（Jan York）、布拉德 ・ 辛爾（Brad Singer）、安柏 ・ 米瑞克羅（Amber Miracle）、約恩 ・ 葛蘭文（Eoin Galavan）、克里斯丁 ・ 佩德森（Christian Pederson）、凱文 ・ 克勞利（Kevin Crowley）、娜塔莉 ・ 伯恩斯（Natalie Burns）、史蒂夫 ・ 王（Steve Wong），以及湯姆 ・ 艾利斯（Tom Ellis）。

在自殺防治領域，我還欠許多人相當多的感謝，包括以色列 ・ 歐巴赫（Israel Orbach）、康瑞德 ・ 米歇爾（Konrad Michel）、麥可 ・ 伯斯特威克（Michael Bostwick）、提姆 ・ 萊柏瑞（Tim Lineberry）、羅里 ・ 歐康納（Rory O'Connor）、凱斯 ・ 霍頓（Keith Hawton）、馬克 ・ 威廉斯（Mark Williams）、班特 ・ 羅森鮑姆（Bent Rosenbaum）、湯姆斯 ・ 喬

恩納（Thomas Joiner）、克雷格 · 布萊恩（Craig Bryan）、馬里安 · 霍洛韋（Marjan Holloway）、馬修 · 諾克（Matt Nock）、莫特 · 希爾弗曼（Mort Silverman）、吉姆 · 奧弗霍爾澤（Jim Overholser）、格雷格 · 卡特（Greg Carter）、大衛 · 克朗斯基（David Klonsky）、斯基皮 · 辛普森（Skip Simpson）、蘇珊 · 斯特凡（Susan Stefan）、艾蜜 · 庫耳普（Amy Kulp）、拉爾斯 · 邁倫（Lars Mehlum）、莫雷特 · 諾頓塔夫特（Merete Nordentoft）、凱特 · 安卓森（Kate Andreasson）、艾倫 · 湯森（Ellen Townsend）、迪亞哥 · 德里歐（Diego DeLeo）、瑪麗安 · 谷德曼（Marianne Goodman）、瑪莉亞 · 奧肯多（Maria Oquendo）、尚恩 · 謝伊（Shawn Shea）、雅克 · 皮斯托瑞羅（Jacque Pistorello）、簡 · 皮爾森（Jane Pearson）、芭芭拉 · 史坦利（Barbara Stanley）、謝利爾 · 金（Cheryl King）、凱斯 · 哈里斯（Keith Harris）、約翰 · 德雷柏（John Draper）、茱莉 · 戈斯坦－格魯姆特（Julie Goldstein-Grumet）、麥可 · 霍根（Mike Hogan）、大衛 · 科文頓（David Covington）、厄修拉 · 懷特賽得（Ursula Whiteside）、史蒂夫 · 凡諾（Steve Vannoy）、彼得 · 布里頓（Peter Britton）、傑瑞 · 里德（Jerry Reid）、丹 · 瑞登堡格（Dan Reidenberg）、理查 · 麥基翁（Richard McKeon）、昧狄 · 古德（Maddy Gould）、貝瑞 · 沃爾許（Barry Walsh）、克莉絲汀那 · 穆提爾（Christine Moutier）、巴柏 · 傑比亞（Bob Gebbia）、約翰 · 梅迪根（John Madigan）、安雅 · 吉森－瑪雅（Anja Gysin-Maillart）、戴夫 · 阿德金斯（Dave Adkins）以及艾曼達 · 柯柏特（Amanda Kerbrat）。特別感謝引導我、帶給我專業引響的研究所指導老師藍尼 · 鮑曼（Lanny Berman）以及巴柏 · 利特曼（Bob Litman）、諾曼 · 法柏羅（Norman Farberow）、杰羅姆 · 馬托（Jerome Motto）、泰瑞 · 馬茲柏格（Terry Maltsberger）、亞隆 · 貝克（Aaron Beck）、最後當然還有愛德 · 史耐門（Ed Shneidman），他在我的職涯中

影響我相當地深遠（同時也慷慨地幫我撰寫此書第一版的前言）。我的同事們大衛・洛德（David Rudd）、格雷格・布朗（Greg Brown）、湯姆・埃利斯（Tom Ellis）、以及擔任「CAMS 智囊團」的凱蒂・康托（Katie Comtois）、史蒂芬・歐康納（Stephen O'Connor）、莉莎・布倫納（Lisa Brenner）和彼得・古提雷斯（Peter Gutierrez）亦值得特別的感謝，他們同時也是我能想像得到的最佳合作夥伴。CUA-SPL 的副董事珍妮佛・匡利席（Jennifer Crumlish）以及天主教大學的研究助理教授凱斯・珍寧斯（Keith Jennings）是值得深交的朋友，他們同時也是CAMS的關鍵合作者，一路支持著我使得我們的研究和專案能在軌道上進行。我誠摯地感謝瑪夏・林漢（Marsha Linehan），她除了替我撰寫富有思想的前言外，還使我因感到「羞愧」而成為了一位治療研究員！瑪夏是一位真正的啟發者、一個指引的力量以及一位親愛的朋友。

　　我感謝吉爾福特出版社以及總編輯西摩・魏因加滕（Seymour Weingarten）一路的支持。吉爾福特出版社的資深編輯吉姆・納吉特（Jim Nageotte），對於此書的初版及二版都有著深刻的影響。我感謝吉姆一路的引導、他專業的智慧、以及我們之間的友情。我還要感謝出版社的簡・凱斯勒（Jane Keislar）、凱西・屈爾（Kathy Kuehl）以及蘿拉・佩其卡夫斯基（Laura Patchkofsky），他們在過去這些年中做出了許多貢獻。此書的第二版是由我優秀的博士生雷內・倫托（Rene Lento）完美地編輯及支持，他幫助我修飾文句，同時也做了相當多的研究以更新此書的文獻回顧部分。

　　我很幸運地在我的生命中擁有一個愛我及支持我的家庭；我的哥哥們史蒂夫（Steve）和比爾（Bill），以及我的雙親法蘭克（Frank）和海倫（Helen），一直相信著我，並分享我的成就。我很幸運地「高攀」了我的太太柯琳（Colleen），他給予我無盡的愛、支持、幽默、好的決策以及包

容。在我們 25 年的婚姻生活中，柯琳一直密切地參與 CAMS 的發展，堅定地提供我許多觀點及智慧。我們的兒子康納（Connor）及狄倫（Dillon）生長在一個自殺防治議題無所不在的家庭，有無數次他們和許多的人分享我們的家，包括我的學生、來自外國的同事以及許多研究合作者。他們同時還參與自殺防治的工作，一直以來對我職涯的熱情都給予充分的理解及支持。儘管我在個人的旅程上得到許多的祝福，我的家庭仍一直是我快樂的來源，帶給我生命的目標及意義。

最後，我還要感謝的是我的患者（同時在此我得註明：在書中所提到的個案，都已為了保護患者的身分而經過適當的改編）。在過去三十幾年中，我曾與上百位自殺傾向患者坐在一起，是他們教會了我最多與自殺議題相關的事情。他們面對生命絕望的勇氣讓我自愧不如，而他們克服那些看似無法跨越的困難的能力則讓人深受啟發。雖然我知道我們可能無法拯救每一個生命，但無論如何，我們仍會努力地去追求那神聖的工作及目標，而這也將是此書堅定專注的重點。

目錄

英文書幾乎都附有厚厚的參考資料，這些參考資料少則 10 頁以上，多則數十頁；中文翻譯本過去忠實的將這些參考資料附在中文譯本上。以每本中文書 20 頁的基礎計算，印製 1 千本書，就會產生 2 萬頁的參考資料。

在地球日益暖化的現今與未來，為了少砍些樹，我們應該可以有些改變——亦即將英文原文書的參考資料只放在網頁上提供需要者自行下載。

我們不是認為這些參考資料不重要，所以不需要放在書上，而是認為在網路時代我們可以有更環保的作法，滿足需要查索參考資料的讀者。

我們將本書【參考文獻】放在五南文化事業機構（www.wunan.com.tw）網頁，該書的「資料下載或補充資料」部分。

對於此種嘗試有任何不便利或是指教，請洽本書主編。

第一章

合作型自殺評估與處遇方案：當代臨床自殺危機介入策略

賴佑華　譯

比爾是個第一次來診所進行治療會談的中年白人男子。他是個經營大建築事務所的成功建築師。他跟太太凱西結婚 30 年了，四個孩子都是優秀成功的少年。除了各項成功外，比爾也有長年廣泛的憂鬱、焦慮、斷續失眠、狂飲酒的歷史。他進一步描述了最近婚姻觸礁而且生活「常常感覺崩解」。比爾曾經兩度尋求心理協助，都在數次約診後中斷。比爾在候診室填的會談前鑑別量表，呈現了數種與壓力、憂鬱、焦慮有關的症狀，並在一項與自殺意念有關的項目表示他「經常（frequently）」想結束自己生命。治療師們不知道的是，比爾還是個狂熱的擁槍者，家裡有許多槍枝，而且已經選好他「最喜歡的」要用來自殺。另外，比爾已經安排好身後事，也寫好給太太和孩子的自殺遺言草稿了。

比爾的個案展現了許多當代臨床工作對心理治療師造成的挑戰。在人口統計或臨床診斷上，比爾都是美國自殺完成者的代表（美國疾病管制與預防中心，2014）。以他複雜的精神症狀、心理治療配合度低，以及已選定槍枝在手邊的自殺方式，比爾的潛在自殺危機非常高。另外，比爾的太太是個訴訟律師，任何治療律師配偶的治療師，都可能害怕個案自殺後的執業過失告訴。[1]

---

[1] 調查顯示當家人有接受精神醫療時，自殺遺族經常考慮興起與自殺有關的執業疏失訴訟。（Peterson, Louma, & Dunne, 2002）

　　考慮到這些情形，可以說大部分心理健康照顧者（不論專業或理論取向），遇到像比爾這樣的病人都會有些擔憂。對某些治療師來說，這樣挑戰的臨床個案可能真的前景嚇人，因為感覺缺乏裝備來照顧像比爾這樣潛在致命的個案。在跟比爾的第一次會談時，我為他感到擔心和焦慮。身為一個專業自殺學家，我立即高度重視他呈現的嚴重自殺危機，可是我的擔心和焦慮很快減低了，因為我知道我有個正好可以拯救他生命的臨床策略。

＊　　　　＊　　　　＊

　　若是三十年前我剛開始在精神醫療領域工作時，臨床症狀像比爾就表示要立即住進精神科病房，即使他並不被認為有「明確立即性」自殺危險。在 1980 年代早期，這樣的精神科病人通常會住院至少數週，若有特別好的保險可能住院數月（那個年代有些個案甚至可能住院數年！）不過，現在像比爾這樣的個案（無疑是令人擔心的個案），可能「不夠想自殺」，無法獲得保險給付住院。有些保險公司要求要同時有「清楚且立即」的危險，以及實際的自殺嘗試行為，才會批准住院給付。近年來，所有這樣的住院個案通常會住 7～8 天（Stranges, Levit, Stocks, & Santora, 2011），有些短至 24～48 小時。此外，大部分現在的住院機制中，標準的「治療」可能只有開些處方精神藥物，也許加上一些短期的心理教育團體治療（全國心理疾病聯盟，2014）。這與過去標準的住院精神醫療通常要包含個別心理治療、團體心理治療，多種治療活動、心理測驗以及全套的精神診斷，實在相距甚遠。

　　所以像比爾這麼困難的個案該怎麼進行呢？經過反思，這個個案有兩個值得注意的亮點，一是即使高度受苦、有明確的自殺危機因子，比爾現在還活著，第二，雖然比爾過去顯示不太積極尋求心理治療，現在

顯然正又向另一個心理專業人員尋求協助。事實上，比爾正坐在一位熟練使用「合作型自殺評估與處遇方案」（CAMS）的臨床治療師面前，而CAMS 是一種針對自殺的介入策略——這本書將介紹根據實證研究爲基礎的介入策略。

在這一章，我們會從三個跟有效運用 CAMS 方案有關的重要概念開始探討，首先探討 CAMS 的哲學，接著檢視 CAMS 的臨床架構，本章最後將探討在當代心理健康照護架構下要如何應用 CAMS 方案。

CAMS哲學

我和我的主要研究夥伴們曾深度探討過，CAMS 首先是一種臨床照護哲學（Jobes, Comtois, Brenner, & Gutierrez, 2011; Jobes, Comtois, Brenner, Gutierrez, & O'Conner, 2016）。若要成功應用 CAMS 方案，在臨床上就必須確實以這個應對自殺危機的哲學爲基礎。在許多方面，這個自殺防治方案都跟當代臨床對如何理解、如何臨床評估或處遇自殺傾向患者顯然不同。以下是幾個 CAMS 哲學取向對自殺防治的關鍵特色。

對自殺狀態的同理心

2001 年歐巴克（Israel Orbach）出版了對自殺防治影響深遠的文章，聚焦在對自殺願望的同理心。歐巴克和我是美學團體（Aeschi Group）的高階會員，那是一群對當代自殺防治總以精神診斷簡化、強調診斷至上而不重視自殺狀態的現象感到厭倦的治療師組成的團體（Michel et al., 2002）。努力找尋新路線的同時，美學團體的成員們與自殺患者工作時，擁護一種重視情感的、敘事的、不強迫的方式。這個取向的核心，是要治療師用同理、不評斷的態度，眞心傾聽患者的自殺故事。我多年來都

說，許多治療師與自殺患者的臨床工作常可以解釋爲患者和治療師間關係動力的對抗（Jobes, 1995a, 2000, 2012）。我們美學團體的成員們，便覺得必須要提出一些能夠與自殺危機患者形成治療同盟的替代方案，有一本書整本都在說明這個取向（Michel & Jobes, 2010）。瑪夏 · 林漢（Marsha Linehan）曾告訴我，整個臨床治療界對於自殺患者的預期專業回應都是責怪或讓患者羞愧。在我的經驗裡，尤其在急診室裡，這個說法都實在太眞實了。我有一次半夜陪我吞藥過量的患者踏進醫院急診室，她被銬在床上等待活性碳解毒治療時，我們都震驚的聽見護士對另一個人說：「對，我們有另一個吞藥的，眞希望來個眞正的病人！」在 CAMS 方案中，我們從不責怪或使患者羞愧，我們努力以尊重的態度進入自殺患者的心靈世界，並且以同理、不評斷、以患者角度出發的方式來理解被自殺折磨的現象。

合作

合作也許是 CAMS 標準臨床照護成功的最重要關鍵。透過合作，我們進入一種高度互動的評估過程，我們也直接邀請患者一起寫出自己的處遇計畫，而且每次的 CAMS 會談都動態探討患者本人對治療的感受和回饋，看哪裡有用、哪些部分行不通。所有的 CAMS 評估工作都是合作進行的；CAMS 所有與治療有關的面向都是合作性的。當我們進行評估時，我們從不打斷或說服患者，我們反而利用各種機會引導並鼓勵他們的回應。擬定治療計畫時，患者是動態參與而且被稱爲自己自殺防治計畫的「共同作者」。有關處遇的文獻研究都表示，好的臨床成果是由治療關係來定義的（Horvath & Symonds, 1991）。在 CAMS 方案中，我們在療程中總是不斷強調合作和互動以期加強治療關係。不論從治療初期、中期到最後，合作都是關鍵。

真誠

　　最後在 CAMS 哲學裡，誠實和透明化都是必要的。對任何在生與死間掙扎的患者來說，照護最重要的部分就是當有自殺危機時，直接而尊重的程時說明整個現況。應對自殺危機的臨床必須真誠從完整貼心的知後同意開始（Jobes, Rudd, Overholser, & Joiner, 2008; Rudd et al., 2009）。自殺傾向患者常在控制、信任、背叛、壓迫、公民權、羞恥和責怪、絕對父權主義等議題中掙扎，因此有時我對自殺患者的知後同意說明會像這樣：

　　「我們現在要坦白的討論自殺議題：你當然可以自殺，而且我或其他人顯然也不能對這個宏偉的計畫怎麼樣，坦白說，這是你的性命，你到底想怎麼活要看你自己。不過從臨床治療的角度來看，我們挺兩難的，因為法律和我的執業標準都要求我，如果你有對自己「清楚而立即的危險」時，我不能同意你結束自己生命。這個規定可能會造成你個人意志和我法定責任間的拉鋸，也就是說，我可能得違背你的意願讓你住院。雖然我並不想讓我任何一個個案自殺，不過我也明白對某些人來說，就是已經沒有別的辦法可以應對眼前的情況了。平均每天都有一百多個美國人自殺，其中大概有三成正在接受心理健康照護，因此我也不妄想心理治療一定可以救你的命。因此我並不想跟你爭論你能不能自殺，不過我想告訴你一個經過研究證實可以救命的方案，研究證明大部分人在三個月內會開始對這個療程有反應，要不要試試看呢？反正事情也不會更糟了，在療程結束之後你當然還是可以自殺。這是你的性命，看你自己覺得要不要再活下去，不過何必這麼趕呢？我們總是都會死的。說到底，如果自殺是最好的應變方式，那你跟我在這裡做什麼？也許你去死的時候未到？」

　　也許過於激進了？可能有一些照護者會這樣認為。當我對專業治療師呈現這些知後同意說法時，我常會看到台下有懷疑、甚至明顯不認同的表情，有些人會認為我在引誘患者自殺，有些人對於我坦白承認治療師的影

響和控制是有限的，感到很不舒服，還有人反對我說患者可以在療程結束後自殺。當這些疑慮出現時，我鼓勵聽眾們暫停並且反思一下，讓自己進入一個真心想自殺的人的心境，然後我再說一次我的知後同意聲明。通常治療師會「懂」，我們真的無法透過強迫、威脅或住院讓患者不再想自殺。在我的經驗裡，這樣的知後同意說明實際上能安慰自殺患者並讓他們放心，讓患者不會把我當成可能的對手而不想見我，把我當作同盟會比較想來會談。放棄對患者上對下的控制和權力，我事實上得到更多信任、對患者更有影響力。說明我的專業責任的同時，我也提供了一個可行的方案來避免造成與患者敵對的動力。而且這樣誠實說明近代臨床照護對於應對自殺危機時的要求，是一種高尚的美德。我唸研究所時，我最喜歡的老師曾說：「誠實的重要性在心理治療裡常被低估。」經過這些年我愈發同意老師所說。事實上，這樣的臨床實話和透明化是 CAMS 臨床照護哲學的基礎，對專業倫理和有效的執業效果來說，也是不可或缺的（Jobes, 2011）。

CAMS是聚焦在自殺的治療架構

我要強調 CAMS 方案並不是一種新的心理治療，而是一種聚焦自殺的治療架構——一種臨床方案——以獨特的多功能臨床工具 SSF（Suicide Status Form）作為指引。SSF 的作用就像是 CAMS 裡的路線圖，引導著所有的評估、治療計畫、持續的追蹤危機和最後的臨床成果。本書會完整說明 SSF 在過去 25 年來，已經被廣泛研究過在世界上各種臨床架構的應用，它有非常好的心理測量效果和廣泛的臨床效用（Jobes, 2012）。SSF 是一個同時提供量化和質性數據的評估工具，合作完成 SSF 的評估部分，對患者來說常常就是一種治療，波士通和韓森就參考 17 個已經出版的、對治療結果和過程有正向或有意義影響的心理評量，進行後設分析研究，證實了 CAMS 架構的 SSF 評量可說是一個「治療性的評估」（Poston &

Hanson, 2010）。SSF 的其他部分聚焦發展出應對自殺的處遇計畫，包含穩定化計畫和針對患者自定義的自殺「驅力」——那些讓患者迫切想自殺的議題或麻煩——的處遇計畫（Jobes et al., 2016）。後續 CAMS 方案中成功的穩定化工作和持續進行的自殺驅力治療，會進一步透過 SSF 的中期版本和結案版本的引導進行。又如第八章將討論的，應用 SSF 可以顯著降低執業疏失訴訟的風險，因為 SSF 建立了廣泛的文件軌跡。現在讓我們進一步探討這個療癒性自殺防治架構的主要特色。

聚焦自殺

　　CAMS 治療師只有單一焦點，就是患者的自殺防治。CAMS 方案裡固有的臨床偏見，就是在心理健康照護裡，沒有比患者的自殺死亡意念更重要的事，因此我們的主要關注點就會一致——有時甚至纏人的——聚焦在自殺危機上。換句話說，我們持續的共同工作，以期將自殺從適應選項中移除，同時也致力於處遇、改善或消除那些主導患者生活的自殺驅力。我們不厭其煩地強調：我們正試著救命。例如患者在會談中可能會想談她的小孩或討論經濟趨勢，這時即使 CAMS 治療師覺得這些話題很有趣，我們仍要克制談論不相關主題的欲望，除非這些主題跟患者的自殺危機相關，否則 CAMS 治療師會溫和的將話題引導回威脅患者生命的議題。如果患者因為這樣強調自殺的單一主題而感到無聊，我們會回應說一旦自殺不再列做患者的適應方式之一，我們也很想討論小孩或經濟。如前述，在 CAMS 方案中我們應該堅定不移地聚焦在拯救患者性命，協助建立目標或義義。

門診取向

　　在本書的第一版中，我表示過 CAMS 這個針對自殺的臨床方案，基

本上如有可能的話，都傾向保持患者不要住進身心科病房治療。十年前這樣的想法是非常創新的，不過依據我培訓上千治療師的經驗，我現在仍感到有許多（幾乎全部）心理健康治療師在照護時心中藏著強烈的住院期待，也就是當治療師發現自殺危機時，他們的處遇通常會有優先住院的偏見：「喔！現在哪裡會有床呢？」而應用 CAMS 為架構時，我們真心投入找尋不住院的方法，我們透過合作發展一個針對自殺危機的門診處遇計畫來達成這個目標，這個計畫會包含細心完成的穩定化計畫，和聚焦在治療患者自定義之自殺驅力的焦點處遇計畫，因此，住進身心科病房在 CAMS 照護架構下是最後一個終極選項。當雙方無法合作完成一個包含穩定化計畫和針對驅力治療的處遇計畫，且令人滿意的門診治療計畫時，住院治療的需求便會自然浮現。如果 CAMS 方案是應用在住院治療計畫時，CAMS 方案的門診偏好就不適用了，不過此時適當的 CAMS 方案流程仍然會聚焦在穩定化計畫和驅力取向處遇計畫，用以作為有效的出院前治療計畫和成功的出院追蹤計畫（參閱 Ellis, Green, Allen, Jobes, & Nadorff, 2012; Ellis, Rufino, Allen, Fowler, & Jobes, 2015）。

彈性和不屬於任一學派

以一種治療架構來說，CAMS 方案設計得可以很有彈性和適應性，我們認為 CAMS 理論上是「不屬於任何學派的」（nondenominational）。自殺防治模式的大規模實徵研究並不常見，有兩個很棒很傑出的例外就是辯證行為治療（Dialectical-Behavior Therapy, DBT），以及認知行為治療（Cognitive Behavioral Therapy, CBT）。瑪夏 · 林漢嚴謹的研究中發現，辯證行為治療能同時有效的治療自殺嘗試行為和自傷行為（Lineham et al., 1999, 2006, 2015）。另外布朗等人也以隨機對照實驗證實，十次針對自殺的認知行為治療自殺防治會談（Cognitive Therapy for Suicide Prevention,

CT-SP），能夠顯著降低重複的自殺行為一半左右。羅德等人也指出，比起應用一般療法，以短期認知行為治療（Brief Cognitive-behavioral Therapy, B-CBT）處遇自殺危機時，能多降低 60% 的自殺嘗試行為（Rudd, 2015）。

綜觀這些經研究證實有效的處遇方案，都期待治療師密切遵守高度結構化的方案指引，以期有效應用該方案。應用辯證行為治療法時，必須願意忠實的進行行為治療，而認知行為治療的自殺防治方案則要求以認知治療法進行，方能被有效應用。因為配合這兩個實徵研究療法的治療取向，是有效進行照護的關鍵指標，進行必要的培訓來協助治療師確實遵守方案的指導手冊，就變成很重要的考量。應用這兩個傑出的方案處遇自殺危機時，講述課程和演練培訓的時間和次數都很可觀，我有個應用認知行為療法的同事曾說：「若你不花時間學習小心的、忠實的遵照蛋糕食譜進行，你做的就不是蛋糕了。」

相對的，CAMS 就是設計得能夠很有彈性，並且能夠配合各種治療取向和各種臨床處遇模式。作為一個針對自殺的臨床方案架構，各種治療取向的治療師與自殺患者工作時，都能夠同樣有效的應用 CAMS 方案。我在訓練照護者們應用 CAMS 時，總強調治療師們可以保留自己原本的臨床技巧、臨床判斷和自己的治療取向，然後轉變成連自己都不認識的有效照護者。CAMS 已經有效被各種理論取向的治療師們應用（精神分析取向、人文主義取向、人際取向、認知行為取向等），也被各種不同背景的專業人員們有效應用（心理學家、身心科醫師、社工師、諮商師、護士、婚姻與家庭治療師、個案管理人員、物質成癮治療師等），因此我們鼓勵照護者們依照平常的方式執業，不過是在具有彈性和適應性的 CAMS 治療架構裡進行。在第九章我們會深入探討 CAMS 如何在急診室、各種危機情境裡，經廣泛的配合情境修正後，短期應用在出院後的團體治療中（Johnson, O'Conner, Kaminer, Jobes, & Gutierrez, 2014），也修正給不同的

對象使用（例如軍隊、大學生和少年）。我們當然需要高度結構化的、有效的、實徵研究支持的療法，不過也明顯需要像 CAMS 這樣可以高度彈性調整的介入方案。

　　不像其他有大量實徵研究支持的方案，CAMS 相對很容易學會，而且能夠很快有很高的忠誠度。關於培訓的研究顯示 CAMS 可以在直播教學論壇進行（Pisani, Cross, & Gould, 2011），也可以應用電子學習方式培訓（Jobes, 2015, 2016; Marshall et al., 2014）。有趣的是，有個對 120 個照護者進行的線上研究顯示，不論他們是透過自己閱讀本書的第一版學習 CAMS，或是參加一整天的課程和演練等各種培訓方式，這些治療師都表示對 CAMS 方案有中度到高度的信任忠誠度（Crowley, Arnkoff, Glass, & Jobes, 2014）。在我們以美國陸軍為對象的大規模 CAMS 隨機控制實驗研究中，值得一提的是，所有的 CAMS 治療師都在第一次對自殺患者應用 CAMS 方案的第四次會談前，開始決定忠誠使用 CAMS。一般來說，到了他們的第三個 CAMS 個案時，這些照護者應用起這個方案就很專業了，而且在後續的追蹤中，忠誠度和方案執行程度也沒有下降（Corona, 2015）。

當代心理健康照護

　　我曾說過在我三十年的執業生涯中，臨床自殺防治工作有非常大的轉變，在美國由於患者保護與平價醫療法案（Patient Protection and Affordable Care Act, ACA, 2010 年 3 月 23 日通過的聯邦法案）正在施行而改變更大。在各種與美國醫療照護革新有關的高度政治化議題帶來的挑戰中，有個不需諱言的現實將在未來幾年深深影響和形塑自殺防治工作，和自殺危機或行為有關的心理健康照護經費需求非常高。舉例來說，身心科住院治療已經越來越昂貴（Stranges et al., 2011），平均每次住院經費為 5,700 美元（從 2,900 美元到 13,300 美元不等），楊和萊斯特（2007）

估計一次典型的自殺危機住院治療平均需 13.690 美元，從 1.997 美元到 68,150 美元不等，而且急診室裡自殺行為者的支出也變高了（Owens, Mutter, & Stock, 2010; Stensland, Zhu, Asher-Svanum, & Ball, 2010; Valenstein et al., 2009），整體因自殺行為衍生的醫療支出是很可觀的，包含縫合自傷者、自我造成槍傷的手術、刻意過量用藥後的洗胃等（Bennett, Vaslef, Shapiro, Brooks, & Scarborough, 2009），加上自殺身亡執業疏失訴訟的辯護律師費用，整體與自殺防治和管理相關的費用就是這麼樸實無華。雖然這樣的「使用者付費」考量在健康照護的生死交關之際顯得不太客氣，我們仍可以理解為什麼一般來說保險業者對於承擔心理健康患者產生的費用感到掙扎，特別當遇到有自殺危機或死亡可能的患者。

　　身為全國自殺防治行動聯盟的臨床照護與介入工作小組成員，我有機會深入探討與當代自殺防治相關的各種健康照護多元挑戰，我們的重點之一，就是特別注意這些未來屬於患者保護與平價醫療法案範疇的自殺相關醫療支出議題。工作小組有篇報告是「在系統架構裡的自殺防治」（National Action Alliance, 2011），顧名思義即是強調系統觀的自殺防治工作。與健康照護系統相關的詞彙，如「有實徵研究支持的方案」、「最少限制的處遇」、「經濟實惠的照護」時常在我們的討論中出現，而且也常在聚焦於系統層級議題的報告中出現。

　　受到工作小組啟發，我在一場國際自殺防治研討會中發表了自殺防治模式的雛形（Jobes, 2013a），我在簡報中提出，如果我們可以用一種不同的方式來明確界定自殺狀態（例如「分層級」），並且對每一層級的自殺危機配以我們最好的、最沒有限制的、又有實徵研究支持的介入方案，自殺相關照護可能發生的變動（通常單純和財力有關）就不一定對自殺防治只有負面影響。我也提出自殺防治處遇方案有令人興奮的創新，就是逐漸聚焦在短期介入策略（一至四次會談接觸）（見 Gysin-Maillart, Schwab, Soravia, & Michel, 2016）。我們也知道後續追蹤的信件、明信片、

電話的療癒效果，其他的後續關懷，例如簡訊和電子郵件的效果也正在研究之中（Luxton, June, & Comtois, 2013）。追蹤連繫又稱為「非強制的」（nondemand）或「關心連繫」（caring-contact），實證研究的數據顯示，效果好得令人印象深刻，而且危機中心自殺熱線也已經被證實效能很好（Gould, Kalafat, Harris-Munfakh, & Kleinman, 2007），而且危機處理中心工作人員也可以進行自殺患者們常接到的關心連繫或後續電話追蹤（Gould, 2013）。

　　圖 1-1 呈現我所描述的自殺防治介入方式，不僅只有最低場域設定要求，也是最經濟實惠的，X 軸表示不同類型和強度的介入方式漸進步驟，例如一個相對低危機程度的、有自殺意念的個案，可能應用危機熱線等級的介入方式就可以被有效支持和管理，對需要密集接觸的個案，簡短的自殺防治方案和追蹤可能會足夠，而有較嚴重危機的個案可能需要針對自殺的門診治療照護，危機家屬喘息照護、或者部分住院治療。對於那些有立即高度危險的個案，住院治療可能是必要的（住院期間須有自殺防治專業人員照護），隨著曲線的箭頭看，可以看見照護的完整連續線，每一步都在聚焦、增加強度，而 Y 軸可以看到對應的心理健康照護支出。

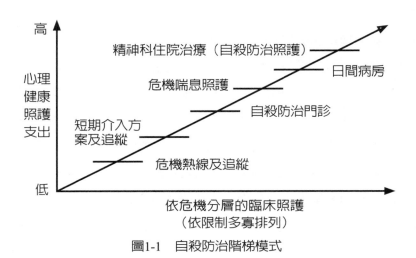

圖1-1　自殺防治階梯模式

在這個危機層級和相對應照護的曲線圖裡，每個階段都有具有實徵研究支持的自殺防治方案可以應用，CAMS 本身就是一個用以調整應用在每個為基層級的模式，從短期危機處遇、標準的 CAMS 門診照護、到應用在喘息服務 CAMS 精簡版，日間病房應用以及住院醫療層級都可以使用 CAMS 方案（見第九章）。CAMS 因此很適合我們在不斷演化的健康照護環境中使用（Jobes, Browers, 2015）。

另一個令許多照護者在初期就很焦慮的考量，是當自殺發生後的執業疏失訴訟。我將在第八章深入探討，事實上應用 CAMS 可以顯著降低這樣的風險，因為治療中使用的 SSF 表單創造了廣泛的文件記錄軌跡，更因為 CAMS 是有實徵研究支持、針對自殺的方案，任何潛在的自殺危機都被持續監控和處遇，直到最佳的臨床成果最終實現。

即使如此，要說能夠有一個「一體適用」且有實徵研究支持的自殺防治方案，能夠適用在每個臨床場域、每個自殺患者或每個治療師身上，還是顯得過於天真。不論如何，CAMS 已經證明是在世界各地廣泛的治療場域中，對多元的患者能夠有效且具有彈性的治療方案，不同專業背景和治療取向的治療師，也都能夠有效地應用 CAMS 作為一種針對自殺議題的治療架構，在他們的執業生涯中對自殺危機個案造成有意義的影響。

如果我們真心嚮往在臨床拯救性命，我們就必須要應用有實徵研究支持、能有效協助自殺患者的方法執業，不過身為數十年經驗的方案培訓講師，我強烈感受到有實徵研究支持的方案，在心理健康照護的戰場上並不是通常會被應用的，也有相關文獻研究進一步確認我這樣的印象（McHugh & Barlow, 2010; Shafran et al., 2009）。我在其他場合也曾說過（Jobes, 2015），有許多原因能促使治療師願意改變執業習慣，開始應用證實有效防治自殺的療法，這些可能的原因沒有什麼特別順序，列舉如下：

- 真心渴望協助患者適應。
- 治療方案的實徵研究數據。

- 主管的指引或要求（例如被要求這樣做）。

- 害怕病人自殺身亡後會被責怪。

- 害怕執業疏失致死的訴訟。

- 激勵改變執業方式的各種措施（例如錢或補休）。

- 感覺落後因為身邊每個人都在用。

- 眼見為憑（被說服這個方法真的有用）。

就算有這些潛在動機，我也只能謹慎評估治療師們改變執業習慣來應用有效方案的意願。當你閱讀這些文字時，你改變自己執業習慣的意願又如何呢？我希望當閱讀完本書，你會相信 CAMS 是個合理的、吸引人的方案，可以有效運用在任何你可能遇到的自殺患者身上。

在本書進入後製階段的現在，我要趕緊在本章結尾加上說明，一部由美國醫療聯合委員會（The Joint Commission）公告的劃時代文件已經問世，聯合委員會是美國健康照護的最高認證機構。在 2016 年的 2 月 24 日，聯合委員會的「哨兵事件」系列新發行了「在所有場域發現和治療自殺意念」，這個非比尋常的文件將有能力在所有聯合委員會認證的機構中，改變和影響未來十年的自殺危機心理健康評估與治療。在這文件裡，辯證行為治療、認知行為自殺防治療法和 CAMS 都特別列為有實徵研究支持的臨床處遇方案，可以減少危機患者的自殺意念和行為，這的確是臨床自殺防治領域非常值得一提的發展。

*　　　　*　　　　*

在與比爾初次會談的 10 分鐘內，我就提案應用 CAMS 方案。秉持著知後同意的真誠精神，我坦白的說明我身為執業心理健康專業人員的自殺相關責任，我們討論了華盛頓心理健康法案（DC Mental Health Act）所定義之對自己「清楚且立即的危險」。這個討論引發了比爾的焦慮，不過針對自殺的介入可能性也很吸引他，帶著一些憂慮，比爾仍同意繼續 CAMS 療程，不過我們可能救命的療程早就從我真誠地與比爾並肩坐下時開始

了。我這樣做的同時，也交給比爾一份 SSF 文件，並且跟他說：「這是一個評估工具，能幫助我深度了解你的痛苦和折磨，然後我才能比較了解你現在的狀況。這個第一頁我會幫你一起完成，不過說到你的掙扎，你才是你自己的專家，拜託幫我了解你的處境，我們才能一起進行這個可能剛好可以救命的療程。」

第二章

SSF及CAMS之發展演進

謝嘉　譯

1987 年秋季，我展開了在美國天主教大學諮商中心的職涯生活，同時開始以兼任助理教授的身分任教於心理學系。那時我剛結束了臨床實習，正煎熬地於完成博士論文的最後階段，我的指導教授是自殺學專家——蘭尼・柏曼。當時，諮商中心的主任囑咐我在自殺文獻中找出一個以心理計量為準的自殺風險診斷工具，以及一個可靠測量此風險的系統方法學，以免疏忽了有自殺傾向的學生。正是這一個簡單的指示，促成此書所論及的自殺狀態量表（SSF）以及 CAMS 取向方案的誕生。令人訝異的是，儘管自殺一直是造成死亡的主因之一，我們在當時的心理健康照護領域中，卻找不到任何一個實證系統化、並可靠測量自殺風險的臨床工具。這項早期試圖在有限文獻中找出適當診斷工具的失敗嘗試，促使我展開一項有關自殺風險診斷執行的問卷研究，並且此項研究對於後續 SSF 和 CAMS 的持續性發展有著關鍵性的影響。

SSF概論

簡言之，SSF 是一個能達成多樣不同目標的臨床工具，包含介入、診斷、處遇治療計畫、追蹤、更新及結果處置，它是 CAMS 取向照護中的重要準則。在過去的 25 年之中，依據臨床上嚴謹的研究以及來自臨床工作者與患者的回饋，SSF 歷經了四次重大的調整。如同附錄 A 所見，最

新的版本「SSF－第四版」共八頁（電子版則爲八個螢幕頁面），依照臨床照護分成三個階段：(1) 期初會談的指標評估／處遇治療計畫（SSF 第 1～4 頁）；(2) 期間會談的風險追蹤及治療計畫更新（SSF 第 5～6 頁）；(3) CAMS 最後階段會談的臨床結果及處置（SSF 第 7～8 頁）。

　　CAMS 通常是被運用於目前確定有自殺傾向的患者，然而我也曾看過臨床工作者有時會針對一些他們認爲未來可能會有自殺傾向的患者，提早有效地運用 CAMS。相對地，我也曾看過 CAMS 被運用在過去曾有自殺傾向的患者，目的是透過回顧去探索患者那段擁有自殺傾向的歷史。但針對大部分 CAMS 被運用於目前確定有自殺傾向患者的情況來說，CAMS 要求在期初會談時，必須將 SSF 的 A～D 部分完成（特別注意 CAMS 的「安定計畫」被歸入 C 部分「處遇治療計畫」之下）。期初會談之後，以 CAMS 爲導向的期間會談，會有額外的臨床追蹤以及治療計畫更新，以有助於得到最終的臨床結果。在這個照護的中期階段，相同版本的 SSF「臨床追蹤／更新」表格將被重複使用。CAMS 的第三也是最終階段，則包含了在 CAMS 期末會談中所完成的 SSF「臨床結果／處置」表格。考慮到 SSF 對於 CAMS 的重要性，接下來我們將詳細地討論完整的 SSF，並進一步闡明 SSF 的使用及 CAMS 導向照護中三個不同的治療階段。

SSF評估及處遇治療計畫（期初會談）

　　現今這個能達成多樣不同目標的 SSF，係由 1987 年時我們在美國天主教大學諮商中心中所使用的單頁文件所演變而來。那時候的單頁文件上，有一些開放式的空間，讓使用者填寫有限的風險辨識資訊、一些關於自殺問題的描述，及處置方式的描述。在接下來的 25 年中，這個簡單的表格經歷大幅演變而成爲今日的 SSF-4，並且被使用於全世界超過千位具有自殺傾向的患者，以及數十個 SSF 相關的研究當中。

SSF A部分 —— SSF的核心評估

　　如下頁圖 2.1 所示，SSF 的核心評估共包含了六個變項。前三個評估變項（心理痛苦、壓力及激躁）是根據愛德溫·史耐門（Edwin Shneidman, 1988）的理論，這幾項內容構成了史耐門的「自殺三維模式」（Cubic Model of Suicide）。第四個變項——無望感——是根據亞隆·貝克（Aaron Beck）的研究，有關未來不論做什麼，事情都不會好轉的負面期待（Beck et al., 1979）。第五個變項——自我厭惡——是根據洛伊·鮑曼斯特（Roy Baumeister, 1990）的研究，他將以自殺作為逃避方式的需求與對自我無法容忍的感覺（即自我厭惡）連結在一起。第六個變項是整體風險評分，意即行為表現的最後底線：你決定要自殺嗎？現在讓我們較深入的逐項細論 SSF 核心評估中的每個項目。

心理痛苦

　　自殺學的「始祖」之一——愛德溫·史耐門——所帶來的貢獻是深具影響且多面向的。就像我曾經討論過的（Jobes & Nelson, 2006），史耐門創新的理論工作以及實證研究，特別是他在臨床上的智慧，對於 SSF 的發展以及 CAMS 的臨床精神是極為重要的。史耐門的貢獻中，對於自殺學領域最具影響力的，可說是他以「心理痛楚」——存在於每項自殺事件背後那種深切的、無法忍受的心理痛苦與折磨——的概念為中心，所組織、發展的一整套理論後設心理學（一套獨特的認知取向方法）。從這個角度來看，如果想幫助任何有自殺傾向的患者，我們必須從根本去了解每一位患者正在經歷的獨特心理折磨。史耐門並進一步地主張，所有自殺，千篇一律的，總發生在當人們的心理痛苦超越自己認為所能承受的門檻時。因此，降低自殺潛在危機唯一的方法，就是找到一些能提高痛苦忍受門檻的方法，以有效地提高患者忍受心理痛楚的能力。另外，找出方法來

消除或改善心理痛苦的來源，也是十分重要的。許多現今的臨床研究學者都掌握了史耐門的概念，並將其運用於他們各自的治療方案中。（例如：Chiles & Strosahl, 1995; Ellis & Newman, 1996; Joiner, 2005; Linehan, 1993a; Rudd et al., 2015; Rudd, Joiner, Jobes, & King, 1999; Rudd, Joiner, & Rajab, 2001; Wenzel, Brown, & Beck, 2009）。

排序	請根據你現在的感覺，評定和完成下列各題。接著依重要程度，由1至5（1表最重要，5表最不重要）依序排列。
_____	1.評估心理痛苦程度（心中的創傷／苦惱／悲慘不幸：**不是**壓力；**不是**生理痛苦）： **低度痛苦：1 2 3 4 5：高度痛苦** 我覺得最痛苦的是： _____
_____	2.評估壓力程度（平常心中的壓迫感或超出負荷的感覺）： **低度壓力：1 2 3 4 5：高度壓力** 讓我覺得壓力最大的是： _____
_____	3.評估激躁程度（情緒上的急迫感／感覺需採取行動；**不是**易怒；**不是**煩惱）： **低度激躁：1 2 3 4 5：高度激躁** 我覺得必須要採取行動的時候是： _____
_____	4.評估無望感程度（未來不論你做什麼，事情都不會有好轉的感覺）： **低度無望感：1 2 3 4 5：高度無望感** 讓我最絕望的是： _____
_____	5.評估自我厭惡程度（平常心中不喜歡自己的感覺／沒有自尊／無法自重）： **低度自我厭惡：1 2 3 4 5：高度自我厭惡** 我覺得最討厭自己的部分是： _____
不適用	6.自殺危險性整體評估： **極低度危險：1 2 3 4 5：極高度危險** （不會自殺） （會自殺）

圖2.1　SSF核心評估

壓迫感（壓力）

除了特別強調心理痛苦之外，史耐門（1993）進一步地強調源自他知識的啓蒙師——亨利・莫瑞（Henry Murray, 1938）——的「壓迫感」概念。莫瑞經典的人格理論——人格學（personology）——其主要主張爲人格係多種心理需求和壓力交互作用下的基質。針對我們的應用目的，SSF 中這個題目是指主要來自外在（有時來自內在）的心理壓迫、壓力刺激或要求，對個體產生侵犯、加諸、觸動等作用，或是對個體造成其他的影響。典型的壓迫感通常包含外在事物，例如：關係衝突、失業及生活中的重大危難事件；或者是內在的壓力源，例如：命令式的幻覺同樣也能帶來明顯的壓迫感。壓迫感和無法負荷的感覺緊密連結，是一種自己要被心理需求淹沒的感受。需要說明的是，在 SSF 中我們使用了較常見的「壓力」一詞，因其是較易被一般患者所理解的（然而在此書內文中，我將繼續使用「壓迫感」一詞，以忠於史耐門當初的概念）。

煩亂（激躁）

對某些人來說，史耐門「煩亂」的概念顯得有些模糊，因其容易與心理痛苦及壓力有所混淆。然而史耐門堅持煩亂是自殺學中一個獨特且關鍵的概念。他主張，煩亂是指一種處於心煩意亂、心神不寧、不安憂慮的狀態。他認爲煩亂包含認知固著，以及強烈的自我傷害或其他輕率衝動行爲的傾向。煩亂可描述成患者有衝動欲望想要做些什麼，以改變或替代他（她）當下無法忍受的狀態，這是所有自殺行爲驅力的必要心理能量。在臨床上，處於重大的心理痛苦，卻伴隨著少許或沒有煩亂狀態的患者並非少見，但若無這種牽引，我們避開痛苦和死亡的自然閾閥之心理驅力，自殺是很少發生的。雖然並非完全同義，爲了讓一般的患者容易理解，我們在 SSF 中使用激躁一詞來代替煩亂一詞（然而在此書內文中，爲了清楚地表達史耐門的概念，我將持續使用煩亂一詞）。近幾年來，焦慮、激躁

以及活躍的心理狀態已成為了自殺學領域中主要的實證研究內容（Capron et al., 2012; Ribeiro, Bender, Selby, Hames, & Joiner, 2011; Selman, Chartrand, Bolton, & Sareen, 2014; Sublette et al., 2011; Winsper & Tang, 2014）。而近幾年來對於自殺學中「自殺警訊」的重視（Rudd et al., 2006; Tucker, Crowley, Davidson, & Gutierrez, 2015），也驗證了史耐門當初所提出關於「煩亂」概念的重要性。

自殺三維模式

史耐門（1985）用先前這三個概念構成自殺三維模式。雖然在心理學的領域中存在著其他同樣具有說服力的自殺理論模式（例如 Joiner, 2005; Klonsky & May, 2015; O'Connor, 2011），但史耐門自殺三維模式的精練準確，卻是禁得住時間考驗的。這些年來，我一直特別喜歡這個模式的其中一個原因，正是因為它是第一個同時透過多個面向和元素來理解自殺風險的理論。心理學領域長期以來，對於描述有實證基礎的「危險因子」格外著迷（雖然它對於了解臨床上緊急的風險並沒有太大幫助），而史耐門的自殺三維模式卻提供了我們一個方式，成功地進入患者具自殺傾向的心靈，並且能夠直接有助於臨床上的自殺風險評估，特別是對於那些「明確且緊急」的危險。

再者，自殺三維模式有效地強調了我們在此書第一版當中所主張的重要論點。CAMS 評估和治療花了很大的心力專注於自殺與心理疾病的不同。雖然事實告訴我們，那些死於自殺的人之中，有 90% 的人患有心理疾病，但是我們卻很難僅透過心理疾病本身來理解即將發生的自殺行為。舉例來說，憂鬱症是個在全世界相當普及的心理疾病（Bromet et al., 2011），但患有憂鬱症並不等於自殺──這兩者非常不一樣！事實上我們知道，一般來說，平均每天死於自殺的美國人有 100 位，在這之中，只有 60% 的人會在臨床上被診斷為患有憂鬱症（CDC, 2014; 美國衛生及公共

服務部,n.d.）。此外,這種對於心理疾病的誤解完全無法用來解釋成千上萬患有憂鬱症,卻不曾有過自殺念頭或是嘗試過自殺的人。所有這些討論都在強調史耐門自殺三維模式的卓越優點,因為這讓我們從三維立體的角度,思考自殺風險評估的問題。的確,自殺三維模式幫助我們思考具體的情況——在危機中的人,如何發現自己是在一個蓄發自殺行為的情境中?如圖 2.2 所示,自殺三維模式將自殺行為視為發生在前面所提的三個心理驅力共同交互作用時引發的結果。史耐門的概念包含痛苦、壓迫感和煩亂,分別存在三維模式的三個軸向,且可從低(1 分)到高(5 分)加以評估。在此模式中,史耐門強調每個自殺行動都發生在當心理痛苦、壓迫感和煩亂同時達到最高點時。

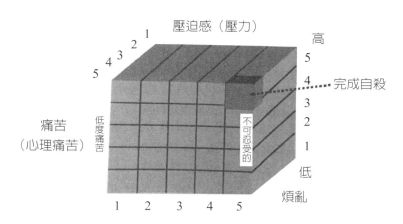

圖2.2　史耐門自殺三維模式。史耐門（1987）。美國心理學會1987所有版權。經許可得以複印

　　此模式致命的 5-5-5 立方體頂點,特別值得被註記為:三項心理驅力指標極危險之交會點和交互作用點,並且替「明確且立即性」的危險提供了極佳的操作性定義。因此,這個模式可以用來直接報告評量後的自殺風險,以及規劃和選擇臨床介入策略。任何一種能有效針對三個軸向的臨床

介入策略都具有潛力，能有意義地促使高自殺風險者進入一個較不危險的心理狀態。

無望感

亞隆·貝克所發展出的無望感概念，係指對於負面情境，有著不論做什麼改變，情況都不會好轉的預期。無望感與對未來的想法緊密連結，也代表了貝克憂鬱理論中的一個重點，就是他特別強調的「認知三要素」——對自己、他人和未來的無望感。對未來的想法與自殺有關的這個概念，是目前許多自殺學說中廣泛討論的重要內涵（例如 O'Connor et al., 2004; Williams, 2001）。身為認知治療的創始人，貝克引領我們重視想法，理解認知是影響心理和精神問題的關鍵。

在我們的研究團隊中，有未出版的數據，顯示有自殺傾向的大學生（n = 201）與無自殺傾向的大學生（n = 201）在認知內容上有著顯著的差異（Nademin, Jobes, Downing, & Mann, 2005）。在這個研究當中，我們發現無自殺傾向的受試者比有自殺傾向的受試者，自陳多了兩倍以上對未來的計畫、目標和希望。此外，我們也發現無自殺傾向的受試者，顯著的有更多以信念為基礎的生存理由。所以能清楚的發現，以樂觀態度思考與未來相關事物的能力，是對抗自殺的保護因子。延伸而論，我們信念中對於未來的希望感，能幫助我們順利度過生命中必然會遭遇到的困境。換言之，缺乏希望感——特別是那種凄慘的無望感——是極度致命的自殺風險因子。就可觀數量的研究顯示，可能沒有一個單一風險因子的概念比無望感與完成自殺有更高度的相關了（Beck, Steer, Kovacs, & Garrison, 1985; Brown, Beck, Steer, & Grishman, 2000）。

鑑於上述的討論，我認為將無望感視作 SSF 的重點概念之一是必要的。無望感這個概念，不但有理論和實證研究的支持，從臨床的治療觀點來看，它也與積極建立希望感有關。從評估的角度來看，希望的存在與不

存在是非常重要的，而從成功治療的觀點來看，希望感的存在與否，也提供我們一套重要且有組織的治療觀點。發展一些治療，使其內容特別強調對未來的思考及努力的重要性，並積極的幫助患者建立希望感，是臨床上必要的行動。我仍記得早期有個督導，堅持我們必須要作為患者的「希望供應商」，我發現這對於所有一般患者的成功治療，是個極為一致的關鍵，而對於有自殺傾向的人們更是格外如此。

自愛（自我厭惡）

洛伊・鮑曼斯特（Roy Baumeister）在他 1990 年所發表的論文中提出經典的論述──將自殺視為是對自我的逃離。他認為有自殺傾向的人，心理被驅使著根本性地想要逃離這個無法認同的自我。根據他的理論，對自己負面的看法可能變得令人無法忍受（亦即，極度的自我厭惡），讓自殺成為一個不得不的選項，以逃離這種難以忍受自己的感覺。事實上，在我們所做的 SSF 研究當中，自我厭惡的概念以及逃離自我的心理需求是我們其中一個最可靠且一致的發現（Jobes, 2005; Jobes, Kahn-Greene, Greene, & Goeke-Morey, 2009; Jobes, & Mann, 1999）。在我們一個針對具有自殺傾向的現役空軍人員所做的研究當中，我們發現有 60% 的受試者在自殺理由中的回應，都屬不同形式的自我逃離（Jobes, 2004b）。在另一個相關的研究當中，我們發現大多數具有自殺傾向的住院患者，都將自殺視為一個能夠簡單逃離自我的方法（Kraft, Jobes, Lineberry, & Conrad, 2010）。

除了自我逃離之外，鮑曼斯特的策略強調自我主體：從卡爾・榮格（Carl Jung）到漢茲・柯霍（Heinz Kohut），自我主體的概念是心理動力取向後設心理學的一個核心構面。我們能直觀地了解這些想自殺的人們，基本上他們被自己不幸的想法所占據，大部分不幸的心理機轉根源自核心──就是個體的自我概念。簡單來說，大部分具有自殺傾向的人們體會不到自愛的感受，並且他們想要逃離痛苦的需求可說是相當強烈的。鮑曼斯

特這個概念的優勢，就是同時截取了兩種自殺掙扎的關鍵要素——逃避自我的需求以及有害的自我厭惡的感受。

整體風險

最後，需要記錄自殺行為發生的可能性（換言之，此人是否真的會結束自己的性命？）這個 SSF 核心評估中的最後一個概念，並沒有引用任何特定心理學家的理論，但明顯的抓住一般對自殺風險評估的行為取向觀點。就這一點而言，SSF 中評定量表的第六項，直接詢問患者是否會自殺。這個問題的重要性，不只在於對生或死的直接暗示，也在於臨床自殺學中最重要和最難以捉摸的挑戰——亦即法律及醫學倫理上，判定是否有「明確而立即」的自殺風險。讓我們稍微從法理的角度來看此風險議題，到底對自我有「明確而立即」的風險是什麼意思？事實上，幾乎沒有「明確」的自殺狀態。自殺狀態通常都不例外地處於灰色地帶，而非黑白分明。那什麼又是「立即」呢？是指這一秒、今天的某時，或這星期某天？雖然這些詞確切的定義在心理健康及法律領域內都是模糊的，但是它們卻對臨床照護及處置非常重要，並且在真正自殺發生時，對臨床工作者的潛在執業疏失責任也有重要的意義。基於上述的原因，將整體自殺行為的風險列為 SSF 核心評估中的最後一項，有其顯而易見的道理。

SSF核心評估的心理計量

依循編製心理測驗的傳統步驟，我們針對 SSF 核心評估的內容進行了兩個嚴格的心理計量研究。第一個研究的受試者為美國天主教大學中因有自殺傾向而尋求治療的大學生（Jobes, Jacoby, Cimbolic, & Hustead, 1997）。第二個研究的受試者為梅約診所內具有自殺傾向的住院患者，此研究的目的是希望透過使用一個更高風險、多樣的樣本，複製及延伸第一個研究（Conrad et al., 2009）。在第一個諮商中心的研究當中，我們成功

地證明了 SSF 核心評估中六個概念間的準獨立性，並且這些概念是具有效度（顯著的聚斂和效標預測效度）以及信度（顯著的重測信度）。然而隨著此研究被發表後，人們對於我們第一個研究的可類推性，即產生了合理的顧慮，因為在這個研究當中，我們的樣本都是來自低自殺風險、高社經地位並且信奉天主教的白人大學生，這顯然大大地限制了我們研究的外部效度。為了回應此顧慮，我們的第二個研究便選擇針對多樣且具高自殺風險的住院患者進行。第二個研究成功地複製了第一個研究當中顯著的信度、效度結果，並且顯示了當 SSF 被用於高風險的自殺傾向患者時，是更有效的。特別是從因素分析的觀點來看，在第一個針對大學生所進行的研究當中，SSF 核心評估成功地解釋了整體變異的 36%，而在第二個針對有自殺傾向患者所進行的研究中，則有 72% 的整體變異能夠被 SSF 核心評估所描述（Conrad et al., 2009; Jobes et al., 1997）。

　　雖然建立評估的信度、效度是十分重要的，我們也透過其他的量化研究，進一步地了解 SSF 核心評估。舉例來說，一個早期的研究（Eddins & Jobes, 1994），試圖了解患者及他們的臨床工作者是如何獨立地看待及評量 SSF 核心評估中的概念，並找出他們彼此相似及相異的地方。值得一提的是，這個早期研究的資料導致我們後來在發展 CAMS 時，決定在這些概念的評量上，採取患者及臨床工作者合作完成的取向。其他早期的研究使用期初會談時，對 SSF 核心評估概念所進行的評量，來描述及預測明確的治療結果（Jobes, 1995a; Jobes et al., 1997）。同樣地，第一次會談時針對 SSF 核心評估概念所進行的評量，也被用來預測治療過程中自殺意念的減少，以及透過階層線性模型（HLM）分析來研究 SSF 中特定概念的調節效果（Jobes, Kahn-Greene, et al., 2009）。就明確的結果來說，此研究顯示自殺傾向患者在期初會談時，對整體自殺風險所進行的評量，不同地預測了患者在照護過程中關於減少自殺想法的四種線性函數。在針對剩餘五個 SSF 概念進行第二層次的 HLM 分析時，我們發現期初會談時對

於無望感以及自我厭惡的評量，能顯著地調節整體自殺風險的評量效果。SSF 核心評估也在臨床介入上，被許多 CAMS 相關的研究用來當作結果評估的工具（例如 Ellis, Green, Allen, Jobes, & Nadorff, 2012）。

SSF核心評估質化回應

也許 SSF 最創新的一個地方是它同時結合了量化及質化的評估。在心理健康的領域中，將量化及質化這兩個傳統的評估方式結合成一個單一的評估方法是相當罕見的。一般來說，那些擁戴量化評估方法的人，會在量化取向的期刊以及會議上發表研究。同樣地，那些擁戴質化（敘述化）評估方法的人，會在質化取向的期刊以及會議上發表研究。有別慣例，我們卻在 SSF 的第一頁中看見了它獨特的質化、量化整合的研究方法。

為此，SSF 核心評估的每個概念下，都有一個質化的提示，讓患者能夠針對這些提示手寫他們的回答。此項 SSF 之特別評量和洛特的投射測驗相似（Rotter & Rafferty, 1950），也就是語句完成測驗（ISB）。圖 2.3 是一個有自殺傾向的退伍軍人所完成的 SSF 評量。特別注意 SSF 前五個概念的質化未完成語句後，都有一條線作為讓患者書寫他們個人回應的空間。舉例來說，自殺傾向患者作答與心理痛苦有關問題，會同時完成「我覺得最痛苦的是 …… 」這個句子。第四章中會詳細說明臨床工作者如何鼓勵患者回答每個 SSF 的語句完成測驗，讓患者自己寫下第一時間想到的答案。

也許我們實驗室中最有趣的發現之一，是關於自殺傾向患者在 SSF 提問下所寫內容的質化研究，特別是關於這些患者不會寫哪些內容。在我們的一個研究中（Jobes et al., 2004），我們觀察了兩組回答 SSF 的自殺傾向患者樣本（n = 119 的大學生以及 n = 33 的現役美國空軍人員），且兩組樣本的受試者的心理狀態都明顯沒有被精神疾病（例如：憂鬱、焦慮、幻聽）的症狀所占據。在這個研究中，我們發現在總共 636 個回應中，有三

分之二的回應能可靠的被分到四個主要類別：關係（22%）、職業（20%）、自我（15%）以及不愉快的內在狀態（10%）。換言之，這些患者的回應顯示了他們的自殺掙扎主要是由關係、職業，以及與自我相關的事物所引起的。考量到自殺防治文獻一直以來都將自殺焦點放在精神病理學、心理疾病及其症狀上（也就是我們所謂的不愉快的內在狀態），這些 SSF 的質化研究結果確實是出乎預期且有趣的，同時它在臨床照護領域也具有重大的意義。關於如何記錄這些質化回應的詳細討論，請參見附錄 B。

排序

1 ____	1.評估心理痛苦程度（心中的創傷／苦惱／悲慘不幸；**不是**壓力；**不是**生理痛苦）： 　　　　　　　**低度痛苦：１２３４⑤：高度痛苦** 　我覺得最痛苦的是：*搶戰的罪惡感／造成我妻子的痛苦。*
5 ____	2.評估壓力程度（平常心中的壓迫感或超出負荷的感覺）： 　　　　　　　**低度壓力：１２３４⑤：高度壓力** 　讓我覺得壓力最大的是：*忘掉它及生命中的其他所有東西。*
4 ____	3.評估激躁程度（情緒上的急迫感／感覺需採取行動；**不是**易怒；**不是**煩惱）： 　　　　　　　**低度激躁：１２３④５：高度激躁** 　我覺得必須要採取行動的時候是：*與我的妻子吵了一架後。*
3 ____	4.評估無望感程度（未來不論你做什麼，事情都不會有好轉的感覺）： 　　　　　　　**低度無望感：１２３４⑤：高度無望感** 　讓我最絕望的是：*經歷過所發生過的這一切。*
2 ____	5.評估自我厭惡程度（平常心中不喜歡自己的感覺／沒有自尊／無法自重）： 　　　　　　　**低度自我厭惡：１２３４⑤：高度自我厭惡** 　我覺得最討厭自己的部分是：*讓我的妻子獲得這種感受。*
不適用	6.自殺危險性 整體評估：　**極低度危險：１２③４５：極高度危險** 　　　　　　　**（不會自殺）　　　　　　（會自殺）**

圖2.3　一位具自殺傾向的退伍軍人所填的SSF核心評估表

自我取向或他人取向的自殺風險

　　幾些年前我曾主張，自殺狀態可以被視作坐落於一條光譜上，而光譜兩邊的極端分別為「內在精神現象的」（內隱、自我取向）及「人際精神現象的」（外顯、他人取向）（Jobes, 1995a）。簡言之，長期以來我們觀察到有些自殺傾向患者的心理主要是被個人內在的想法及感受所占據，而其他自殺傾向患者的心理則主要是被與外在人際關係相關的思緒所占據。在這個模型裡，我主張那些自殺狀態偏向自我取向的患者會有更高的風險死於自殺，而那些自殺狀態偏向他人取向的患者，則可能有更高的風險嘗試非致命性的自殺行為。依照這個理論，我們在 SSF 中設計了兩道五點量表的題目，以了解患者對於個人自殺風險的認知是自我或他人取向的。在一個未發表的住院患者研究中，Lento、Ellis 以及 Jobes（2013）發現，當患者在兩個概念（自我取向及他人取向）的題目上都評了高分時，整體自殺風險評估能獲得有意義地提升。也就是說，自我取向自殺風險的評分與自殺意圖強烈程度之間的關係，會顯著地受到他人取向自殺風險評分的影響。在那些將自殺原因高度歸因於自我取向的患者中，如果他們同時也在他人取向的題目上評了高分，這樣的歸因方式似乎對患者有種保護功用，能讓他們比起在他人取向題目上評了低分的患者，有更少的自殺意念。在另一個相關的研究中，Brancu、Jobes、 Wanger、 Greene 以及 Fratto（2015）透過軟體系統分析一群有自殺傾向的大學生在 SSF 上的回答，發現患者寫出自我取向歸因回答的多寡，與所需的臨床照護時間長短有著顯著的正相關。

SSF擇生理由與尋死理由量表

　　在過去三十年與自殺傾向患者談話的經驗裡，我被自殺掙扎本身的內在辯論所撼動。一方面，這些患者有非常清楚的尋死理由；另一方面，同

樣也不免有一些理由讓他們想活著。有趣的是，患者所列的許多擇生理由也可以同時被視作是他們的尋死理由——自殺心靈本身也是如此矛盾的。例如，當一位患者將「我的太太及孩子」列為他的擇生理由時，卻也同時將「不要對我的家庭造成負擔」列為他的尋死理由。這種明顯的衝突讓我們重視到「矛盾」這個概念——許多自殺患者最基本的心理狀態。要重申的是，一位會在辦公室和臨床工作者談論自殺的患者，可以被認為他或她在心理上是矛盾的。對於生或死沒有任何矛盾的患者，不會在這裡與臨床工作者談話，他們大概已經選擇自殺了。

　　如圖 2.4 所示，SSF 擇生理由與尋死理由量表要求患者在表上空白處列出各五個擇生理由（RFL）及尋死理由（RFD）（各回答依其對患者的心理重要性，依序由 1 排到 5）。

　　我們的研究團隊發展了一個相當可靠的計分系統，將患者的回答組織並分類成幾個不同的主題（Jobes & Mann, 1999）。擇生理由的主題包括：「家庭」、「朋友」、「對他人的責任」、「成為他人負擔」、「計畫與目標」、「對未來的希望感」、「令人享受的事物」、「信仰」以及「自我」。尋死理由的主題則包含：「關係」、「解除他人負擔」、「寂寞」、「無望感」、「對自我的整體描述」、「無特定對象的逃避」、「逃避過去」、「逃避痛苦」以及「逃避責任」。普遍來說，這個評估不但顯示了患者身上常見的幾種擇生理由，也顯示了逃避的需求是患者選擇自殺的一個常見原因（Jobes & Mann, 1999）。這種擇生理由／尋死理由的評估方法，也同時被應用於我們實驗室（例如 Corona et al., 2013）以及自殺學領域中的其他研究（例如 Harris, McLean, Sheffield, & Jobes, 2010），以進一步地探討自殺心靈中的矛盾情結。然而值得一提的是，最近一個針對大量嘗試自殺的患者所進行的研究顯示，他們的擇生理由大都為家庭取向的回答，而尋死理由則大量地聚焦於「自我」，幾乎無任何逃

避取向的回答（Jennings, 2015）。這樣的結果顯示，那些有自殺意圖的患者與實際嘗試過自殺而存活的患者，他們在擇生與尋死理由的心理上可能是相當不同的。

如同之前所提及的，有個尚未被發表的研究，在 SSF 的擇生理由部分，找到了相當有趣的發現（Nademin et al., 2005）。在這個研究當中，實驗者比對 201 個具自殺傾向的大學生與 201 個無自殺傾向、在美國天主教大學修習普通心理學的大學生，他們在 SSF 上擇生理由的回答，並發現了兩個獨特的現象。第一，無自殺傾向受試者回應的數量，幾乎是有自殺傾向樣本的兩倍（1,004 項回應數比 598 項回應數）。第二，自殺傾向患者明顯有更多的回應聚焦在以下類別：「家庭」、「成為他人負擔」以及「令人享受的事物」；相反的，無自殺傾向的受試者明顯有更多的回應聚焦在「對未來的希望感」、「計畫與目標」以及「信仰」的類別。亦即，無自殺傾向受試者的回應比起有自殺傾向受試者，更聚焦於與熱忱、抱負有關的主題。雖然這樣的研究有其明顯的限制，但它也很可能顯示了自殺傾向患者缺乏思考未來，並對未來懷抱希望的能力，而這些能力卻恰是能夠保護他們度過難關的重要關鍵（參見 O'Connor et al., 2004）。關於如何輸入患者回應的詳細解釋，請參見附錄三。

排序	想活的理由	排序	想死的理由
1	妻子	1	我的妻子
2	家庭	2	我是個混蛋
		3	我之前所做過的事

圖2.4　具自殺傾向退伍軍人的擇生理由及尋死理由

SSF擇生與尋死欲望量表

　　在自殺學領域中我最喜歡的論文之一，是由瑪莉雅‧高華斯（Maria Kovacs）與亞隆‧貝克（Aaron Beck）（1997）所闡述的「內在掙扎假設」──自殺傾向患者在擇生與尋死的欲望競賽裡掙扎。布朗、史地爾、恩里克斯以及貝克（2005）接著使用這個方法學來評估精神疾病患者的自殺風險。他們結合了兩道題目的評量（求生欲望與尋死欲望），來計算每位患者的等距尺度指數分數，並發現患者的指數分數與未來的自殺風險有著顯著的相關。更準確地來說，指數分數愈高（代表尋死欲望愈強烈）的患者有明顯愈高的風險會完成自殺。我們在美國天主教大學的研究團隊並進一步地在其他研究中驗證了這個擇生／尋死欲望方法學（Corona et al., 2013; Jennings, 2015; Lento et al., 2013; O'Connor et al., 2012a; O'Connor, Jobes, Yeargin, et al., 2012）。

SSF一件事反應

　　如圖 2.5 所示，SSF 的一件事反應，是從一件能令患者再也不想自殺的特定事物中，直接蒐集有用的資訊。

　　在研究中，我們見過各式各樣廣泛的回應（Jobes, 2004b）。例如，其中有個有自殺傾向的空軍患者寫著：「五百萬美元和回家機票」。坦白說，此回應相當輕率，臨床上也不特別有用；相反的，也曾經有患者寫道：「找到適合我的藥物──口服避孕藥與抗憂鬱藥的交互作用，讓我的情緒不穩定。」這樣的回應在臨床上較為有用，促使立即的身心科醫師轉介與諮詢。在比較這兩個案例時，我無意貶抑第一個案例的回應，不過第二個案例的確提供了臨床工作者在臨床上更為有用的資訊，直接導出治療方案。原始的 SSF 一件事反應計分系統有效且可信的將這些回應分類：「自我取向」或「他人取向」、「實際」或「不切實際」、「具

臨床實用性」或「無臨床實用性」。在一個未出版的研究中，191 位
具自殺傾向的大學生擔任受試者，我們發現在 SSF 一件事反應中，如有
自我取向、實際的以及具臨床實用性的回應樣本，比起其他的一件事問句
回應，明顯能夠有較好的治療結果（Fratto, Jobes, Pentiuc, Rice, & Tendick,
2004; 參見附錄 D）。另一個可靠的 SSF 一件事反應計分系統是由 Kulish、
Jobes 以及 Lineberry 所發展的，這個系統將患者的回應組織成以下
的類別：「特定的親密關係」、「無特定對象的社交關係」、「外在干
預」、「內在干預」、「無想活之欲望」、「非自殺傾向的」以及「無
回應」。普遍來說，這個新的系統呈現了一個較複雜且詳細的計分內
容，替臨床上的評估及治療提供了更多的資訊。

可以幫助我不再想自殺的一件事是：<u>不再感到罪惡。</u>

圖2.5　具自殺傾向退伍軍人的一件事反應

SSF宏觀編碼方法學

　　最後，我們發展了「宏觀編碼」方法學，透過一個更巨觀的角度——
也就是「完形」的觀點，來考量 SSF 的質性回應（Jobes, Stone, Wagner,
Conrad, & Lineberry, 2010）。為了達成這個目標，我們的研究團隊用可靠
的計分方式，將 SSF 第一頁上所有的質性回應分為兩大類的「自殺取
向」：自我或他人（請參考圖 2.6）。
　　同樣地，我們也使用可靠的計分方式，將患者的擇生理由／尋死
理由評估分成三個類型的「自殺動機」：生命動機（擇生理由的回應
數 > 尋死理由的回應數）、矛盾動機（擇生理由的回應數 = 尋死理由
的回應數）以及死亡動機（擇生理由的回應數 < 尋死理由的回應數）。
將 SSF 的質性回應組織成自殺動機這種較廣、較高階層的類別，能有效

幫助我們分辨橫斷式研究中的自殺傾向住院患者樣本，我們不只看見兩組受試者在標準化評估工具上出現明顯的組間差異，他們的自殺嘗試歷史也有顯著的不同（Jobes et al., 2010）。而利用宏觀編碼方法學將一群具自殺傾向門診患者的擇生／尋死理由分爲生命、矛盾以及死亡動機的類別，同樣能有效地預測他們心理健康治療的長期結果（Jennings, Jobes, O'Connor, & Comtois, 2012）。

SSF B部分：風險因子評估

SSF的B部分包含了14個經過縝密研究的自殺風險因子（警告信號），這些有實證基礎的風險因子是在評估自殺狀態時最佳的變項。原始的變項清單是由一組美國空軍自殺防治方案所召集的專家們所發展的（Oordt et al., 2005）。這些變項在早期的 SSF 版本中曾被運用，且經實證支持，證明爲有價值的自殺風險因子變項簡表（Jobes & Berman, 1993; Jobes et al., 1997）。

SSF C部分：處遇治療計畫

SSF 的 C 部分是處遇治療計畫，第五章會深入討論。這一部分是直接源自於 SSF 前面由臨床工作者和患者共同完成的 A 和 B 部分。關於目前 SSF 的處遇治療計畫，有幾點我想強調的地方。首先，不同於傳統由臨床工作者自行擬定的治療計畫（可能會或可能不會與患者分享計畫內容），CAMS 方案強調治療方案計畫過程的共同合作，亦即患者扮演的是計畫的共同作者（Jobes & Drozd, 2004）。CAMS 方案的前提爲，臨床工作者在與患者合作完成 SSF 評量的 A 與 B 部分後，將與患者共同考慮各種介入的方案。CAMS 的中心目標明顯是，考量需有什麼樣的治療，以證明患

他人取向

請根據你現在的感覺，評定和完成下列各題。接著依重要程度，由1至5（1表最重要，5表最不重要）依序排列。

排序	
1	1.評估心理痛苦程度（心中的創傷／苦惱／悲慘不幸）：不是痛苦：1 2 3 ④ ⑤：高度痛苦 我覺得最痛苦的是：搶我的孩子／造成我丈夫的痛苦。
5	2.評估壓力程度（平常你心中的壓迫感或感覺超出負荷的感覺）：低度壓力：1 2 3 ④ 5：高度壓力 讓我覺得壓力最大的是：忘掉它及令我所有生命。
4	3.評估激躁程度（情緒上的急迫感／感覺需採取行動）：不是易怒：1 2 ③ 4 5：高度激躁 我覺得必須要採取行動的時限是：與我的妻子吵了一架後。
3	4.評估無望感程度（未來不論你做什麼，事情都不會有好轉的感覺）：低度無望感：1 2 3 ④ 5：高度無望感 讓我最絕望的是：經歷過所發生過的一切。
2	5.評估自我厭惡程度（平常你心中不喜歡自己的感覺／沒有自尊／無法由衷）：低度自我厭惡：1 2 3 4 ⑤：高度自我厭惡 我覺得最討厭自己的部分是：讓我的妻子過得這種感受。
不適用	6.自殺危險性整體評估：極低度危險：① 2 3 4 5：極高度危險 （不會自殺）　　　　　　　　　　　　（會自殺）

(1)想自殺與你想自己的想法和感覺有多強的關聯性？無關：0 1 2 3 4 5 ⑥ 7 8：非常想
(2)想自殺與你對別人的想法和感覺有多強的關聯性？無關：0 1 2 3 ④ 5 6 7 8：非常想

排序	想活下去的理由	排序	想死的理由
1	兒子	4	身為不夠好的父親
1	妻子	5	我是個不好的丈夫
1	兄弟	3	不是個好導師
1	支持我的家庭	3	未能供給

想活下去的程度：一點也不想：0 1 2 3 4 5 ⑥ 7 8：非常想
想死的程度：一點也不想：0 1 2 3 ④ 5 6 7 8：非常想
可以幫助我不再想自殺的事是：妻子說負面的事情。

他人取向

請根據你現在的感覺，評定和完成下列各題。接著依重要程度，由1至5（1表最重要，5表最不重要）依序排列。

排序	
1	1.評估心理痛苦程度（心中的創傷／苦惱／悲慘不幸）：不是痛苦：1 2 3 4 ⑤：高度痛苦 我覺得最痛苦的是：
5	2.評估壓力程度（平常你心中的壓迫感或感覺超出負荷的感覺）：低度壓力：1 2 ③ 4 5：高度壓力 讓我覺得壓力最大的是：
3	3.評估激躁程度（情緒上的急迫感／感覺需採取行動）：不是易怒：1 ② 3 4 5：高度激躁 我覺得必須要採取行動的時限是：
2	4.評估無望感程度（未來不論你做什麼，事情都不會有好轉的感覺）：低度無望感：1 2 3 ④ 5：高度無望感 讓我最絕望的是：
4	5.評估自我厭惡程度（平常你心中不喜歡自己的部分）：低度自我厭惡：1 2 3 ④ 5：高度自我厭惡 我覺得最討厭自己的整體：
	6.自殺危險性整體評估：極低度危險：1 2 3 ④ 5：極高度危險 （不會自殺）　　　　　　　　　　　（會自殺）

(1)想自殺與你想自己的想法和感覺有多強的關聯性？無關：0 1 2 ③ 4 5 6 7 8：非常想
(2)想自殺與你對別人的想法和感覺有多強的關聯性？無關：0 1 2 3 4 5 ⑥ 7 8：非常想

排序	想活下去的理由	排序	想死的理由
1	生命是有意義的	5	我是個不好的人
2	很多能做的事	3	內心的聲音
3	家庭／朋友	2	沒人愛我
4	「縈者」瓜葛的	4	許多疑問
5	我會變得更好		

想活下去的程度：一點也不想：0 1 2 ③ 4 5 6 7 8：非常想
想死的程度：一點也不想：0 1 2 3 4 5 ⑥ 7 8：非常想
可以幫助我不再想自殺想法的事是：軟化我內心那些負面想法的撞擊。

自我取向

圖2.6 SSF「自殺傾向取向」（自我vs.他人）宏觀編碼

者適合門診式照護。因此，CAMS 的終極目標是合作發展出門診治療計畫。此時需強調的是，在 SSF 處遇治療計畫中有一個「問題描述」的部分，且編號一的問題為「可能自我傷害」。接著，在問題描述旁，有一個「目標／目的」的欄位，此部分旨在強調患者的「安全及穩定性」。而接在此部分後的，則是「介入方案」與「持續時間」。這個治療計畫擬定時的順序是重要的，因為首要的臨床議題顯然是不能被妥協的——可能自我傷害的問題，必須在處遇治療計畫階段清楚的說明。如果臨床工作者與患者無法透過共同完成的治療計畫，充分探討、達成自我傷害風險這個臨床議題的共識，亦即無法發展一個穩定的門診式照護計畫，那麼根據州法，住院可能就是確保患者立即安全的必要措施。幸運的是，在過去幾十年來，有大量關於門診穩定計畫的研究在進行著。「安全計畫」（Stanley & Brown, 2012），或稱作「危機應變計畫」（Rudd et al., 2001），是為了補救被不當使用的「不自殺契約」和「安全契約」而發展的研究，雖然這兩項契約在現代的心理健康照護領域中仍太常被使用。

　　三十多年前我在一個精神科住院單位擔任護理人員，每當有患者要出院時，主治醫師都會指示我們要「讓患者在出院前對自身的安全性做出保證」。基於責任，我們會遵從醫師的指令，而患者通常也都急迫地答應做出保證，知道唯有這樣他們才能夠順利出院。這種安全性保證的問題，在於臨床工作者和患者幾乎沒有討論到當患者再次有自殺傾向時，應該採取什麼行動！最糟的部分在於，臨床工作者與患者雙方常常都知道，這種傳統的不傷害契約實際上是多麼的無效。在很多案例中，我們的患者都知道他們該或不該說些什麼，會被認為是需住院或是可出院的。更糟的是，我們知道患者其實了解我們明瞭他們在想些什麼。這樣的保證和指示根本沒有道理。特別是因為這種安全性保證只強調了當患者再次有自殺意圖時不會做什麼，而並非會做什麼。相反的，多種不同的穩定計畫都針對患者有自殺意圖時會採行哪些行動有深入的探討，這顯然是較有幫助且實

際的。在第四章，當我們談到 SSF-4 之下的 CAMS 穩定計畫時，會針對此部分的議題有更多的討論。除此之外，我們還會在第四章中談到「驅動因子取向」治療——其最早的討論出現於 CAMS 期初會談時，在 SSF 處遇治療計畫裡辨別問題二及問題三的部分。驅動因子取向治療是 CAMS 獨特的地方；它扮演著重要的角色，將 CAMS 和其他實證的自殺研究區分開來。

SSF D部分：補充的臨床文件

1990 年代時，美國國會通過一項與健康照護專業有關的重大法案。健康保險可攜性與責任性法案（Health Insurance Portability and Accountability Act, HIPAA）的部分條文修正案通過，保障了病例的隱私和安全性，以及規範與個人健康資訊有關的標準程序作業（例如，與電子通信有關的規定）。所有健康照護專業自 2003 年 4 月 13 日起，都必須完全符合規定。HIPAA 對所有健康照護者與心理衛生專業人員都有深遠的影響。因此，我們選擇將 HIPAA 的幾個重點要素加入 SSF 中。

在 CAMS 的每個階段——期初會談、所有的期間會談以及期末會談——都有一頁特別被稱為「HIPAA 頁」（附錄 A 當中 SSF 的第 4、6 和 8 頁）。SSF 中有這幾頁的目的，是提供一個有效的方式，使完整的病歷紀錄能夠符合 HIPAA 的規定。在第八章中會提及，為預防不當醫療訴訟而仔細記錄的預防觀點是相當重要的。因為以上的各種考量，SSF 特別被建構成能降低潛在的執業疏失，以及能作為一個完整且與 HIPAA 相符的病例紀錄。一般來說，我會建議以 SSF 代替一般使用的文件，來作為任何一位仍具自殺傾向患者的病例紀錄。亦即，當我們使用 SSF 針對 CAMS 方案患者進行評估、追蹤和治療時，若無特殊需求無需使用額外的文件（除非臨床工作者選擇如此做）。當自殺風險被 CAMS 成功解除

後，臨床工作者可以換回使用一般的病歷紀錄。

　　CAMS 被應用於各式各樣的臨床場域（例如，門診診所、諮商中心、醫院和危機中心）；因此，各機構可能會有依情境調整量表內容的需要。例如，有些大學的諮商中心選擇不使用 SSF 的 HIPAA 頁，認為中心的工作內容與 HIPAA 的指標不同。通常，我對於這些依據機構性質和工作內容調整 CAMS 和 SSF 的做法持支持的態度。

SSF追蹤／更新（期間會談）

　　CAMS 取向照護另一個重要且獨特的地方，在於患者會持續性地被臨床「追蹤」，直到他們的自殺風險消除或是有其他的臨床結果出現（例如，轉介或中斷就醫）。為此，SSF 中 CAMS 追蹤／更新的表格將在每一次的期間會談中被使用，直到臨床結果實現。在第四和第五章中將詳細談到，每一次期間會談的開始，是由患者快速的針對 SSF 核心評估變項（A 部分）做出評量，以了解患者現在的自殺風險，並由臨床工作者及患者合力更新治療計畫（B 部分）來作結。在每一次的 CAMS 期間會談結束後，臨床工作者會填寫 SSF 上期間會談的 HIPAA 頁，以完成完整的醫療紀錄（C 部分）。

SSF臨床結果／處置（期末會談）

　　當患者達到自殺風險解除的指標或是有其他臨床結果出現時，CAMS 作為一種臨床介入的方式就來到了尾聲。在第七章中將談到，當三個連續的期間會談都顯示患者的整體自殺風險為低，且任何自殺的想法、感受和行為都被成功控制時，SSF 中最後的結果／處置表格就能夠被使用。在期末會談填寫結果／處置表格時，患者必須先針對 SSF 核心評估的部分做

最後的檢查，確保已達到風險解除的指標（A 部分），臨床工作者再接著完成患者治療結果及處置的欄位（B 部分）。

重要的是，SSF 結果／處置表格必須要記錄患者所有可能的臨床結果。例如，某位患者的 CAMS 取向照護可能以嚴重家暴被監禁而作結，而另一些患者的臨床結果則可能為中斷醫療或是住院治療──這些都可以被記錄在 SSF 結果／處置的部分，以確保不論臨床結果為何，醫療紀錄都是完整的。而如同 CAMS 的其他面向一樣，在臨床上結束使用 CAMS 前，臨床工作者必須完成最終治療後的 HIPAA 頁（C 部分），以替個案留下完整的醫療紀錄。

CAMS之發展演進

1996 年，我跟兩位研究生一同坐在美國自殺學協會執行董事狹窄的辦公室裡。當時，蘭尼·柏曼（Lanny Berman）一位當精神科醫師的同事正在領導一個大型的管理照護心理健康系統。這位同事成立了一個由臨床研究員組成的團隊，希望能在這個照護系統中找到一個更好的方式來評估和治療自殺傾向患者。在那個時候，隨著一些早期與 SSF 相關的研究被發表（例如，Jobes, 1995a; Jobes & Berman, 1993），自殺學圈內開始對於 SSF 獨特的評估觀點產生了興趣。而令人興奮的是，我因此有機會被邀請加入團隊，負責對 SSF 進行調整，以讓其能更適用於這個相對大型的心理健康照護系統。這項努力的一個核心挑戰為：找到一個能有效管理自殺風險並同時減少住院治療（從而省錢）的方式。特別值得一提的是，一個已被發表的早期 SSF 研究顯示，患者和臨床工作者在對 SSF 的變項進行評量上，有著有趣的差異（Eddins & Jobes, 1994）。在這個研究中，我們發現臨床工作者在評量某些 SSF 變項時有高估的傾向（相較於患者的評量），但卻明顯的低估了具潛在致命危險的變項：煩亂（激躁）。

在會議上，我被問及在這個大型的心理健康系統中使用 SSF 時，該如何處理臨床工作者和患者之間的評量差異。這使我想到也許我們應該要讓患者和臨床工作者以合作的方式完成評量。會有這樣的想法，除了是受到評量數據的啓發外，也有部分是我在進行羅氏墨漬測驗教學時所得到的靈感：這種測驗習慣讓患者及臨床工作者並肩而坐。在執行羅氏墨漬測驗時一個根本的概念爲，患者對於墨漬刺激的反應才是這個測驗中重要的。因此，執行羅氏墨漬測驗的臨床工作者有一個奇特的評估任務：了解患者從墨漬中看見了什麼。換言之，我們努力透過患者的眼睛來看見患者的認知 —— CAMS 的中心思想就是在這一瞬間誕生的。另外值得一提的是，這種直接了解及同理自殺傾向患者觀點的簡單概念，也逐漸演變爲臨床自殺防治領域中的一個重點（參考 Michel & Gysin-Maillart, 2015; Michel & Jobes, 2010; Michel et al., 2002; Orbach, 2001; Tucker et al., 2015）。

因此，CAMS 的早期發展是爲了組織出一個特別的方法來使用 SSF。但在短時間內，這種方法便演變成爲明確的自殺學骨架和治療介入方式。隨著 CAMS 的發展，原先著重於評估的 SSF，也逐漸演變爲一個更多面向的臨床工具。時至今日，SSF-4 已經成爲一個多目的評估、治療處遇計畫、風險追蹤和治療結果的臨床工具，並且在 CAMS 取向照護中扮演著「流程圖」的功能（Jobes, 2006, 2012）。CAMS 的演變可被視作是爲了因應臨床上的一些基本需求，包含：

1. 建立一個堅強的臨床夥伴關係及提升患者動機。
2. 全面透徹地對自殺風險進行評估。
3. 發展及維持一個明確的問題取向自殺處遇治療計畫。
4. 發展一個能持續追蹤自殺風險，直到其被降低和 / 或消除的方法。
5. 一個能正確反應優良執業並從而降低疏失責任的臨床檔案。
6. 發展能夠橫跨理論取向、專業，和臨床場域的彈性及適用性。
7. 發展一個相對容易學習並能夠快速精通的方法。

8.發展一個符合成本效益的自殺風險照護方法。

9.發展一個幾乎不受限制的自殺風險臨床方法。

10.發展一個能有效處理自殺風險的實證方法。

雖然起初我們在臨床上推出 CAMS 以及在「真實世界」的治療環境中進行研究時，曾面臨多次斷斷續續的狀況（參見 Jobes, Bryan, & Neal-Walden, 2009），但 CAMS 的使用及我們相關的臨床研究都隨著時間而逐漸成熟。CAMS 效果取向的研究基礎（包含成功和失敗）幫助 CAMS 有意義地演變為一種處遇方式（Jobes, Comtois, Brenner, & Gutierrez, 2011）。在持續進行效果研究的過程之中，我們發現並且鞏固了幾個重點。將 CAMS 視作一種照護的哲學以及一個明確的自殺治療架構是非常重要的。此外，驅動因子取向治療的發展在自殺照護領域中是個令人興奮的創新，而我們的研究也持續在精進此一部分（Jobes, Comtois, Brenner, Gutierrez, & O'Connor, 2016）。接著，讓我們來簡短回顧至今為止支持 CAMS 的證據基礎。

CAMS的開放式試驗和相關研究

如表 2.1 所示，有七個關於 CAMS 的非隨機臨床研究被發表，從這些研究中可以看見 CAMS（以及包含在 CAMS 下的 SSF）被使用於不同臨床場域和自殺傾向患者時所產生的效果。

兩個使用了不同研究方法、針對有自殺傾向大學生所做的研究，顯示治療結果在使用 SSF 時出現顯著的前後測組內差異（Jobes et al., 1997），同時，透過重複測量線性分析，可以看見與 CAMS 相關的整體憂慮症狀和自殺意圖也有顯著減少（Jobes, Kahn-Greene, et al., 2009）。另外兩個 CAMS 的研究場域，則是在丹麥的一個社區型心理健康照護中心自殺門診，在這兩個研究中，組內前後測研究的結果證實 CAMS 具有跨文

化的效果（Arkov, Rosenbaum, Christiansen, Jonsson, & Munchowm, 2008; Nielsen, Alberdi, & Rosenbaum, 2011）。雖然起初在發展 CAMS 時是將其作為一個門診的治療介入方式，其最早卻是在一個未被發表的研究中，被有效的調整及應用於瑞士的住院患者樣本上（Schilling, Harbauer, Andreae, & Haas, 2006）。梅寧格診所的研究夥伴們針對 CAMS 被使用在上述住院場域的改編版本（也被稱作「CAMS-M」）發表了一系列的文章（Ellis, Allen, Woodson, Frueh, & Jobes, 2009; Ellis, Daza, & Allen, 2012; Ellis et al., 2015）。他們的團隊並且針對 CAMS 在這個精神科住院場域中的長期效果，發表了一個受試者內研究和一個開放式試驗研究（Ellis et al., 2012）。另一個梅寧格診所的研究，則在整體的自殺意圖和自殺相關的認知上發現顯著的組間改變（他們使用「傾向分數配對」的方式，產生一個配對的比較控制組）（Ellis et al., 2015）。

表2.1　SSF／CAMS的相關性和開放式試驗支持

作者	樣本／場域	樣本數	顯著結果
賈伯斯（Jobes）等人（1997）	大學生，大學諮商中心	106	前後測痛苦；前後測SSF核心評量
賈伯斯（Jobes）等人（2005）	空軍人員，診所門診	56	組間測自殺意念；急診／初診醫療掛號
亞可夫（Arkov）等人（2008）	丹麥門診患者，CMH診所	27	前後測SSF核心評量
賈伯斯（Jobes）等人（2009）	大學生，大學諮商中心	55	痛苦／自殺意念的線性減少
尼爾森（Nielsen）等人（2011）	丹麥門診患者，CMH診所	42	前後測SSF核心評量
埃利斯（Ellis）等人（2012）	精神科住院患者；自殺意念；憂鬱；無望感	20	前後測SSF核心評量
埃利斯（Ellis）等人（2015）	精神科住院患者	52	自殺意念和認知

此外，CAMS 也以自然的方式被使用於兩個美國空軍心理健康門診場域，並針對 55 位空軍人員進行非隨機的病例對照研究（Jobes, Wong, Conrad, Drozd, & Neal-Walden, 2005）。在這個回溯性（如事後係數）研究中，接受臨床工作者使用 CAMS 方案治療的患者，比起控制組的患者──其臨床工作者選擇使用一般方案（TAU）照護，顯著地在更短的時間內降低了自殺意圖。此外，使用間斷時間序列分析可以看見，CAMS 與更少的初診醫療掛號和急診掛號間有顯著的相關。雖然這個相關研究的數據相當令人興奮，我們卻無法因此推論 CAMS 與此結果的因果關係，因為這個研究既缺乏隨機化的步驟，也未針對誠信度進行正式的檢查，而使得內部效度大大地被犧牲。然而話說回來，也因為這個研究是在照護被給予後才進行的，因此有很高的外部效度；這些病人被自然地對待而非被視作研究的受試者。另外，在一系列檢驗其他「第三變項」（例如，藥物治療或臨床工作者因素）的事後再分析顯示，它們均未造成研究主要結論的差異。

CAMS的隨機控制試驗

由於因果是科學的核心目標之一，我們現在的 CAMS 研究主要聚焦於隨機控制試驗（RCT）的設計上（Jobes et al., 2016）。我們發表的第一個 RCT 是一個比較 CAMS 和一般照護（ECAU）的小型可行性研究，樣本為以社區為基礎的自殺傾向門診患者（Comtois et al., 2011）。這個研究在一個大型都會醫療中心的心理健康治療診所內進行，32 位具自殺傾向的門診患者被隨機分派至各自的組別。儘管此研究的統計功效受限於小樣本數，在所有的初期和後續測量上，卻有達到統計上顯著的實驗發現，包括在自殺意圖、整體憂慮症狀、擇生之理由以及樂觀／希望感上的組間差異（見圖 2.7）。

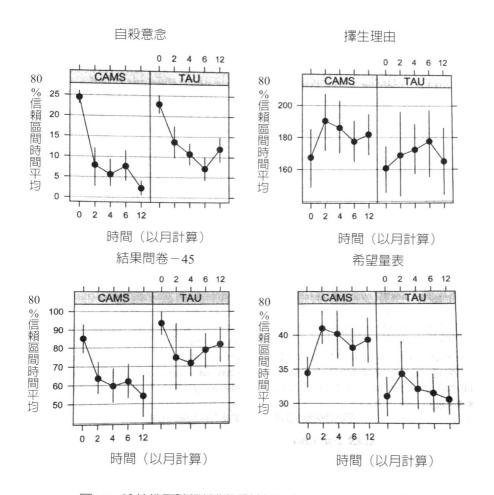

圖2.7　哈柏佛爾隨機控制試驗結果（Comtois et al., 2011）

　　重要的是，組間差異在最遠的評估時間點（照護開始的 12 個月後）達到最顯著的差異，顯示出 CAMS 可能在治療結束後（平均爲八次會談左右），仍有長期持續性的效果。最後，接受 CAMS 治療的患者在滿意度的評分上顯著地高於控制組的患者，同時相較於控制組的患者，選擇接受CAMS治療的組別也有更高比例的患者選擇接受完成完整的療程。

　　第二個被發表的 RCT 研究是由丹麥哥本哈根的同事所做。「DiaS」

試驗是一個平行組較優性設計，108 位具有邊緣型人格疾患特徵的自殺未遂者被隨機分派至為期 16 週的辯證行為治療（DBT）組別或是至多為期 16 週的 CAMS 治療組別（Andreasson et al., 2014）。DBT 在對於自傷及自殺嘗試行為的效用上有大量（且重複）的實證文獻支持，然而令人驚訝的是，在這個研究中，接受 DBT 和 CAMS 的組別，在自傷和自殺嘗試行為上並無顯著的組間差異（Andreasson et al., 2016）。更確切地說，我們在第 28 週時對患者進行追蹤，發現 DBT 組別的患者有 21 起自傷事件（36.8%），而 CAMS 組別的患者有 12 起自傷事件（23.5%）；DBT 組別有 12 起自殺嘗試事件（19.3%），而 CAMS 組別則有 5 起自殺嘗試事件（9.8%）。雖然這項研究在研究方法和統計效用上皆受到了些限制，但這些未達顯著的發現卻仍然十分重要，特別是考量到 CAMS 組別的患者接受明顯較少的直接性照護（通常少於 16 週且一週一次的會談），而 DBT 組別的患者則接受了為期 16 週的個人治療、小組技能訓練、電話諮詢，以及來自治療師團隊的督導和會談。如同進行 DiaS 研究的作者所言，這些數據需要被謹慎地解釋，且重複實驗是勢在必行的。儘管如此，這些關於 CAMS 在自傷及自殺嘗試行為效用上的發現仍然讓人充滿希望。

　　雖然這些早期的 CAMS 因果研究數據讓人振奮，我們仍持續努力的進行具良好效用的 RCT 研究以及重複實驗，期望能透過實證的方式驗證 CAMS 的效果。由美國國防部所贊助的存活意義作業（OWL）研究是一個比較 CAMS 和 ECAU 的隨機控制試驗，以意向分析的方式進行，而受試樣本為 148 位接受門診治療、具自殺傾向的美國士兵（Jobes, 2014）。在撰寫這本書的同時，OWL 研究已經進行到最後蒐集數據並對結果進行統計分析的階段。而在挪威也正在進行一個比較 CAMS 及 TAU 的 RCT 研究，樣本為 100 位門診患者（Jobes, 2014, 2015）。另一個由美國國家心理衛生研究院（NIMH）所贊助的小型 RCT 研究，正在內華達大學雷諾分校裡的諮商中心進行，他們設計了一個序列的多重分派隨機試驗（也被

稱作「SMART」研究設計）來比較 CAMS、TAU 和 DBT 三者。在這個研究當中，62 位具自殺傾向的大學生被隨機分派至不同的治療組別，希望能有效治療不同階段及種類的自殺狀態（Pistorello & Jobes, 2014）。最後，一個新的 CAMS RCT 研究得到贊助，目標為複製並且延伸我們先前對自殺傾向門診患者所做的 RCT 研究之結果（Comtois et al., 2011）。在「出院後照護焦點研究」（Aftercare Focus Study, AFS）中，一共 200 位從精神照護或急診照護部門出院的自殺未遂者將依據「隔日約診」（NDA）臨床照護模型，被隨機分派至 CAMS 和 TAU 的治療組別，這個模型以「照護轉變」以及離開臨床照護場域後的高風險時期兩議題為中心。

對CAMS訓練的研究

最後，有一些關於 CAMS 訓練的研究值得一提。誠如皮薩尼（Pisani）、克羅斯（Cross）和古爾德（Gould）（2011）所討論的，CAMS 的訓練已被認可為國內少數針對自殺所發展的專業訓練之一。有一些有趣但未被發表的證據顯示，CAMS 的訓練能有效地改變臨床工作者對於處理自殺風險的知識和態度。在一個由舒伯格（Schuberg）及其同事（2009）所進行的研究裡，165 位退伍軍人事務部門的心理健康照護者接受 CAMS 的訓練。我們在此研究中發現顯著的前後測差異（p < .05）：臨床工作者在處理自殺風險時的整體焦慮感顯著地降低，而在評估和處理自殺風險的信心程度上則顯著地提升。另外有些研究同樣在 CAMS 的訓練結果上看見正面的前後測差異，包含臨床工作者對於與自殺傾向患者建立夥伴關係的看法、增加患者動機以及執行安全計畫上。這些關於 CAMS 訓練的顯著結果差異，在 3 個月後進行追蹤時大多仍可看見，追蹤樣本為來自原始樣本的部分患者（n = 36）。

在一個針對 120 位心理健康工作者進行調查的線上問卷裡，克勞利

（Crowley）、安可夫（Arnkoff）、格拉斯（Glass）和賈伯斯（Jobes）（2014）發現，這些工作者對於 CAMS 的治療哲學自陳出中度至高度的配合度，這與其他關於 CAMS 訓練成效的研究有相似的結果。問卷回答者並進一步地在對於實際執行 CAMS 上，自陳出相對高（高於以其他治療介入方式處理精神議題時）的配合度。此研究中工作者對於 CAMS 哲學和執行的整體配合度，並未隨著情境因素而改變（例如，臨床工作者之紀律、執行工作的場域或不同的 CAMS 訓練模式）。

　　同時，我們也看見 CAMS 的訓練成效能透過線上學習的訓練模式傳遞（Marshall et al., 2014）。在這項研究當中，來自五個地方，共 215 位的退伍軍人事務部門之心理健康照護者，被隨機分派至三種 CAMS 訓練模式：69 位接受線上學習，70 位接受真人訓練，而 76 位屬於未受任何訓練的控制組。我們在這項研究中發現，線上學習和真人訓練組的臨床工作者皆對 CAMS 的訓練表示出良好的接受度，且兩組受試者在訓練方式的評量上並無顯著差異。這項研究的結果暗示，透過線上學習的模式，我們有機會讓更多的心理健康照護者更容易地接觸到 CAMS 的相關訓練。

　　雖然這些關於 CAMS 訓練的研究有其受限之處（例如，受試者回答採自陳模式），我們仍可以從結果看出，臨床工作者有辦法快速地抓到 CAMS 的重要概念，並且在支援和指導下，能夠在訓練結束後所面對的第一個個案裡即配合使用 CAMS。有更多關於 CAMS 訓練的研究正在進行，我們期望發展出一個能真正改變臨床工作者行為的訓練方式，並幫助他們成為專業的 CAMS 取向照護提供者（Jobes, 2015）。

摘要與結論

　　SSF 在 25 年的臨床實踐和研究中有了巨大的發展。而一個創新的、針對自殺議題所發展的實證臨床介入方式也隨之誕生。CAMS 現在已被

視作是一種照護哲學，同時也是一個治療架構。CAMS 被研究者精心設計，希望能有效提升臨床上的夥伴關係，並且增加患者擇生的動機。除了在臨床上被用來穩定自殺傾向患者之外，CAMS 也同時讓患者參與了以問題為取向的療程，並透過有系統的方式，和臨床工作者一同辨識及治療由患者所定義的自殺驅動因子。在最好的情況下，CAMS 將有效地治療這些自殺驅動因子，並幫助患者在遠離自殺後，活出一個充滿計畫、目標和希望的有意義的人生。

第三章

系統的臨床照護及優化CAMS之運用

林恬安　譯

　　對於處遇有自殺風險的個案而言，成功的臨床評估以及治療，仰賴的是有前景可靠的照護系統，以及臨床工作者可靠，且能夠勝任的準備態度來投入面對風險。為了能達成這樣的目標，並及早辨識自殺徵兆，盡力從「源頭」有效處理的臨床目標上，以合作型自殺評估與處遇方案（Collaborative Assessment and Management of Suicidality, CAMS）為引導的照護，將不失為一個好用的工具。過去十年來，我在公立或私人的臨床治療環境及大型健康照護系統中，執行了數個改善流程的行動。而當有特別重大的自殺事件、一連串的自殺事件、或是職業疏失致死的訴訟後連帶的作業流程審查（審查目的為改善作業流程），通常都會啟動這樣的改善流程行動。在所有有效的改善流程行動中，有各式各樣的面向：臨床上的評估、治療、撰寫紀錄的內容方式、整個照護程序在行政層面上最理想的追蹤方式。執行這些改善不僅能幫助到更多生命，還能夠減少職業疏失風險。

　　不論是小型診所或是大規模的醫療網絡，改善流程的模式發展及運用是透過 CUA 自殺防治實驗室（以及其他我們緊密的合作者），並包含三個明確的階段：(1) 分析並對自殺病患的現存照護系統需求做評估，(2) 符合現況所客製專業化的訓練，以及以 CAMS 架構之調整適應系統的現況，(3) 後續追蹤諮詢以及進一步分析以確保品質為目標的措施、及其介入後的影響（Archuleta et al., 2014）。藉由在不同的場域中（包含私人醫學

中心、大學諮商中心、精神療養院、社區精神健康照護系統、大型退役軍人事務醫療中心網絡、軍人治療機構）執行改善流程行動，我們了解到在不同的臨床環境中，能夠如何照護自殺患者。在我執行流程改善行動的經驗中，我曾提供諮詢、訓練無數的心理衛生專業人員，並在自殺相關的職業疏失訴訟中擔任檢驗專家的角色，因此我看過對於自殺患者而言，非常傑出的照護系統，但也曾看過完全失能，無法有效照護自殺患者的機構（以及任何在這兩者狀態之間的機構）。一般而言，一個照護系統只要能跟隨此章接下來討論的四個基本步驟，就能夠顯著的改善臨床上對於自殺患者的照護。值得注意的是，這四個步驟能適用於臨床工作者私人的家庭辦公室，亦能適用於遍及全國的自殺防治計畫在不同的精神健康照護服務中。此外，這些步驟能夠大幅強化以合作型自殺評估與處遇方案（Collaborative Assessment and Management of Suicidality, CAMS）爲引導的照護。

步驟一：發展方針和程序

將和自殺風險相關的方針和程序寫下來是必須且重要的。根據臨床環境或是照護系統的大小和規模，方針和程序可以是相當粗略，也可以是非常詳盡仔細的。在所有案件的情況中，以經營者或是大型照護系統爲提告對象，進行職業疏失訴訟提告時，原告律師會例行的傳喚調查任何與自殺風險有相關的方針及流程陳述有所缺失。一旦自殺事件發生，若臨床環境與自殺特定相關的方針和程序有所缺失，便可推及潛在的訴訟就有可能會發生：因爲這樣的缺失就代表了臨床環境並沒有預備自殺事件可能會發生的事實，也沒有建立一個「常態且客製」的系統化取向來處理相關事件。針對這樣的思路則有一個提醒：當經營者眞實的遵從其所建立的自殺方針及程序時，才能夠反映出良好的執業情形！以最低標準而言，一個有效的

自殺特定方針和程序是能夠認知到自殺患者可預期的未來，以及能夠勾勒出接下來常態且客製的臨床流程，包含例行性的評估，追蹤以及對患者的處遇治療。大多數的心理健康專業協會都能提供針對如何發展執業方針和程序的一般性指引；透過熟悉政府心理健康相關法條和專業規範的律師，複審和認可方針及程序，也是一個額外重要的步驟。

步驟二：發展可靠的方式及早辨認自殺風險

　　如果臨床工作者一直處在不明瞭風險的情況下，是不可能有效處遇自殺風險的，這件事情絕對是不證自明的。而在臨床上防治自殺的根基是：建立一個可靠且有效儘早辨識自殺風險的方式。在這個根基上，傳統和創新的取向都能夠在例行且及時的狀態下，協助辨識自殺風險。而唯有辨識自殺風險後，才能夠打開潛在有效救人性命的治療處遇之門。

直接訪問式的自殺風險辨識

　　如第二章所述，我曾在一群執業的臨床工作者之間參與過一份關於自殺特定評估的問卷研究（Jobes et al., 1995）。在這些研究數據中，我有幾個廣泛的感想是值得大家注意的。第一：我對於臨床工作者對於其臨床判斷的自信感到印象深刻，這樣的自信已幾近於傲慢。尤其是在他們的開放式回應中，我看見他們以批判的態度，批判自殺評估工具中心理計量的限制以及心理測驗於此之應用。這樣的態度，強烈的對比出他們在臨床上根據訪問格式的評估和臨床觀察所做出的判斷是過度自信的。在這方面，我對於保羅・米爾一個重要（但未被重視）的研究感到著迷，此研究主題爲臨床判斷明顯的限制與精細的臨床評估，此兩者之間的高度比對（Dawes, Faust, & Meehl, 1989; Meehl, 1997）。鑑於這個研究，使用評估工

具事實上是永遠優於臨床判斷。但是在我的經驗中，臨床工作者看起來並不相信這樣的研究數據，且對於單單依賴訪談技巧下產出「有勇氣」的判斷，保持著令人訝異的過度自信。

在許多臨床工作者抗拒使用自殺評估工具或是症狀篩檢工具的情況下，臨床工作者更需要保持敏感，並且在臨床上認知到任何患者都有可能抱持著自殺的想法。因此，聆聽患者絕望的陳述，或是注意患者是否暗示他們的情況是無望的或是感到困住的，便是極端重要。臨床工作者應當要保持警覺，當聽到以下模糊的影射訊息：「我好累，我覺得想要放棄了」、或是「我覺得被困住了──我真的沒有其他選擇了」，或是「我的人生中沒有一件事情順利，還有什麼意義？」臨床工作者應直接的詢問關於自殺想法的可能性。臨床工作者應以一種同理和不令人感到羞辱的態度傳達出類似以下的訊息：「聽起來對你而言，現在情況真的很絕望，毫無希望感。你有想過以自殺來面對這樣的情況嗎？」如同這樣的話語，問題越直截了當是越好的。完全可以肯定的是，只有當臨床工作者願意直接的詢問患者關於其自殺風險，臨床工作者才有可能做到救人性命的臨床工作。若臨床工作者不願意使用篩檢或是評估工具來例行性的評估自殺風險，臨床工作者的責任便是每當嗅到患者話語中的線索及模糊提及自殺相關訊息時，便毫不猶豫的以同理且誠摯的態度直接詢問患者關於自殺的想法。請謹記，當談到自殺風險辨識，就不應該出現任何引導或是羞辱的問句，例如：「你不是在想自殺，對吧！你怎麼可以這樣對你的太太？」

雖然證據支持應使用精準的評估取向，但我仍相信透過明確的訪問式評估，是能夠有效且同時具有療癒的效果。的確，身為一位艾斯凱團體（Aeschi Group）的創始會員，我過去曾共同編輯過一整本關於臨床訪問以及臨床訪問評估能帶來的有效性、療癒性、甚至是變化性（Michel & Jobes, 2010）。艾斯凱的取向採取在臨床上與自殺風險一同工作，以不羞辱且絕不評價的態度同理患者的自殺願望，領會患者的想望，並且聆聽患

者的「自殺故事」。在過去幾年，艾斯凱在瑞士舉辦了研討會，而現在則在美國進行。因為 CAMS 所引導的照護與艾斯凱的中心思想是一致的，研討會便提供了獨一無二的機會來展示自殺狀態評估量表（SSF）及合作型自殺評估與處遇（CAMS）的發展演進與成熟狀態。

註：Aeschi Group：http://www.aeschiconference.unibe.ch/

非直接的自殺風險辨識

如同心理衛生專業人員所知，有一些患者族群，雖表達他們有「自殺意念」，但實際上自殺風險極低或甚至沒有任何風險，他們並不會真正去終結他們的生命。這個議題是在心理衛生專業領域中，其中一個最複雜的議題。整個大眾心理衛生系統因存在無數以自殺作為威脅手段，企圖滿足各式各樣無止盡需求（例如：注意力、庇護，或是食物）的慢性心理疾患患者，而陷入兩難。以自殺當做威脅的「工具」意圖，或是呈現出危險卻未致死的行為，不在此次討論範圍中，雖然這的確是臨床上一個顯著的困難。不需太多說明，工具意圖的自殺風險有時候是相對容易辨認的，但有時候也很難在造成自我的嚴重傷害或死亡中辨別出其「真實」的風險。因為我們大多數的評估取向，都採取直白坦率的詢問自殺相關的資訊，而這樣直接的詢問，可能可以篩選出工具性的自殺，但是卻有可能導致那些抱有真實自殺想法，卻希望隱匿的患者不承認他們的自殺想法。在這樣微妙的辯證下，有越來越多的人傾向採取以不直率坦白或是不直接的態度來辨識自殺風險，如此一來，患者便不會知道他正在被評估自殺風險。以下是一些間接的自殺風險評估量表，有時候被稱作為「隱蔽的」的辨識或是潛在的自殺風險評估（例如，Claassen & Larkin, 2005）。

凱斯勒 K-10 量表（Kessler K-10）

如先前所述，我們的研究團隊針對自殺和非自殺的住院精神病患，

以自殺狀態量表（SSF）的大規模心理計量研究蒐集了大筆的研究數據
（Conrad et al., 2009）。而在明尼蘇達州羅徹斯特的梅約診所（Mayo Clinic），
我們進行了一個非直接自殺風險辨識的隱蔽研究（O'Connor, Beebe, Lineberry,
Jobes, & Conrad, 2012）。我們針對 149 位住院患者使用凱斯勒 K-10 量表
（Kessler K-10）（一個以十個項目組成的簡要症狀檢核表的運用結果，裡
面沒有任何特定關於自殺的問題）的數據做了因素分析，分析結果呈現二
因素架構，分別爲：憂鬱和焦慮。以完整的心理計量計算後，這些因素負
荷量和自殺風險有高度相關，並且能夠有效的分辨自殺患者和非自殺患
者。如這樣非直接的評估是能夠用於追蹤上的評估，以利協助引導患者去
尋找和接受針對自殺的救命臨床照護。

腦部活動量的科技評估

目前有實驗是利用科技來研究提升的自殺風險和中樞神經系統活動
量，這兩者的相關性。舉例來說，古德曼（Goodman, 2012～2015）便將
電子感應器放置於眼睛周圍，並以電腦螢幕呈現一系列的視覺刺激，接
著量測受試者觀看視覺刺激時驚嚇的眨眼反應。在這個研究中，實驗者將
愉悅、中性，或是不愉悅的圖片（例如：一個人拿著槍指著自己的頭）呈
現給有自殺意念，或是曾試圖自殺（一次或多次）的受試者觀看。眨眼反
應的數據，呈現出有多次嘗試自殺的受試者對於不愉悅的圖片，是極度
易於有反應的，因此可能反映出多次嘗試自殺的受試者所習得的情感敏感
（affective sensitivity）（或是情緒調節的缺乏）。以橫斷面和相關性的研究
而言，這樣的數據是令人想持續探究的，同時也可能驗證了湯瑪仕‧喬
恩納（Thomas Joiner, 2005）所提出的「習得能力」（acquired capability）
概念，關於暴露於負面的經驗（例如：他們自己多次嘗試自殺的行爲）之
後，所提升的自殺風險。

在另一個實驗中，發米隆尼和瑞斯目桑（Familoni and Rasmusson,

2012）則利用軍隊的熱成像儀技術，來量測臉上和大拇指的汗孔來當作自主神經系統活化的指標。在這個運用高解析度熱成像的實驗中，受試者是正在服役的軍職人員。實驗者發現與戰鬥相關的創傷後壓力症後群問題以及自殺，都和熱成像儀量測到在臉上和大拇指的汗孔即時開閉的狀態，呈現顯著的相關。同樣的，這樣的相關性數據是令人想持續探究的，但我們無法從這些數據中肯定的推論任何因果性的自殺風險。但是這樣的方法再結合其他的評估取向，可能可以漸漸提升我們對於潛在風險的掌握。

內隱連結測驗（Implicit Association Test, IAT）

如同前述的非直接自殺風險辨識，哈佛大學的馬修・那克（Matthew Nock）發展了一個針對潛在自殺風險重要的非直接評估。那克運用內隱連結測驗（IAT）發展了一個「客觀」或是所謂「行為式」。針對潛在自殺企圖的評估。在一個關鍵的研究中，那克和他的同事（2010）針對 157位在急性精神病房尋求治療的患者，施測了關於死亡／自殺的內隱連結測驗。在施測這個內隱連結測驗後，為期六個月的追蹤期裡，發現測驗顯著的預測了高達六倍的潛在企圖自殺行為。更精確的說，以在電腦上施測的內隱連結測驗中配對的刺激而言，對於「死亡」有更強烈的時間反應（相對於「生命」的刺激）的受試者，有更高的潛在企圖自殺風險（例，如他們分類這些語意刺激的行為反應，顯現了其自動的心理連結）。這系列的研究是在過去十年來評估研究中最顯著的突破，而目前亦有數個內隱連結測驗的研究深入了解這個客觀（以及非直接）的潛在自殺相關行為風險評估（Glashouwer et al., 2010; Harrison, Stritzke, Fay, Ellison, & Hudaib, 2014; Randall, Rowe, Dong, Nock, & Colman, 2013; Tang, Wu, & Miao, 2013）。

根據症狀篩檢的自殺風險辨識

在 2010 年，美國的聯合委員會（The Joint Commission）認可該國健

康照護機構所發行關於自殺評估導向的「全國患者安全目標」（National Patient Safety Goals）。其中，在全美的健康照護機構中，自殺導致的死亡被認定為主要的「醫療警訊事件」（sentinel event）（The Joint Commission, 2010; Mills et al., 2010）。此外，如第一章所述，聯合委員會（2016）的里程碑，嚴重醫療過失警訊（sentinel event alert）在這個時間點更發表了加強在急性照護或非急性照護的環境中，察覺自殺意念的重要性。因此，在美國的健康照護環境裡找到一個簡短、對使用者友善、心理計量有效且有信度的（而且是免費的），更要同時對於預測自殺能有高敏感度和精準度的自殺篩檢工具，便成為一個迫切的挑戰。但讓許多在這個場域工作的人失望的是，這樣的工具並不存在。目前能讓人使用的工具則是，數個預測效力有所限制的篩檢工具（且並非被廣泛的使用）。不過，在跨及不同的健康照護環境下，針對自殺風險系統化篩檢之強化，以及發展篩檢工具、使用篩檢工具的方針都持續進行中（Boudreaux & Horowitz, 2014）。雖然現存的篩檢工具有其限制，但他們仍具備以例行性及系統性的方式來實際探詢潛在的自殺風險，以此就能夠進入進一步深度的評估自殺風險以及提供可能的救命處遇治療。以下僅是簡要回顧一些可能對辨識風險有效，以及可能可以促發使用 CAMS 的現存篩檢工具。

　　註：嚴重醫療過失警訊（sentinel event alert）為美國聯合委員會（The Joint Commission）固定發表的警訊文章，其中包含辨識特定的醫療警訊事件，其背後的成因和如何避免事件發生的相關資訊。

症狀檢核表90（SCL-90）／簡要症狀量表（BSI）

　　症狀檢核量表－90 第一次被使用的情況是在美國天主教大學（The Catholic University of America）諮商中心，用於以自殺狀態量表為基礎的研究中（Jobes et al., 1997）。初始版本的症狀自評量表－90 最初是由迪洛葛提斯（Derogatis）及其同事所研發的無著作權的評估工具（Derogatis,

Lipman, Rickels, Uhlenhuth, & Covi, 1974; Derogatis, Rickels, & Rock, 1976）。最早的症狀檢核表－90 涵蓋一般的困擾症狀，以及總和各分量表的整體嚴重性指標。雖然題目很多，有九十題，且患者常抱怨測驗時間太長，但對前後測設計的治療研究是個很有價值的工具。從開始研究到現在，迪洛葛提斯已改善此量表，題數明顯的減少到五十三題，分量表的結構及信效度都有改善（Derogatis & Savitz, 1999）。這個量表目前被稱爲簡要症狀量表（BSI）（Tarescavege & Ben-Porath, 2014）。

　　註：公眾領域：http://creativecommons.tw/public_domain

行爲健康量表（Behavioral Health Monitor）

　　在約翰霍普金斯大學諮商中心所使用的行爲健康問卷（Behavioral Health Questionnaire, BHQ），擁有很不錯的臨床和研究結果。行爲健康量表是由柯柏塔（Kopta）和羅瑞（Lowry）（2002）所研發的一般困擾症狀自陳量表，共二十題。行爲健康量表有從好到極佳的建構效度（construct validity）、同時效度（concurrent validity）和重測信度（test-retest reliability）（範圍從 .71～.83; Kopta & Lowry, 2002）。行爲健康量表的優點是題目少，且容易在每次臨床會談時實施。由於在治療過程中有多次的行爲健康量表測驗紀錄數據，臨床工作者不論在過程中或結案時，都可密切追蹤患者治療的情形。爲了解治療的過程和結果，我們在約翰霍普金斯大學的研究中，例行且重複使用行爲健康量表，以進行更複雜的線性分析〔例如：階層線性分析（Hierarchical Linear Analyses, HLM）〕（Kahn-Greene et al., 2006）。行爲健康量表內設計了一個關於自殺想法的特定問題，在治療處遇的現場中，可以使用這個特定問題作爲 CAMS 的開始。值得注意且重要的是，使用如行爲健康量表這種較短的評估工具是有其限制的，例如，行爲健康量表不能像長一點的評估工具般，完整描述嚴重的精神病理狀況。雖然這對高功能的大學母群體而言，並非是特別嚴重的問題，但可

能就不適合在其他具有更廣泛精神病理狀況的臨床場域中使用（Bryan et al., 2014; Bryan, Corso, Rudd, & Cordero, 2008; Kopta et al., 2014）。

結果問卷－45.2（Outcome Questionnaire-45.2）

另一個短得足以在每次臨床接觸中使用的症狀導向評估工具，是由萊姆柏特（Lambert）、韓森（Hansen）及其同事（1996）所發展的結果問卷－45。結果問卷－45.2是一份四十五題的自陳量表，它也提供困擾症狀的整體量尺以及三個分量尺，這三個分量尺分別評估：(1) 主觀的不舒服，(2) 人際關係，(3) 社會角色功能。結果問卷有好的內部一致性（r ＝ .93; Lambert, Hansen, et al., 1996）和重測信度——間隔三週，重測值 r ＝ .84（Lambert, Burlingame, et al., 1996）。萊姆柏特和同事們進一步表示，結果問卷有好的同時效度，對療程中治療的改變也很敏感。患者因為重複實施而相當熟悉此量表，結果問卷可於五分鐘內完成。此外，結果問卷也有線上版本，可有效提供實施此量表時的替代方法。我個人比較喜歡結果問卷，因為它可處理廣泛的精神病理範圍。結果問卷的第八題「我有結束自己生命的想法」，已相當成功的在空軍診所研究中作為 CAMS 的開始，以及自殺意念的代表指標（Jobes et al., 2005）。

在醫療場域中每個人的自殺篩檢量表（AsQ'em）

為了直接回應先前美國聯合會（Joint Commission）的指示，侯羅威茲（Horowitz）和他的同事發展了一份含有兩個問題的自殺篩檢量表，稱為在醫療場域中每個人的自殺篩檢量表（AsQ'em）。這群作者堅信詢問有關完成自殺行動中，最關鍵的風險因素之重要性，也就是詢問現在的想法和過去的行為。醫療場域中每個人的自殺篩檢量表（AsQ'em）中的問題包含：(1)「在過去的一個月內，你曾經有自殺的想法嗎？」以及 (2)「你曾經企圖自殺嗎？」如果患者對任一問題回答了是，便會立即追問：

「你目前有自殺的想法嗎？」這個篩檢的取向是根據美國國家衛生研究院（National Institute of Health）中一組研究團隊先前的研究，這個先前的研究爲針對兒童及青少年的樣本，使用相似的簡要自殺篩檢問題進行篩檢（參見：Ballard et al., 2013; Horowitz, Brdge, Pao, & Boudreaus, 2014）。而一份針對 AsQ'em 的可行性研究，以 331 位成人住院患者爲樣本，呈現以下的數據：這份量表完成僅約 2 分鐘；87% 的患者表達對於這份量表感到舒服；75% 的護理師和 100% 的社工同意住院患者是可以從這樣簡單直接的篩檢取向中獲益。

病人健康狀況問卷（Patient Health Questionnaire）

賽門（Simon）和其同事（2013）針對廣泛被使用的病人健康狀況問卷（PHQ-9）進行了很重要的相關研究，這份量表是廣泛的被使用於憂鬱的篩檢。其廣泛被使用的部分原因，可能是因爲病人健康狀況問卷（PHQ-9）是沒有著作權的，而且是可以在網路上直接搜尋使用的。研究者從大型聯合健康照護系統中的電子病歷提取病人健康狀況問卷（PHQ-9）的回應，研究了病人健康狀況問卷（PHQ-9）是否能夠用來檢驗往後的企圖自殺行爲和死亡。使用 84,418 份門診病人針對病人健康狀況問卷（PHQ-9）的第九個項目（「認爲自己死了會比較好的想法或是以某種方式傷害自己」）的回應當作樣本，研究者發現此項目的回應，是和自殺企圖的風險提升，以及自殺導致的死亡有顯著關聯。雖然有人批評第九個問題（談及死亡和自傷）的複合本質，但數據仍然令人印象深刻，且呈現了病人健康狀況問卷（PHQ-9）其免費及易於取得的優點。

若要全面探討數十個能在臨床上運用的自殺特定評估工具，將會超越本章範圍。再一次說明，雖然這些工具並不被廣泛的使用（Jobes et al., 1995），仍然有許多結構及信效度都很良好的評估工具〔特別是從亞倫 · 貝克（Aaron Beck）在賓州大學（University of Pennsylvania）的實驗

室所產出的評估工具]。我最喜歡的其中兩個評估工具為：自殺意念量表（Scale for Suicide Ideation, Beck & Steer, 1991）、以及貝克無望量表（Beck Hopelessness Scale, Beck & Steer, 1993）。我也喜歡瑪夏 · 林漢（Marsha Linehan）的求生問卷（Reasons for Living Inventory, Linehan, Goodstein, Nielsen, & Chiles, 1983）。凱利 · 波斯娜針對自殺嚴重評分的哥倫比亞量表，則是可以在線上反覆的完成這份發展良好的測驗，同時，這份測驗也在臨床上獲得很多的注目（Posner et al., 2011）。如同前述，目前有太多針對自殺評估的工具，無法完整的在本章討論 [建議參考：Brown, 2001, 成人量表回顧（a review of adult scales）以及 Goldston, 2003, 青少年導向的量表（for youth- oriented scales）]。但一併可提的是，一個以美軍為受試者的嚴密研究正在實行，研究目標為調查某幾個評價良好的測驗之預測效度，研究結果應可提供幾個主要的量表其效用和評估取向的效用。

步驟三：尋求臨床顧問督導

　　例行性的尋求臨床顧問督導是符合倫理上的期待，同時也是專業上的職業要求。特別在臨床上，當要針對複雜的個案下決定時，專業的第二方意見是極度有價值的。例行性的尋求專業顧問督導可以是短時間的，也可以非正式的方式向同事諮詢。對於特別複雜的個案，我建議應向該場域的專家尋求深度的顧問督導，這同時可以幫助降低職業疏失風險。當你真的有尋求顧問時，切記要於病歷中記錄你尋求顧問督導的紀錄，特別是顧問內容與自殺風險的概要掌握，以及你針對自殺相關的行為處理處遇治療。

步驟四：使用自殺特定的紀錄／文件

　　在病歷的病程紀錄中，撰寫與自殺相關的紀錄是無庸置疑非常重要

的，此部分將會在第八章針對這個主題談論得更加深入。不論在臨床職業上，或是在遭遇患者自殺後可能面臨的訴訟，擁有具備即時性、詳細，且與自殺相關的紀錄是非常重要的，並且可以之作爲降低職業疏失風險的方法（Simpson & Stacy, 2004）。病程紀錄除了需要遵從你所執業之機構的方針和程序，也應注重病歷中針對自殺風險評估和相關治療處遇的即時性。

優化CAMS的應用

先前討論在臨床上，以系統性的臨床照護及四步驟的取向，來面對自殺患者是較有力的。而有了這些概念，我們就能進一步來談談面對自殺患者時，要如何優化 CAMS 的應用。當我們將注意力轉換到 CAMS 特定的照護上時，有幾個關鍵的概念是非常重要的，這些關鍵的概念使得 CAMS 所引導的照護，對於心理衛生健康工作者及自殺患者本人都是如此獨特且令人信服的。

移情和自殺

在自殺學領域中最廣爲人知的一篇文章，是約翰 ‧ 馬茲伯格（John Maltsberger）和丹尼爾 ‧ 鮑伊（Daniel Buie）兩位開創的心理分析學家於 1974 年在《一般精神醫學期刊》（*Archives of General Psychiatry*）所發表，題目爲〈治療處遇自殺傾向患者中的反移情厭惡〉（Countertransference Hate in the Treatment of Suicidal Patient）的經典論文。這篇論文直接指出臨床工作者對自殺傾向患者常懷有一種獨特的負向情緒。注意這篇研究篇名用的是「厭惡」（hate）。用「厭惡」一詞顯然比「不喜歡」（dislike）或「（針對某對象）不愉快的情緒」（unpleasant feelings toward）語氣來得更強。選擇這個詞彙的目的，是爲了強調臨床工作者對自殺傾向患者常

有的情緒強度。此外，此篇作者們以反移情作用和行為混合而成的基質（matrix），表達臨床工作者內心深處的怨恨和反感之情緒。在這篇早期的重要論文中，馬茲伯格和鮑伊清楚直接的指出，臨床工作者可能出現的強烈負向情緒，將影響他們處理自殺傾向患者的能力。

多年來，這篇論文已被當作臨床事實般的引用和參考——此論文描述詳實且具說服力，但其中的觀點和理論未經實驗證實。因此為了要實證考驗馬茲伯格和鮑伊所提的論點，我在天主教大學的三位博士班學生於他們的博士論文中，致力於驗證馬茲伯格和鮑伊所提的論點中心思想。結果發現，以實證法進行心理分析取向理論構面之研究，相當具有挑戰性；當我們越想透過量化和實證方法研究這種理論的構面，就越容易失去此構面在臨床上豐富的意義。雖然如此，我們仍堅持透過類比（analogue）和調查研究兩種方式，對自殺傾向患者獨特的反移情作用進行研究（Crumlish, 1996; Jacoby, 2003）。然而，我們檢視所有相關研究，皆無法強而有力的證明，臨床工作者對自殺傾向患者與對其他（非自殺傾向的）棘手患者的感覺有顯著差異。

但有一篇未出版的學術論文研究發現，臨床工作者是如何以不同的方式談論自殺傾向患者（Judd, Jobes, Arnkoff, & Fenton, 1999）。在此研究中，我們請不知情的大學生，根據臨床工作者在馬里蘭州栗樹屋醫院（Chestnut Lodge Hospital）每週一次的個案討論會上報告的八十個案例之逐字稿進行評定（於 1940 年代至 1950 年代間召開的個案討論會）。這些大學生計分員，需仔細檢視臨床工作者提案時的初始紙本逐字稿（這些逐字稿是由紀錄員撰打的），例如：臨床工作者首次以個案研討專業模式與同事談論他們的患者）。其中，一半的樣本（四十位的患者）是有自殺傾向且最後自殺死亡的患者，另一半的樣本（一樣為四十位患者）——依性別、診斷和年齡配對——是既無自殺傾向也無自殺死亡的患者。雖然此研究的結果是保守的，我們仍發現在個案討論情境中，臨床工作者以負面字眼（例

如：較多批評的描述和負面評語）談論自殺傾向患者的方式，在統計上有顯著的差異。此結果至少對馬茲伯格和鮑伊的理論提供了部分的實證支持。

除了理論與研究之外，實際上臨床工作者與特定種類的棘手患者共同工作時，都可快速覺察自己對患者有很強烈的情緒，尤其是與自殺傾向患者互動時，更是如此。在我眾多的工作坊訓練經驗中，每每看見臨床工作者對這些患者的情緒強度時，我總備受衝擊。如第一章所討論的，臨床上對自殺傾向患者的擔憂是顯而易見的，也同時是令人畏懼的──例如，自殺狀態的難以評估和治療、被醫療保險管控制度綁手綁腳、當自殺防治失敗時，原告律師總是蓄勢待發，等著提出疏失致死的訴訟等，諸如此類的擔心，都理所當然的使臨床工作者面對這些患者時格外憂慮。但因自殺是如此常見且意涵重大，我們必須找到其他方法來處理這些對患者的負向反應，我們才能提供有效的介入。

當有患者提到自殺時，許多臨床工作者原本所受的訓練是立即將患者送醫。但由於醫療保險管控制度日益嚴格地限制住院資格及時間，我認為，我們絕對必須尋找其他方法，讓門診患者較深入的參與治療，也能讓臨床工作者與自殺傾向患者形成有意義的人際連結（Jobes, 2000; Jobes & Bowers, 2015）；這是當代治療中，我們面臨的另一項挑戰。如上所述，對於自殺狀態產生同理是極端困難的，但是如果我們希望可以成功的和自殺傾向患者一同工作，我們非得找到方法來同理。當我們嘗試去同理患者的自殺欲望時，我們不需認同自殺是因應痛苦與折磨的方法，但是只要做到同理，就能夠開啟臨床工作者與患者之間的連結與合作。如同我先前深入探討的（Jobes & Maltsberger, 1995），關鍵就在於臨床工作者持續以同理心參與治療，成為「參與的治療師」（therapist participant）──以堅定的同理來帶領患者。相反的，我們要盡我們所能地不成為一位「偷窺的治療師」（therapist voyeur）──因懼怕同理而拒絕全然的投入的治療師。

再次強調，我們對自殺傾向患者的態度與做法（以及對現今住院治

療的相關限制及考量）需要調整與改變。如第一章所提，因為我的早期訓練大部分是在精神病患住院的場域，所以隨著我的生涯發展，我已經改變了態度與做法。然而，隨著門診治療師的臨床專業訓練，我逐漸察覺到一股強烈的恐懼和焦慮——我自己對自殺傾向患者的反移情情緒（Jobes, 2011）。當我了解這些複雜情緒時，發現它們是根源於我無法控制患者可能威脅其自我生命的行為，以及患者在我的治療之下，真的可能結束生命所帶來的恐懼。當然，這些恐懼與焦慮並不只發生在我身上，參與我工作坊的臨床工作者，也經常描述類似的恐懼和憂慮。總之，即使我實施極佳的臨床自殺危險評估，也提供卓越的治療，我還是和我的許多同事一樣，深深恐懼著自殺傾向患者仍然會因自殺而身亡。

　　但是，這些年來，我的觀點不斷的演變。我透過患者們而更了解自殺、了解更多有效的臨床評估方法及治療方式，我開始有了新的視角。幾年的臨床經驗和研究工作，增加了我對自殺心靈的認識，我更了解什麼樣的臨床工作可以真正幫助有自殺傾向的人。隨著知識和能力的累積，我累積了一定程度的信心。我體會到，有了適當的治療態度和適切的臨床工具，就能夠明顯增加避免患者自殺的機率。我大部分的自殺傾向患者並非都是被排擠或被拒絕的絕望個案；相反的，大部分我見過的自殺傾向的人，只是很明顯的在值得活下去的生命軌道中迷失了—— 他們感到被困住，而且沒有方法可以面對這樣的境遇。然而，以適切的臨床反應來面對他們，大部分這些患者在幾週內對於針對自殺特定的照護都有良好的反應和進步（Lento, Ellis, Hinnant, & Jobes, 2013）。這種在知覺和態度上的漸進改變，讓我在面對自殺傾向患者時，從恐懼和憂慮的態度，轉變成在臨床上感到有能力勝任且保持信心的狀態。這類對自殺傾向患者的態度、做法，及想法上的改變，也被其他臨床自殺學家討論著——請參考研究夥伴們的著作，如林納涵和其同事（Linehan and colleagues, 2015）、布朗和貝克（Brown, Have, et al., 2005）、布萊恩和萊德（Bryan and Rudd,

2006, 2010）、艾里斯（Ellis, 2004）、希雅（Shea, 1999）、麥寇（Gysin-Maillart et al., 2016; Michel & Gysin-Maillart, 2015; Michel, Valach, & Waeber, 1994）、里納爾斯（Leenaars, 2004），以及先前所提到歐巴赫（Orbach, 2001）和馬茲伯格（Malsberger, 1994）的研究。和自殺傾向患者運用這樣合作型的態度一起工作，是艾斯凱（Aeschi）取向獨有的特點（Michel & Jobes, 2010），而且臨床工作者不需要成為臨床自殺專家才能夠運用這樣的臨床觀點。

在這個領域中耕耘三十年，一路走來我最強調重視的便是：我無法保證沒有死亡的結果，但是我能夠提供給自殺傾向患者最佳可能的臨床照護方式。奠基於臨床上的智慧及嚴謹科學所支持的照護方式，是我們能夠竭盡氣力提供給受苦的患者和其家庭最好的方式。在這樣的意識下，我們獲得了某種層面上的解放：我們不需要在自殺風險面前感到無力；我們能夠有信心且以勝任的態度來有效的實行針對自殺的照護。

傳統的「指導」取向

抱持著些許惶恐不安的情緒，我在美國自殺學會 1999 年的年會中，在會長演說中公開的評論了針對自殺風險中，所謂我稱之為「傳統」的臨床取向（Jobes, 2000）。在該演說中，我評論了當時針對自殺風險的臨床取向都太過指導性了（尤其是任何強制性的處遇）。我針對過度依賴精神科的住院制度、單一倚賴藥物，以及例行性的使用「不自殺」或是「不傷害」承諾書提出異議。根據當時的研究，我刻意的避談了主要聚焦在治療精神疾患的自殺取向，該取向認定自殺風險是精神疾患的某一種症狀。當時我評論的重點如圖 3.1 中所描繪，針對當年我所發表的評論分析，我獲得大多數正面的回應。自那時起，我提出一系列臨床自殺學的議題，都開始漸漸的改善，但仍有許多議題改善的幅度並不大。

　　如同先前所提到的，現今的醫療改革和自殺相關的照護，兩者所需的龐大開銷，持續在改變心理衛生健康領域如何處遇自殺傾向的患者（Jobes & Bowers, 2015）。雖然較短天數的住院治療使得這個過程變得更加沒有效益，但在過去十年來，其中一個正向的發展即是來自隨機化臨床試驗（RCTs），試驗顯現了特定的精神藥物能夠正面的治療自殺風險（Gibbons, Brown, Hur, Davis, & Mann, 2012; Mann et al., 2005; Meltzer et al., 2003; Tonodo, Hennen, & Baldessarini, 2001; Zisook et al., 2011）。然而，仍有與之矛盾的臨床試驗數據，無法呈現出藥物是能夠有效處遇自殺意念和自殺行為的（Fergusson et al., 2005; Gunnell, Saperia, & Ashby, 2005）。很明顯的，我們需要更多的研究來進一步澄清這些矛盾。

　　另一個正向的改變則是，針對自殺風險而使用「不傷害」契約及「安全承諾」這個固有的做法，目前這個議題也大幅的在心理衛生領域中被看見。針對自殺風險的思考轉換，部分是來自於芭芭拉‧史坦利（Barbara Stanley）及克雷格‧布朗（Greg Brown）（2012）的研究，他們發展了「安全計畫」來當另一個不同於「不自殺契約」的做法。大多數在這個領域中的專家所提出的做法多是「為了安全而簽訂契約」，但「不傷害契約」或是「安全承諾」這些做法在臨床上並不有效（Bryan & Rudd, 2006），且有可能實際上增加患者自殺後引起的醫療疏失風險（Jobes et al., 2008）。因此，安全計畫和相關的處遇，如：「危機反應計畫」（crisis response planning）（Rudd et al., 2001），或是「安定計畫」（Stabilization planning）（Jobes et al., 2016）地位在心理衛生領域中逐漸占有重要的地位。無論如何，專家們的思路正如上述逐漸改變，但我有時候仍會遇到擁護不傷害契約的熱切辯護者。

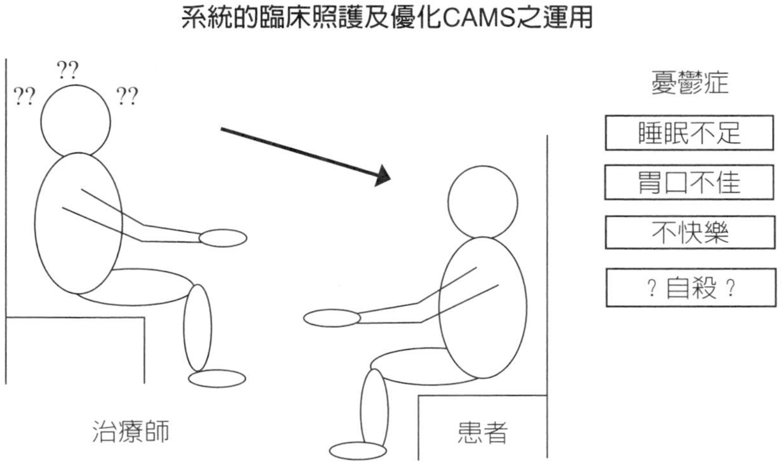

系統的臨床照護及優化CAMS之運用

圖3.1　化約主義的自殺風險防治方案。根據化約模式：自殺=精神病理學中的一種症狀。傳統治療=住院治療，治療精神疾患，並簽署不自殺承諾書。

　　就處遇自殺風險而言，從隨機化臨床試驗中所取得的數據，大量充分的闡明了針對自殺傾向患者最有效的臨床處遇是心理社會的處遇（psychosocial interventions）；心理社會的處遇明確的聚焦在治療自殺，獨立於精神疾患的診斷之外（Brown, Have, et al., 2005; Comtois et al., 2011; Jobes, 2012; Gysin-Maillart et al, 2016; Michel & Gysin-Maillart, 2015; Rudd et al., 2015）。

　　而另一個關於我當年評論的重點則是，我滿聚焦在傳統指導取向中，臨床工作者與患者之間常見的關係動力狀態。令我感到憂慮的是，在這樣的關係動力中，臨床工作者站在一個象徵「高一等」的位置上擔任主動的專家，而患者則站在一個「低一等」的被動位置上，天真無知的接受臨床工作者的治療。在這樣的關係動力中，臨床工作者全權知曉並決定怎麼做才是對患者是最好的；而患者的角色則是被貶低至確認自己有精神疾患的症狀，然後接受針對精神疾患的照護。

　　有趣的是，我的實驗室曾做過自殺狀態的現象學研究，此研究顯示，精神疾患的症狀並不是自殺傾向患者本身特別關注的議題。我們針對 152位尋求自殺治療執行了質化導向的研究，並且找到了四個可靠的編碼主題，記錄了 636 個根據自殺狀態量表內容中 67% 的回應，這些回應與患者的自殺困擾有相關（Jobes et al., 2004）。這些主題顯示出自殺傾向的患者，對人際議題有最多的困擾（22%），往下依序是職業困擾（20%），自我議題困擾（15%），以及憂鬱症狀和精神疾病（10%）。雖然僅有 10%患者的自殺反應與精神疾患的症狀有相關，在臨床自殺防治的文獻中，卻壓倒性的聚焦在心理疾病和精神病理學。或許在這個層面上佛洛伊德（Sigmund Freud, 1961）是對的，在多年前他就觀察到人生中的快樂，通常聚焦在人類對於工作的衝動和愛的能力。在我們的研究中，患者證實了這樣的議題的確是出現在他們自殺困擾的核心。

CAMS的合作型取向

　　如同圖 3.2 所描繪的，當臨床工作者遇見一位自殺傾向患者時，CAMS 採用了一個完全不同的取向。在 CAMS 引導的臨床照護下，自殺危機是我們共同分擔的臨床關注；我們致力聚焦在透過患者的眼睛去理解自殺對患者而言，代表了什麼意義。換句話說，一個採用 CAMS 取向的臨床工作者，必須格外全神貫注的進入患者的現象場域；對臨床工作者而言，最重要的是，患者內在主觀如何理解自殺在他們的困境中，所扮演的角色。與我所談話過有自殺傾向的人，其自殺語言、想法和行為背後皆有合理的需求。例如：需要終結看似不可能承受的痛苦、消滅精神疾患引發的幻聽、讓他人知道自己有多麼的抑鬱、從一個無法承受被困住的情緒中逃脫——所有這些都是能夠被理解而且需要有意義的治療，以預防潛在的自殺風險。因此，臨床工作者最重要須提出的疑問則是：自殺是否為唯一的解決辦法。對於一個嚴重自殺傾向的人而言，這個問題的答案經常是肯定的。然而，從我們臨床工作者的角度和私人的成見，我們卻會看到很多致死行動相對的缺點。

　　儘管我們並不忽略精神疾患，但提供 CAMS 照護的臨床工作者不論如何，都主要聚焦在患者自身定義的自殺起因——為什麼他們想要結束自己的生命。而不是假設我們知道是因素導致了自殺傾向患者的自殺想法和行為（例如：情感性疾患），我們透過合作的方式來完成自殺評估量表，努力去解構患者的自殺。我們在 CAMS 取向中運用肩並肩的座位安排方式，在各種層面上都是具有意義的。最重要的莫過於我們從面對面的座位安排，一種象徵對立的位子，改變至肩並肩的合作座位安排。當臨床工作者和患者一同完成自殺評估量表中各種評估和治療計畫部分時，這樣的溝通形式不僅是一個互相分享對於自殺風險的理解，同時也代表了是兩人透過臨床的對話中，一起努力制定治療計畫。因此，CAMS 建立了一個解

系統的臨床照護及優化CAMS之運用

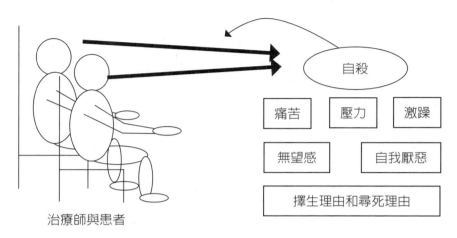

圖3.2　針對自殺風險的CAMS取向。CAMS辨識自殺並將之設定為主要的聚焦評估和處遇目標。CAMS的評估使用自殺狀態量表（SSF），一種解構自殺功能的方式。CAMS是一針對自殺，強調聚焦問題的密集門診取向，且其中的治療計畫是和患者一同制定的。

構自殺風險的合作型評估方式，同時亦重建了針對自殺治療的方針，以不同的方式來面對處理自殺風險，並使得治療計畫是根據患者所定義的自殺起因而建立。透過實際上將位子改至坐在患者身邊，臨床工作者向自殺傾向患者傳遞了一個完全不同的臨床訊息：「解決你的艱難和痛苦的答案存在於你身上，我們會是治療夥伴，一起尋找這些答案，幫助你學習不一樣的解決方法，竭盡所能幫助你找到一個你真的想活的人生，一個有目標和充滿意義的人生。」

　　透過這樣的臨床態度和取向，自殺的議題是被外化的——這是一個和患者一起互享檢驗，一同追求療癒的過程。同樣在這樣的意識下，與其以小心翼翼的態度和患者靠近——將患者視為一個潛在的威脅或是臨床上的敵人—— CAMS 實際上透過聚焦在自殺風險上，協助臨床工作者和患者一同去建構一個療癒的同盟關係。CAMS 並非是和患者在「是否可以自殺」這個議題上進行角力拉扯，而是運用了不同的提議來反轉這個角

力：「讓我們一起看看我們能不能夠找到比自殺更好的選項來處理你的痛苦。」運用這樣的方法，使用 CAMS 的臨床工作者尋求建立一個療癒的治療關係，而這個關係最終將能夠啓發臨床成功中最必要的要素——患者爲了其自身的生命而奮鬥的動機。再一次思考，其實這樣的關係，部分的目標是去協助訓練患者成爲「小小自殺學者」，能夠覺察自殺是如何在他們的生命中運作，藉此能夠讓他們從致命的吸引力中解放。

應用CAMS的準備

爲了要能成功的實行 CAMS 導向的照護，臨床工作者必須對於無縫的轉換有所準備，從早期辨識當前的自殺想法（透過篩檢工具或是訪問式的探問），到縝密的介紹以 CAMS 爲基礎的評估工具，也就是針對自殺風險處遇的自殺狀態量表。這就表示臨床工作者在任何的臨床會談開始前，都必須隨時準備好一份自殺狀態量表。除此之外，肩並肩的座位安排是用於 CAMS 評估和治療計畫的特定部分，但也並不限定於此。在我的辦公室，我並不使用雙人沙發（太靠近了）；反而我會移動我的單人座椅到患

者身邊，以此建立一個理想的 CAMS 關係動力。

在使用了 CAMS 這麼多年，而且根據患者的回饋，我們已經了解到僅僅只是移動臨床工作者的座椅到一個肩並肩的位子狀態，對於患者而言就非常具有意義，同時也爲臨床的治療關係帶來明顯的影響。例如：在我們針對空軍的研究中，我們看見這樣的座位安排是非常有效的，因爲臨床工作者是軍官，而患者通常是士兵——一個明顯因位階不同的權力動力，在更換座位後，立刻被調整至一種分擔的氛圍，患者和臨床工作者成爲一個團體。如此透過身體感覺改變的觀點並不是微不足道的；從經典的佛洛伊德心理動力學的座位安排來看，分析師坐在被分析者的後面，而如大家所知的，被分析者則是躺在一個沙發上。將座位移至患者身旁不應是唐突輕率的，應是誠摯的提出邀請，且非常細緻敏感的注意個人空間，考量患者的狀態、創傷史、性別和文化動力。

摘要與結論

在這個章節中，我們涵蓋了系統性針對自殺風險的照護，以及如何優化 CAMS 所引導的照護。如本章前面所述，我們能夠透過發展與自殺特定相關的方針和程序，儘早並運用可靠的方式來辨識潛在的自殺風險、例行性的尋求臨床顧問督導，以及適當的記錄針對自殺行爲的風險評估及治療計畫，都能夠顯著強化處遇自殺風險的臨床照護。透過理解對自殺風險相關的移情議題，以及以一個合作型（非指導性）的取向來面對自殺風險（同時是準備好執行該取向的狀態），都能夠更深一層的優化 CAMS的運用。透過強化的系統性照護，我們能夠優化 CAMS 的運用效益，亦即我們必須要以尊敬和同理的態度投入自殺傾向患者的現象場，盡力去理解自殺如何、在何時、在何地、爲何出現在患者的現象場中。當我們以合作的態度去理解患者眞正想自殺的苦痛，便是時候辨識患者所定義的自

殺起因。CAMS 所引導的照護，有計畫的以自殺爲治療目標，並期待患者在治療關係中漸漸不去選擇自殺這個選項——在所有「面對問題」的選項中，最爲急迫危險的選項。除了協助患者找到更好的面對方式，有效的 CAMS 引導照護，同時也是能夠讓患者追求一個有目標和充滿意義的人生。當這些 CAMS 引導的治療照護中關鍵的因素都到位後，患者的生命就可以有意義地開始改變，有時候甚至眞的能將他們從絕望的自殺深淵中拯救出來。

第四章

CAMS 危險性評估：SSF的合作使用

謝嘉　譯

　　從許多方面來看，本章可被視為此書最重要的章節之一，因為一個實施成效良好的臨床評估，是可形成聯盟、能提高動機具有治療性的。本章將討論有關 CAMS 方案對自殺危險性評估的概念及其具體的程序步驟。因為如何實施評估是如此重要，因此，我提供臨床工作者在使用 CAMS 的評估過程中，每個時間點口述的腳本實例。這些都僅是範例；因此不建議評估者完全遵循這些逐字稿。不過由於每個範例都秉持著 CAMS 合作評估方案的精神，因此也許能引導和幫助評估者發展出自己獨特的評估風格。

CAMS危險性評估逐步使用說明

　　如同第三章所言，在臨床時刻儘早辨識自殺意念是十分重要的，特別是在與一個新患者合作時。臨床經驗和我們的研究發現，CAMS 初期的指標會談評估和治療計畫階段，至少需要三十至四十分鐘，但經常會需要五十分鐘才夠（Archuleta et al., 2014; Comtois et al., 2011）。對於剛接觸 CAMS 的臨床工作者來說，在診斷介入的過程中，如何適當地配速可說是最大的課題。一些觀察過我執行 CAMS 評估的人曾提及，我總能讓評估的步調進行地相當快，同時卻依舊保持從容及耐心。而這其實都是過往累積的經驗及對評估方法的熟悉所練就的。在評估的過程中，我傾向與

患者保持著一定程度的互動，並搭配像是「是的，這聽起來十分的重要，我們先做個標記之後再回頭細談」等言語來掌控會談的節奏。一般來說，CAMS 指標會談的理想配速是這樣的：A 部分的評估占二十分鐘，B 部分的評估占十分鐘，C 部分（包含 CAMS 的穩定計畫）處遇治療計畫占二十分鐘。要在一個五十到六十分鐘的會談裡涵括如此多的內容，的確是有點緊湊的，但隨著經驗和時間的累積，評估者對於時間的掌控會更加輕鬆上手。

　　前述配速的考量，清楚地凸顯了在會談開始的五到十分鐘內，就要將焦點放在自殺議題上的重要性（不論評估者是否有使用症狀篩檢工具）。許多臨床工作者反對臨床會談之初，就「強迫」將焦點放在自殺危險性的主題上，特別是與新患者初次見面時。持反對看法的臨床工作者認為，直接談論此敏感議題，可能使患者對於準備好要談論的事感到遲疑或形成干擾。然而，若我們是抱著就事論事且同理的態度與患者進行溝通，無自殺意念者通常會單純地忽略自殺議題，而那些有自殺意念的患者，則會在對話中停頓，且急切地想要談論他們的擔憂。考量到自殺所隱含的非生即死的結果，儘早將會談焦點放在自殺危險性的主題上，對我們將有諸多的好處而不會有損失。根據我的經驗，延遲與有自殺意念的患者談論自殺危險性議題，往往只會使得臨床照護變得更加困難。不只一次，我聽到一些臨床工作者在培訓工作坊上說：「我不敢想像在與患者形成夥伴聯盟關係前，就在初次會談時使用 CAMS 評估方案。」而我的回應則是相反的；我們經常看到在對自殺患者使用 SSF 之後，堅固的夥伴聯盟關係反而能迅速地被建立。不論是臨床經驗或是我們的研究都顯示，CAMS 的使用能成功的在評估者及患者間，建立起一個堅固且互信的臨床治療夥伴關係。此外，比起常見的臨床執行方式，自殺患者更喜歡這種在會談期初就與臨床工作者談論到自殺危險性議題的介入方式（Comotois et al., 2011）。從後設分析研究我們可以得知，CAMS 評估是具有有效治療性的，它強調了

高度個人化、評估者與患者的合作關係，以及及時地蒐集來自患者的回饋（Poston & Hanson, 2010）。

　　基本上，CAMS 的設計是藉由強調臨床工作者與患者之間的臨床合作努力，進而提升兩者的聯盟關係。CAMS 方案直接以結構性的評估方法，深入探究患者的心理痛苦與折磨，這是 CAMS 的初期重點。當有明顯的和立即的自殺意念而開始實施 CAMS 的 SSF 時，初期的評估焦點，是以患者的心理痛苦與折磨為主，而不是自殺議題。事實上，針對自殺的問題，在 SSF 評估程序的後端（B 部分）才會出現。自殺議題對於部分患者來說確實是有些敏感的，但快速轉到深入且有意義地討論心理痛苦與折磨，經常深受患者接納，且實質上讓患者感到安適。然而，臨床工作者如何導入 SSF，則是成功的關鍵。

討論自殺危險性議題

　　臨床工作者開始會談時可能會問的一個典型問題是，「有什麼狀況讓你今天來看我呢？」然後患者開始提出抱怨、擔心和與症狀有關的問題。如同我們在第三章所言，若有一個篩檢工具或是評估表來事先幫助臨床工作者理解患者的自殺狀態是非常有助益的。不過，即使有使用這樣的自殺狀態篩檢工具，我們還是鼓勵臨床工作者，先允許患者最多以五分鐘來描述他現在正經歷的事，接著並可以下述之方式，將主題轉到自殺危險議題上：

　　「聽起來你正經歷許多事，很高興你願意來尋求協助。似乎你撐不住了，且處在極度痛苦之中。根據你在等候室所完成的評估表，顯示現在你難受到真正地有自殺想法。因為我了解，有這樣的想法，是你處於多麼糟的狀況之嚴重指標，因此我想對你的心理痛苦與情緒苦惱做更深入而仔細的評估。為了要進行這樣的評估，我這裡有一份評估表，我們可以一起完

成它。我想，我們會發現，這對我們是非常有幫助的。我可以把椅子挪到你旁邊，跟你一起完成這份量表嗎？」

對於未使用篩檢工具的臨床工作者，他們更是有義務必須謹慎地在患者的談話中尋找諸如絕望、想逃離的欲望、無望感等的關鍵詞。並且當談話的氛圍進入到與潛在的自殺有關時，直接明確地切入自殺危險議題是十分重要的。以下是我在類似情境中可能會有的說法：

「天啊，聽起來你正處於極度的痛苦之中——我很高興你前來尋求協助！不知道你能否告訴我像這樣的狀態在最糟時是如何的？以及你如何處理及面對？事實上，對於許多正在經歷與你相同狀態的人來說，有自殺的想法並非少見。就你所描述的，這樣的想法是否也曾經浮現在你的腦海中呢？如果是的話，我這裡有一份評估表，可以幫助我更深入地了解你所處的狀況。我可以把椅子挪到你旁邊，跟你一起完成這份量表嗎？」

我要強調此橋段的幾個主要特徵：(1) 我總是要肯定患者，他能來尋求協助是非常好的——對於患者，我們得像販賣希望的人，肯定他們主動尋求治療的決定；(2) 我總讓患者清楚地知道，我是可以同理了解他完全被摧垮的感覺，以及我可以了解患者有極深的情緒痛楚，因為他（她）需要聽到我了解情況的嚴重度；(3) 我有意直接指出，自殺是患者所處情況變得多麼困難和痛苦的一個象徵性指標——從患者既有痛苦的嚴重度，會想要自殺是可理解的；(4) 我故意轉移臨床焦點，強調需要一起完成深入評估患者的痛苦與折磨，這對我們努力了解患者的痛苦與折磨會是有幫助的；(5) 我以很尊重的態度請求坐到患者旁邊，以完成 SSF。我想讓患者知道我沒有任何預設立場，他（她）的舒適和繼續的意願，才是我最關心的。

填寫SSF的A部分

此刻，讓我們重新回到在第一章中介紹的個案：比爾是相當合理的。儘管有點不安，比爾仍接受了我的提議來進行一個更深入的評估，我於是將椅子挪至他身旁，並將已附在筆記板上的 SSF 遞給他。同時，我向他說道：

「好的，比爾，這個評估表稱作自殺狀態量表。藉由完成這份量表的每一個部分，我們會更了解那些目前讓你感覺想自殺的情緒痛苦與折磨。我會協助你完成這份量表，也會問你一些問題以澄清你的回應。完成這份評估能夠幫助我更清楚地知道你現在真正的感受。」

SSF核心評估

評估開始進行後，患者會手持筆並完成 SSF 中 A 部分的李克特氏評定量表及質性回應。儘管有些特例，我實際上強烈地認為 SSF 的第一頁應由患者來完成——而非臨床工作者——因為這會形成一個截然不同且重要的會談氛圍。患者是最清楚他們自己自殺痛苦與折磨的人；我們的評估工作則是忠實地跟隨著他們，並肯定他們回答題目所付出的努力。

患者開始填寫 SSF 時，會先對 SSF 核心評估中的六個構面進行評估（即痛苦、壓力、激躁、無望感、自我厭惡和整體風險）。完成評估後，患者都被進一步鼓勵對每個 SSF 提示寫下質性回應。在 A 部分的評估階段期間，臨床工作者是諮詢者、教練和合作者——主要是澄清患者的所有問題，並支持患者努力完成此評量。患者可以在需書寫作答的地方留下空白（沒有反應實際上也可能會是有用的資料）。臨床工作者應鼓勵和幫助患者不要卡在任何特定項目上；讓「資料蒐集」的過程能夠順利進行是更重要的（即不要過度地糾結在一個特定的題目上）。當患者完成 SSF 的核心評估後，臨床工作者指導患者對 SSF 的六個構面按照 1 至 5 的順位排

序（從最重要到最不重要）。

　　如圖 4.1 所示，比爾順利地完成了 SSF 的核心評估部分。我們可以看見他很明顯的是處在工作與婚姻的重大痛苦之中。他在史耐門自殺三維模式的心理痛苦上評「5」，在壓力上評「4」，和在激躁上評「3」——是 5-4-3 的評定。雖然不像 5-5-5 評定（亦即清楚和立即的危險之操作型定義）那樣令人擔憂，但我們仍看到非常令人擔心的危險層次。還好他的激躁評等較低，我覺得這是令人鼓舞的，因為激躁是自殺行為的一個致命力量。

排序

3	1.評估心理痛苦程度（心中的創傷／苦惱／悲慘不幸；**不是**壓力；**不是**生理痛苦）： 　　　　　　　　**低度痛苦：１２３４⑤：高度痛苦** 　我覺得最痛苦的是：*我的生活、我的婚姻。*	
4	2.評估壓力程度（平常心中的壓迫感或超出負荷的感覺）： 　　　　　　　　**低度壓力：１２３④５：高度壓力** 　讓我覺得壓力最大的是：*這一切。*	
5	3.評估激躁程度（情緒上的急迫感／感覺需採取行動；**不是**易怒；**不是**煩惱）： 　　　　　　　　**低度激躁：１２③４５：高度激躁** 　我覺得必須要採取行動的時候是：*當我與我的妻子起爭執。*	
1	4.評估無望感程度（未來不論你做什麼，事情都不會有好轉的感覺）： 　　　　　　　　**低度無望感：１２３４⑤：高度無望感** 　讓我最絕望的是：*感覺被困住。*	
2	5.評估自我厭惡程度（平常心中不喜歡自己的感覺／沒有自尊／無法自重）： 　　　　　　　　**低度自我厭惡：１２３４⑤：高度自我厭惡** 　我覺得最討厭自己的部分是：*我是個失敗者。*	
不適用	6.自殺危險性 　整體評估：	**極低度危險：１２③４５：極高度危險** （不會自殺）　　　　　　　　（會自殺）

圖4.1　比爾的SSF核心評估

但比爾在無望感和自我厭惡的構面上都評了 5，這舉動毫無疑問地引起了我的注意，因為我們的研究顯示，無望感和自我厭惡此兩項構面能夠有效地調節整體風險，比爾在整體風險上評了「3」（Jobes, Kahn-Greene, et al., 2009）。而在六個核心構面的順位排序上，他分別將無望感及自我厭惡排在 1 和 2 順位的舉動也同樣令人擔憂。顯然地，比爾那種被「困住」的感受及稱呼自己為「失敗者」的行為，構成了一個令人擔心的組合；他感到無望地被困住，且極度地自我厭惡。

自我取向和他人取向的自殺

　　SSF A 部分接下來的兩個問題，將評估焦點從核心評估的六個構面，轉移到患者的自殺危險性是以他（她）自己或他人為主（包括兩者皆是或皆不是）。此評估與早期關於內在精神現象的（intrapsychic）與人際精神現象的（interpsychic）自殺狀態理論是有關的（Jobes, 1995a）。屬內在精神現象的自殺傾向患者，非常關注自己內在心理的痛苦；相反地，屬人際精神現象的自殺傾向患者的痛苦，則更聚焦於人際關係議題。依此論述，屬內在精神現象的自殺傾向患者，是比較處於完成自殺的危險中；但屬人際精神現象的患者，則是比較處在嘗試自殺的危險中。弔詭的是，此論述與我們的一些資料都指出，屬內在精神現象的自殺傾向患者較不喜歡尋求治療，但如果接受治療，會很快地對治療有反應；相反地，屬人際精神現象的自殺傾向患者較喜歡尋求治療，但標準的精神醫療對他們是較難有治療效果的（Jobes, 1995a; Jobes et al., 2005，亦見 Fazaa& Page, 2005）。如圖 4.2 所示，我們可以看見比爾在自我取向和他人取向此兩構面上都評了「5」，呼應了我們談話中他所表示的「我無法再承受這一切」及「我若消失，我的家人能過得更好」等論述。這樣的評分及論述都讓我意識到，比爾將自殺視為一種逃離痛苦及讓他所愛之人解脫的「禮物」（此與喬恩納於 2005 所提出的「自我累贅感知」概念一致）。此外，我們有

研究指出，若同時在自我取向和他人取向此兩構面上都評了高分，將增加患者的自殺整體風險。更明確地說，患者對於自我取向構面所評的高分，與他在自殺意念量表（SSI）上所評的高分是彼此相關的。不過，患者在他人取向構面上的評分能作爲一個保護因子，有效地調節這樣的相關性。也就是說，一個對自我取向和他人取向構面都評了高分的患者，他在 SSI 上的分數，會較一個對自我取向構面評了高分，而對他人取向構面評了低分的患者要來得低。其他由奧康納、史密斯及威廉斯所進行的研究，對這些資料提供了更多的支持；他們發現，高度專注於內在自我的未來性思考（亦即只想著自己而沒有他人），與重複的自殺嘗試行爲有著正相關的關係。

(1)想自殺與你對自己的想法和感覺有多強的關聯性？ **無關：1 2 3 4 ⑤：完全有關**
(2)想自殺與你對別人的想法和感覺有多強的關聯性？ **無關：1 2 3 4 ⑤：完全有關**

圖4.2　比爾的自我與他人取向評量

擇生理由與尋死理由

　　SSF 上 A 部分的評估焦點接著轉移到擇生理由與尋死理由的評估，對於此部分的評估，患者可以任何形式完成它。例如，有些患者是由尋死理由開始，只有在臨床工作者的鼓勵下，才勉強將注意力轉移到擇生理由上。爲適切地完成此部分，患者應儘可能的填答，但他們並不需填答每個空格。接著，依照患者所列出來的回應，請他們對這些回應項目從最重要到最不重要做排序（分別對擇生理由和尋死理由以 1 至 5 排序）。如同所有 SSF 的質性評估，患者是否對所有的空格進行填答並非最重要的——患者回應的相對完成度也會是個有用的資訊。

　　在比爾的案例中，我們能看見他唯一的擇生理由聚焦於他的家庭；矛盾的是，他的其中一個尋死理由也同樣聚焦於他的家庭——自殺傾向患者

的思緒本就是充滿矛盾的。與他在SSF核心評估的回應相似，比爾的其他尋死理由，圍繞在他被困住的感受、認為自己是個失敗者以及極度的苦難等想法上。對於比爾缺少其他額外的擇生理由，特別是與未來有關的想法，同樣是令人擔憂的——因為我們知道，在SSF上表達任何與未來有關的想法，都可發揮保護因子的功能（Jobes, 2004b; Nademin et al., 2005）。

排序	想活的理由	排序	想死的理由
1	妻子	1	妻子和孩子們
2	孩子	2	被困住/逃跑
		3	失敗者
		4	悲慘

圖4.3　比爾的擇生理由與尋死理由

擇生欲望與尋死欲望

一旦完成擇生理由／尋死理由之評估，接著臨床工作者鼓勵患者完成有關擇生欲望與尋死欲望的0～8李克特氏評量，此評量奠基於我們在第二章中所提到的，高華斯和貝克（1977）的「內在掙扎假設」。當高華斯和貝克首先提出此假設時，他們也同時介紹了一個關於自殺矛盾心理的理論，以及一個將早期自殺危險分層的方法。幾些年之後，貝克和他的同事們從多年來大樣本的自殺患者的自陳評量中，觀察到患者對於擇生欲望與尋死欲望的評量分數，與患者實際的自殺行為有顯著的勝算比相關（Brown, Steer, et al., 2005）。換言之，患者在擇生欲望與尋死欲望上的評量分數，可形成一個等距尺度（稱作自殺指標分數——SIS），SIS是由患者擇生欲望的分數減去尋死欲望的分數所得來。在布朗、史提爾及其同事

們（2005）的研究中，在尋死欲望上評了高分的患者，顯著地更容易嘗試自殺及完成自殺。

我們在美國天主教大學自殺防治實驗室的團隊，在多個橫向研究（Corona et al., 2013; O'Connor, Jobes, Comtois, et al., 2012; O'Connor, Jobes, Yeargin, et al., 2012）以及治療結果研究（Jennings, 2015; Jennings et al., 2012; Lento, Ellis, Hinnant, &Jobes, 2013）中，都使用了 SIS 此方法學。在我們的實驗室中，我們是透過 9 點的李克特氏評量來評估 SSF 上的擇生欲望與尋死欲望（將此評量上的分數轉換爲 3 點量表之後，就與高華斯及貝克當初所使用的方法一致）。當擇生欲望與尋死欲望的分數被轉換爲 3 點的李克特氏評量後，SIS 的範圍就爲 +2（高擇生欲望）至 -2（高尋死欲望）。與當初貝克的團隊所做的相似，我們發現將 SIS 的分數分成三個組別是十分有幫助的：擇生欲望（SIS 分數爲 +2 或 +1）、矛盾欲望（SIS 分數爲 0）和尋死欲望（SIS 分數爲 -1 或 -2）。如圖 4.4 所示，比爾在 9 點量表上，將擇生欲望評了 2，並將尋死欲望評了 6。將其分數轉換之後，比爾的 SIS 分數（1 – 3 = -2）將他分到了令人擔憂的尋死欲望組別——他對於自殺的心理依附程度顯然是相當高的。

想活下去的程度：　　　一點也不想：　　0　1　②　3　4　5　6　7　8　：非常想
想死的程度：　　　　　一點也不想：　　0　1　2　3　4　5　⑥　7　8　：非常想
可以幫助我不再想自殺的一件事是：自由——不再被困住。

圖4.4　比爾的擇生欲望與尋死欲望及一件事反應

SSF一件事反應

在 SSF 的 A 部分，最後一項評估是一件事反應，而我有時也稱這項評估爲「魔杖」評估。換言之，此項評估問患者「如果我們能用某種方法神奇地改變你生命中的一件事，而能因此完全地消除你的自殺危險，那件

事會是什麼呢？」患者有時會給出不切實際，甚至幻想的回應——「讓我的丈夫起死回生」或「如果我有一個時光機器能讓一切重新來過」，這些回應對於臨床上的治療是沒太大的幫助的。其他回應則比較能讓我們在臨床上做出幫助——「終止我作為一個不好的家長的罪惡感」或「找到一個藥物來幫助我穩定我的情緒」。患者在此部分的回應所能包含的範圍和內容是十分有趣的。如同 SSF 其他開放式的問題一樣，患者可以他們偏好的任何方式對此問題做回應。例如，有些患者會有一個以上的回應，而有些患者則被此問題完全難倒。因此，CAMS 的臨床工作者，對患者如何完成 SSF 的質性評估，既不必過度指導，也無需限制太多。

回到比爾的案例中，我們從圖 4.4 中可以看見他再次提到「我想要自由——不被困住」——這已是他在 A 部分的回應中第三次提到這種被困住的感受了。患者在 SSF 上的回應圍繞著一兩個重複的主題的現象，其實並非少見。重要的是，我們從威廉斯（2001）和奧康納（2011）的研究中得知，被滯留、困住的概念對於許多自殺患者來說是個普遍的現象學感受。他們最近所進行的一個縱向研究，針對一群自殺未遂者 4 年前所填答的問卷進行分析，發現被滯留困住的感受以及過去的自殺嘗試次數，是唯二能顯著預測患者未來自殺行為的指標（O'Connor, Smyth, Ferguson, Ryan, & Williams, 2013）。自殺因此成為一個患者逃離滯留感受的機制，而這在一些自殺狀態理論（Baumeister, 1990）和我們所做的 SSF 研究中（Jobes& Mann, 1999,2000），同樣是個常見的自殺心理概念。

A部分的結論

如我們之前所提到的，不要倉促急著完成第一頁，但患者和臨床工作者也不要卡在其中任何一項評估上。在催促患者和作答太緩慢以致無法適時而合理地完成所有項目之間，需掌握平衡。我相信以合作的方式，在十五至二十五分鐘內完成 A 部分，對 CAMS 的成功是非常重要的。與

患者契合的過程──教導、澄清和協助──創造臨床工作者與患者之間重要的合作力量，這是 CAMS 方案對自殺議題工作的骨幹。當有天我們對 CAMS 的改變機制進行拆解式的研究時，我相信在初期進行 SSF 評估時的合作體驗，將會是一個成功構成治療效果的基本機制。在此重要階段，臨床工作者要讓患者在初期進行 SSF 評估時有一個深刻的印象：「我是以你看世界的觀點，真切關注於了解你心中的痛苦與折磨。」

填寫SSF的B部分

完成 A 部分後，接著轉換到 B 部分，這是非常重要的。臨床工作者保持坐在患者旁邊，取回 SSF，完成 B 部分（臨床工作者的評估部分）。如第三章所討論，此部分包含一系列有實證基礎的主要自殺危險因子及警訊。為了進行這個評估轉換和進一步引導患者的 SSF 評估轉到 B 部分，臨床工作者藉由說些話以開始此部分的評估，例如：

「我們剛才完成評估中的一個重要部分，我感覺更了解讓你想自殺的痛苦與折磨。現在有另一組問題是我想與你一同思考的。與前面一頁一起運用，這些評估的問題有助於我們擬定一個能處理你想自殺的痛苦與折磨的可行計畫。」

以一種就事實而論的態度，與患者一起完成 B 部分的問題，是很重要的。每個問題以一種坦誠、直截了當的方式呈現，臨床工作者的言語中，不能摻雜任何判斷或期待反應的暗示。在患者看來，像是臨床工作者完成 B 部分。圖 4.5 繼續以比爾的案例說明 B 部分。

以下討論在說明 B 部分中每個有實證基礎的評估項目，臨床工作者依此得以熟悉每個問題，以澄清和有效蒐集重要且必要的評估資料。我將

繼續以圖 4.5，進一步說明關於我們所提案例的要點。值得一提的是，能夠被涵蓋在 B 部分的潛在自殺危險因子其實有上百個（Maris, Berman, & Silverman, 2000），但為求簡約及有效性，我們只保留了一些具有穩定實證支持及臨床效用的因子。

B部分（臨床工作者）：

(有) 無　自殺意念　　　描述：幾乎每晚，睡前。
　　　　　• 頻率　　　2～3每日　　　每週　　　每月
　　　　　• 期間　　　　　　秒　30 分鐘　2 小時
(有) 無　自殺計畫　　　時間：傍晚、深夜時分。
　　　　　　　　　　　　地點：他家裡的書房。
　　　　　　　　　　　　方法：槍口瞄準額頭。　(是) 否　可取得工具
　　　　　　　　　　　　方法：　　　　　　　　是　否　可取得工具
(有) 無　自殺準備　　　描述：有詳細的自殺筆記。
(有) 無　自殺演練　　　描述：曾把槍瞄準自己的頭部。
有 (無)　自殺行為史
　　　　　• 嘗試一次　描述：不適用。
　　　　　• 嘗試多次　描述：不適用。
有 (無)　衝動性　　　　描述：「沒有人會說我是衝動的」。
(有) 無　物質濫用　　　描述：酗酒──之前曾清醒。
有 (無)　重大失落　　　描述：不適用。
(有) 無　關係問題　　　描述：疏離他人／婚姻問題。
(有) 無　對他人造成負擔　描述：「沒有我他們會更好」。
有 (無)　健康／疼痛問題　描述：不適用。
(有) 無　睡眠問題　　　描述：失眠──曾有睡眠問題。
(有) 無　司法／財務問題　描述：無司法問題，有財務問題。
(有) 無　羞愧　　　　　描述：失敗者──「我是個失敗的人」。

圖4.5　比爾SSF B部分的作答

自殺意念

SSF 的 B 部分由評估患者的自殺意念開始。根據定義，關於自殺的認知思考是存在於所有自殺行為裡（Jobes, Casey, Berman, & Wright, 1991; Rosenberg et al., 1988）。對於臨床治療的目的來說，當一個患者有自殺的想法時，了解那些想法的本質和內容對我們是相當重要的。患者的自殺想法只是短暫的幻想，亦或是深存於其腦海中的呢？當我們在詢問關於自殺意念的問題時，我們的目的是想要評估患者對於自殺此議題的認知投入程度。這也是為何我們請患者描述他的自殺意念內容，並深入說明自殺想法出現的頻率和時間長短程度。自殺意念所隱含的一個重要概念為「意圖性」，而多年來，自殺學家和臨床工作者都投注了相當大的心力來研究此概念（Wagner, Wong, &Jobes, 2002）。身為臨床工作者，最讓我們擔心的狀況，莫過於當患者的心理意圖是要完全地結束他們的生理存在。但我們在臨床上所接觸到的大多數自殺傾向患者，很少表現出想要完全結束其生命的決心。因此，我們必須與患者來共同了解、澄清他們自殺想法的目的及意義。如果臨床工作者與患者能夠合作地理解目標、自殺意圖的本質，以及自殺想法在患者生活中所扮演的角色，那麼我們就能處在一個更佳的位置來拯救患者的生命。

自殺計畫

接著，探討患者的自殺計畫是個能幫助我們拆解及理解患者自殺意圖的重要方式，特別是自殺計畫裡的「致命性」概念（即某特定自殺方式對患者生理存活所造成的威脅性）。敏銳地解讀患者的自殺計畫是重要的（Stefansson, Nordström, & Jokinen, 2012）。有趣的是，喬恩納與同事們（2003）發現，「最糟狀態時的自殺計畫」和「最糟狀態時的自殺準備」能有效預測患者未來死於自殺（而現在或「最糟狀態」時的自殺意念和欲望則無法預測接下來的死亡）。因此，雖然了解自殺意圖所扮演的角色能

帶給我們幫助，但仔細理解患者對於自殺所做的計畫及準備程度是更重要的（這也是爲何我們選擇在SSF的B部分對這些自殺危險因子進行評量）。

我們因此知道，自殺計畫的清晰度和具體程度，是判斷自殺意念嚴重性的重要窗口。換言之，某人的自殺計畫是模糊的、不確實或不具體的，則完成自殺的可能性較低。反之，如果患者是非常具體的、有詳細的自殺計畫，包括特定的地點、時間和日期，表示此患者在心理上更專注於自殺，反映出一個更嚴重的自殺意向層次。值得一提的是，我們觀察到年紀較大的患者，他們通常對於自殺有一個更堅定及詳細的計畫，傾向選擇較緩和的自殺方式，且較少對他人發出自殺意圖的警訊（Conwell et al., 1998）。自殺計畫是非常重要的。

SSF 以附加問題詢問有自殺計畫的患者，藉以了解計畫當中的「時間」、「地點」和「方式」等訊息（例如，患者是否眞的有隱藏致命的藥丸或使用槍械），以此評估自殺意圖的程度。在這個階段，透過 SSF 評估辨認出患者的自殺計畫組成，可以爲我們在處遇治療計畫階段，制定患者 CAMS 穩定計畫時的「方法管制」策略提供有用資訊。

回頭參看比爾的案例，這 SSF B 部分特別的詢問，引出另人吃驚的自白——比爾已準備好他最「喜歡」的手槍，並且「會朝自己的雙眼中間射去」。雖然他也曾考慮過將槍口放在自己的嘴巴內，但他擔心這樣的自殺方式無法讓他眞的死去，反而成爲一位「腦死」病人。比爾沒有眞的認眞考慮過其他自殺方式，只有模糊地想過藥物過量此方法，但同樣地，他擔心這樣的自殺方式無法一次致命。比爾的致命自殺計畫是如此具體且詳細的令人擔憂。他對於自殺此議題的思考是完整且愼重的，且他不想讓自殺計畫有失敗的可能。因此，我現在對於比爾的潛在自殺危險感到相當擔心。需進一步注意的是，SSF 的自殺計畫詢問，可涵蓋兩個分開的自殺計畫，這並非少見。儘管有時患者會有其他的自殺計畫，但超過兩個自殺計畫者相對較少，而我通常在了解患者的主要兩個自殺計畫後，便會終止對

此部分的探討（Florentine & Crane, 2010; Hawton, 2007）。

自殺準備

　　許多有自殺傾向的人在嘗試或取走自己性命之前，會做些特別的準備工作（Rudd, 2008; Rudd & Joiner 1998）。一般而言，準備行為常與自殺嘗試的計畫有關，例如，取得致命的方法，在網路上進行研究以決定藥物的致命劑量，或決定一個較無干擾或介入的自殺地點。其他的準備行為還包括：把自己的一切事情安排好、寫下意願、寫遺書、拍攝再見錄影帶、在臉書上寫下令人費解的動態、最後一次做自己喜愛的活動、對朋友和家人做最後道別，或送出珍視的所有物。所有這些行為，明白顯示增加自殺的危險性，亦即行為「升高」（ramping up）到自殺行動。如前面所提到的，比爾已寫下了給妻子及孩子們的遺書，並且將一切事情安排好。這些行為都再次顯示出比爾對於取走自己性命所投注的心力及所做的準備。

自殺演練

　　從自殺準備分化出來，另一套有關的行為是自殺演練（Rudd, 2008）。這些行為明顯的涵蓋實際的行動，或嘗試已設計好的自殺計畫。例如，某人也許要上吊，在車庫找到橫梁、確保繩子夠長、放個矮凳，甚至踩到矮凳上並將繩子纏繞頸部，只差沒有踢開矮凳試試看。這種演練行為是非常嚴重的——此類實際嘗試行為，經常在短時間內就會結束生命。據知有很多完成的自殺，是握著有子彈的槍對準頭部，把槍身放在不同位置，或者把槍身放進嘴巴。如前所述，比爾對於自殺時槍口的放置位置有過審慎的考慮——清楚地顯示出潛在的致命意圖。一般來說，辨識這些行為是非常重要的，因為它們是代表最危險的準備行為。患者的自殺演練行為，猶如讓自己走到死亡危險邊緣，且他（她）前後挪動著探視此邊緣。

自殺行為史

過去的自殺嘗試一直以來都被視作是患者未來發生自殺行為的一個重大危險因子（Sveticic& De Leo, 2012）。洛德和喬恩納的研究（1998; Joiner et al., 2005）清楚指出，介於那些只有自殺想法（欲望）的人、曾有一次自殺嘗試的人和曾多次嘗試自殺的人之間，其未來的自殺行為會有明顯的差異。過去曾有自殺嘗試行為者，特別是曾多次嘗試自殺的人，其未來會有自殺行為的危險性就明顯增加。根據這些論述，臨床工作者主要是評估「真正」的自殺嘗試——而非表面、未具高致命性的自殺行為或輕微的藥物過量。雖然患者的自殺嘗試史在我們評估自殺危險性時應被慎重看待，然一個法國的研究指出，在完成自殺者和嘗試自殺者之間，男性的完成自殺者較自殺嘗試者更少會有過去的自殺嘗試紀錄，因此再次的，性別因素也許與了解自殺危險性有關（Younes et al., 2015）。

回到比爾的案例中，患者雖沒有任何自殺嘗試史，但他對自殺的思考及計畫卻是相當認真的。從患者的 SSF 中可看出，他每天有二至三次的自殺想法，每次持續從三十分鐘至兩小時。這是一個非常令人擔憂的自殺意念層次，特別是因為它發生在深夜患者獨自一人時，也許在喝醉的狀況下，且他最愛的手槍就躺在觸手可及的書桌抽屜內。

衝動性

因為自殺嘗試通常發生在患者處於激躁、失調且高度衝動的狀態下，因此了解患者對於自身的衝動性評估是相當有幫助的。廣義來說，衝動就是未經仔細思考的行為和行動（Anestis, Soreray, Gutierrez, Hernández, & Joiner, 2014）。如果患者的衝動行為本質上是自我毀滅的，則更增加其危險性。舉例來說，自殺嘗試與過去的鬥毆史（Bridge, Reynolds, et al., 2015; Simon et al., 2002; Simon & Crosby, 2000）、偏差行為問題（Nock et al., 2009）以及缺乏深思熟慮（亦即思考個人行為結果的能力下降；Klonsky

& May 2010）是相關的。事實上，衝動性是個複雜的概念且涵蓋多個次
要組成成分（例如，衝動狀態和衝動特質），因此很難單透過一個是非
問題來評量。不過從許多方面來說，在 SSF 上對於衝動性進行詢問，仍
提供患者一個很好的機會來反思個人的行為模式 —— 亦即他們個人以及
其他人是如何看待患者的衝動性，這是個重要的評估活動。在比爾的案
例中，他自陳他的行為都是謹慎有條理的 ——「沒有人會說我是衝動
的」。

物質濫用

　　另一個常牽連在自殺行為中的危險因子是物質濫用（Esposito-
Smythers&Spirito, 2004: Nock et al., 2009）。我們知道，物質濫用會降低衝
動控制的能力而明顯增加衝動行為。此外，許多人是在喝醉的狀態下完
成自殺（Borges &Rosovsky, 1996, Hufford, 2001）。酒精濫用與自殺之間
的關係在文獻中已被確認（Wilcox, Conner, & Caine, 2004），許多研究都
顯示出物質濫用與自殺在短期內（Hufford, 2001）及長期來說（Esposito-
Smythers&Spirito, 2004），都有清楚的相關性。比爾承認自己有時會狂飲
而喝到爛醉，但同時提到他也有非常清醒的時刻（接近於兩年的時間）。
他自陳在深夜時酗酒的行為令人擔憂，且大幅地增加了其自殺危險性。

重大失落

　　許多年來，自殺學家已知道失落常會加速自殺行為，觸發自殺的行
動（Maris, Berman, &Maltsberger, 1992）。這些失落可大可小；它可以是一
個特定的重大失落，或是許多較不重大失落的累積。舉例來說，失落可
以包括離婚或失戀、財務危機、心愛的人或寵物的死亡 —— 任何一個有
意義的真實事件都算是（例如：Ajdacic-Gross et al., 2008; Brent et al., 1993;
Joubert, Petrakis, &Cementon, 2012; Stack &Scourfield, 2015）。此外，觸發

自殺的失落也可以是具象徵性意義的——例如，從一個有意義的職業生涯退休。雖然失落經常導致進入自殺的前置狀態，然而通常這些失落並非導致自殺的單一原因（Maris et al., 1992）。在比爾的案例中，並無增加他危險性的明顯重大失落。

關係問題

　　根據社會學家的研究，我們知道社會因素是意味深長的隱含在自殺行為中（Durkheim, 1951）。橫跨年齡層面，我們進一步地了解社交關係及社會整合往往能保護一個人對抗自殺（Daniel & Goldston, 2012; Eisenberg & Resnick, 2006; McLaren & Challis, 2009; Rowe, Conwell, Schulberg, & Bruce, 2006）。從臨床介入的觀點來看，致力避免讓具高自殺傾向的患者獨處是十分重要的。比爾並非如有些患者般完全孤立於社會，但他自陳與家庭朋友疏離，並且經常在夜晚時分獨自一人，陷入自殺的思緒中。由一相關但更具特定性的角度來看，我們所研究（Jobes et al., 2004）的大部分自殺傾向患者，幾乎都將關係視為與其自殺有關的首要考量。這些自殺形成因子的關係問題可能是基於戀情，或是聚焦在朋友與家人（也見 Joiner, 2005）。在比爾的案例中，婚姻上所碰到的困難是促成他有自殺想法的最大關係議題。

他人的負擔

　　根據喬恩納（Joiner, 2005）的研究，患者「自覺的負擔感」是另一個不同於社會孤立和關係問題的自殺危險因子。這種認為自己造成他人負擔的感受，在本質上是相當有害及危險的——自殺因此被患者視作是讓他所愛之人解脫的「禮物」。在一些個案中，我發現這種知覺幾乎像是個固著的幻覺。一位十七歲的少年曾在我的辦公室裡向他正哭泣及苦苦哀求的母親表示，他的離去雖會讓她在頭幾年相當難受，但長期來說，她將會慶幸

他的選擇；當他們在爭論這個議題時，少年的父親已完全陷入恐慌之中。雖然並非完全是出於幻覺的，但比爾確切地認為，他的家庭將會因他的死亡而獲益。

健康／疼痛問題

也有許多資料顯示，一般與健康有關的議題，特別是慢性的健康問題，可能會被隱含在自殺傾向的狀態中（Giner et al., 2013; Maris et al., 2000; Sanna et al., 2014）。雖然許多人在一生中都會面臨到慢性的生理疼痛，這些狀態對有些人來說卻是難以忍受的，因此會引發想要以自殺來逃離的希望（Hooley, Franklin, & Nock, 2014; Smith, Edwards, Robinson, & Dworkin, 2004）。在比爾的案例中，並無明顯的健康問題。

睡眠問題

在過去十年之中，睡眠干擾對於增加自殺危險性的可能受到許多的關注，特別是失眠的問題（Pigeon, Pinquart, & Conner , 2012）。諸多與失眠、嗜睡及惡夢相關等睡眠問題，都顯著地增加青少年的自殺危險性（Goldstein, Bridge, & Brent, 2008）。此外，在一個樣本為 423 位退伍軍人自殺身亡者的研究中，睡眠干擾與短期內的自殺危險性相關（Pigeon, Britton, Ilgen, Chapman, & Conner, 2012）。值得一提的是，比爾一直以來都受到失眠的困擾，並且有過不規律的睡眠型態。比爾並且提及透過酒精狂飲能幫助他「昏睡過去」，雖然他常會在半夜時分醒來，感到精神混亂且很難再次睡去。

司法／財務問題

我們知道司法問題也可能導致重大的自殺危險（例如 Brent et al., 1993）。的確，發生在監獄或拘留所（經常是酒精影響下因駕駛被捕）中

的自殺企圖和完成自殺，是很值得關心的。當人在首次面對法律指控之後，常會有立即的重大自殺危機，這是過濾自殺危險性的一個重要窗口（Oordt et al., 2005）。相似地，諸如貧窮、失業、信用卡卡債、發薪日貸款、欠稅以及入不敷出等財務問題，同樣也可能導致重大的自殺危險（Coope et al., 2015; Pompili et al., 2011）。在比爾的情況中，他並無面臨明顯的司法問題，不過有一些來自財務上的壓力。

羞愧

最後，一個有關卻又獨特的危險因子是羞愧。在那些似乎是無法被他人接受的過往錯誤或經驗被發現而需要逃離時，羞愧就扮演一個自殺與否的關鍵角色。例如，我知道有些牧師在面對兒童虐待控訴的案子時，他們寧可企圖或完成自殺，而不願面對漫長訴訟的痛苦，因為那是對他專業和個人的羞辱。相反地，被害者在自殺和自傷行為中，受虐這件事就扮演一個特別致命的角色（Linehan, 1993a）。在我們針對軍人所做的研究裡，我們看見在這個強調力量和堅毅的文化中，羞愧扮演著一個特別重要的自殺危險因子（參見 Bryan, Jennings, Jobes, & Bradley, 2012; Bryan, Morrow, Etienne, & Ray-Sannerud, 2013; Jobes, 2013c）。我們的患者比爾對於他是一個「魯蛇」和「失敗者」感到羞愧。

B部分的結論

在完成 SSF 的 B 部分之後，臨床工作者和患者準備轉到 SSF 的 C 部分——發展一個特定且合作型的自殺安定計畫以及驅動因子取向治療計畫，這是 CAMS 取向照護的重要本質。為完成 SSF 此部分評估做結論，我通常會這樣說：

> 「感謝你願意和我一同完成這份評估。對於已發生在你身上的事和為

什麼自殺已存在你心中，我想我們兩人現在都有更清楚的了解。知道為什麼你想自殺，對發現其他替代方法，以因應你的痛苦與折磨是很重要的。在我們開始進行治療計畫之前，你有任何問題嗎？」

個案實例：比爾的危險性簡明分析

綜合考量比爾在 A 部分及 B 部分的評估資料後，我認為他清楚的表現相當大的自殺危險性。事實上，鑑於比爾的高自殺風險，我對於他仍然活著且願意來向我求助感到十分訝異。考量患者的情況，大部分的臨床工作者會認為必須想辦法讓他住院，而我也相當認真地考慮著這個可能性。然而，在 CAMS 中，只要有機會，我們致力於避免住院治療，並且將其視作是萬不得已的最後手段。比爾的 SSF 核心評估顯示出他正經歷著巨大的痛苦，且他的自我厭惡及無望感都令我非常擔憂。他的自殺危險與他的自我感覺及重要關係密切相關。比起擇生理由，比爾有更多的尋死理由，且整體來說他更傾向選擇死亡。他在心理上被困住的感受，同樣令人擔心。

從 SSF 的 B 部分我們可以看出，比爾投注了相當大的時間及心力策劃著透過最致命的方式奪去自己的性命。他已將一切的事物安排好，同時也擬了遺書。他的飲酒習慣及不理想的心理健康治療歷史，同樣顯示出不好的兆頭。值得慶幸的是，比爾並沒有任何自殺嘗試紀錄。而且，他正坐在臨床心理學家的辦公室裡，與臨床工作者共同剖析他的自殺掙扎及心路歷程。他仍然正活著說話，而並未死去——這也許是現階段比爾給我們最重要的（甚至令人鼓舞的）診斷資料。

摘要與結論

在初次會談時，與患者共同完成 SSF 的 A 和 B 部分，對 CAMS 的成功是很重要的。有關 CAMS 方案評估自殺危險性的每個部分，就是要創造臨床工作者與患者的聯盟關係，並且幫助患者更加投入自身療程。A 部分強調患者是他（她）自我經驗的專家，而臨床工作者的責任則是透過患者的眼睛看到自殺的危險性。患者對掙扎的看法是評估的黃金標準，臨床工作者就是要同理地去認識和了解患者的看法。

如同前面所討論的，A 部分特別強調把焦點放在患者的痛苦與折磨上而不是自殺。既已強調患者的痛苦與折磨，於是 B 部分把焦點非常特定地轉向有實證基礎的自殺危險因子上，以此從一個較客觀的角度來理解患者的自殺相關變項。A 部分先以強調現象學及患者的內心自殺掙扎為主要焦點，而 B 部分的設計則承接了 A 部分，更進一步專門以自殺為評估焦點。依此方式進行自殺危險性評估，我們強調以同理的方法與患者共同工作，努力避開自殺──住院／不住院的角力困境。如此，我們增加了患者與臨床工作者形成聯盟的可能性，以及激發患者為生命而戰的動機──這將在進行由患者所定義、驅動因子取向的特定自殺 CAMS 處遇治療計畫時被體現。

在比爾的案例中，我們面臨到巨大的挑戰。透過比爾在 SSF 的 A 和 B 部分的回應，我們有相當多的理由來擔憂他未來的自殺危險。將比爾視作一位高自殺危險的患者是必要的──他有能奪去他性命的致命自殺方式，且投注相當大的心力在自殺上。鑑於他整體的高自殺危險，想避免將送他住院治療將會是個挑戰。然而在 CAMS 中，我們正是會嘗試如此做。接下來，我們將努力發展一個能幫助比爾安全接受門診治療，以及拯救生命的處遇治療計畫。

第五章

CAMS治療計畫：
共同擬定針對自殺的治療計畫

賴佑華　譯

眾所皆知，在臨床文獻中眞的有數百種不同類型的心理治療。我剛開始在研究所授課的時代，經常根據三個主要理論學派進行思考：精神分析學派、行爲學派及人本學派。如今，這些主要學派已進一步發展與融合。例如，由精神分析理論發展出多種「精神動力」（psychodynamic）學說，例如本我心理學（ego psychology）、驅力理論（drive theory）、客體關係（object relations）及自體心理學（self psychology）等。也仍有高度熱忱的人本及個案中心取向心理師以及存在主義心理師，對傳統的架構及想法有現代應用。行爲治療〔特別是行爲活化治療（behavioral activation）；見 Dimidjian et al., 2006; Martell, Dimidjian, & Herman-Dunn, 2013〕，與認知治療取向整合後，過去幾十年已明顯壯大，並有極佳的臨床實證支持。從古典認知行爲治療延伸，新一代「第三波」強調正念的心理治療也成爲主流，有正念認知治療法（Segal, Williams, & Teasdale, 2012）、接納與承諾療法（Acceptance and Commitment Therapy ACT）（Ducasse et al., 2014; Hayes, Strosahl, & Wilson, 2011），和其他相似的整合治療取向（Kahl, Winter, & Schweiger, 2012; Roemer & Orsillo, 2009）。

除了不同學派及不同治療法外，現代心理健康工作者工具箱裡還有無數其他形式和理念的工具可選擇。有創新的延長暴露法（PE; Foa, Hembree, & Rothbaum, 2007; Power, Halpern, Ferenschak, Gillihan, & Foa, 2010），認知歷程治療（CPT; Matulis, Resick, Rosner, & Steil, 2014; Resick

& Schnicke, 1992），以及眼動減敏及歷程更新療法（EMDR; Shapiro, 1996）可用作各種創傷治療。Bateman 及 Fonagy（2006）的心智療法，則是另一個用以治療各種複雜人格疾患的新療法（亦見 Allen, Fonagy, & Bateman, 2008）。生理回饋療法（Nestoriuc, Martin, Rief & Andrasik, 2008; Siepmann, Aykac, Unterdorfer, Petowski, & Mueck-Weymann, 2008）和催眠療法（Patterson & Jensen, 2003）近幾年也廣泛用於治療身心症相關議題。而在醫學領域，有眾多精神科藥物（Mark, 2010）、電痙攣療法（ECT; Kayser st al., 2011）、穿顱磁刺激儀治療（Slotema, Blom, Hoek, & Sommer, 2010）、奇妙的靜脈 K 他命注射（Price, Nock, Charney, & Mathew, 2009）。至於心理健康的治療模式，則有個別治療、團體治療、伴侶治療、家族治療和行為治療，及可用於公開場合或患者家中的現場暴露法等。最後，有非常多種的臨床處遇情境，包括有診所、諮商中心、危機小組、住院醫療、社區心理健康機構、日間病房等。

　　身為務實的臨床工作者，我支持所有有效治療心理疾病、減少症狀、能夠減緩病患痛苦和折磨的任何理論、治療、模式（或數種組合）。作為一個學術臨床研究者，我傾向強烈支持有數據支持的介入策略和模式，雖然 25 年的臨床經驗告訴我，有許多有效的療法尚未有研究證據支持，不過一般來說，我顯然偏好那些臨床上有用而且有實證經驗支持的療法。

　　看了這麼多種治療選擇和各種精神醫療法有效的「真相」，我很難想像自己深深札根在某種特定學派或畫地自限我的執業方式在某種特定理論、治療上。我最早的訓練是從心理動力治療的角度做個案概念化，並應用在理解自殺危機（見 Jobes, 1995b; Jobes & Karmel, 1996）。這些年來我仍然特別喜歡心理動力取向的防衛分析（見 McWilliams, 2011），不過我現在實際執業時是穿插洞見取向心理治療和認知情緒技術，也廣泛採用人本學派、人際關係療法和存在治療取向。很顯然的，和我們的許多其他人一樣，以臨床工作看來我採取的是整合取向。並且，我明白團體治療的巨

大效益，也明白精心處方和監控的精神藥物的珍貴效果，和伴侶諮商的價值，以及臨床催眠的能量。

經過反思，我年輕時最有印象的臨床經驗是觀察到電痙攣療法（ECT）對一個重度憂鬱自殺病患產生的革命性的影響。失去自理能力後，這個曾經很有尊嚴的傑出聯邦政府退休人員無法照顧自己，每晚屎尿失禁，個人衛生嚴重惡化。令我們都很震驚的是，這個人在第三次 ECT 治療後的早晨，一早就衝出他的病房到櫃檯大大微笑跟大家問好：「大家早安！今天真美好！」看過各種治療方式在最重度的精神疾病產生的力量後，很難不務實的欣賞有治療彈性的優點，以及可以廣泛使用各種治療方法的優勢。在我看來，身為心理健康工作人員，我會用所有我能找到的治療方法，只為幫助我正在受苦的病患。

不過我知道許多治療師並不採用整合療法，的確，許多臨床工作者深深認同一個特定的臨床學派或治療取向，成為他們常態性選擇 CAMS 這種臨床方案應對自殺危機時的潛在挑戰。因此，如第一章所述，我發展 CAMS 的目標，就是創造一種不論臨床工作者的理論學派、治療取向、所受訓練及臨床工作模式，都可廣泛運用的自殺危機處遇方法。雖然 CAMS 對於臨床參與和評估的確有一些前置要求，但在之後，作為 CAMS 特色的治療方案，可以配合任何適切個案概念化的自殺驅力的理論或治療。有鑑於此，我常表示（Jobes & Drozd, 2004），CAMS 是有意規劃成不取代臨床工作者的專業判斷，也不指定臨床工作者使用的理論或治療類型。為使讀者更了解 CAMS 方案對治療計畫的各種考慮，本章在進入治療計畫的逐步規劃程序前，先討論 CAMS 治療計畫的相關概念。

CAMS治療計畫概論

一般來說提到說到臨床照護時，你可能自問：「若自殺顯然是一個人

面對痛苦與折磨的最好選項了，為什麼他仍和我──一個心理健康專業人員──談這件事？」不變的答案，是因為他（她）尚未確定自殺真的是面對痛苦與折磨最好的選項，所以才和你談話。這樣的人當然是矛盾的，而此矛盾就是我們尋找救命臨床介入策略的起點。

雖然自殺傾向患者幾乎總是矛盾的，自殺的誘惑仍非常強大而急迫。因此臨床工作者必須有技巧的以暫時的角度，與自殺傾向患者協商治療計畫。這時設定的各種時間點就是關鍵，因為這時要求高度自殺傾向患者「永遠」的「放棄」自殺這個選項是不合理的；相對的，讓臨床工作者協商一段明確的時間，希望患者能給臨床治療一個機會，讓自殺選項被推到患者心裡可以暫時被擱置的備用位置反而是合理的。我向患者推銷此概念時會說：

> 「在你以自殺來結束痛苦之前，讓我們試著給這個證實有效的治療法一個公平的機會，來幫助你找到另一條適應的路，反正還有許多選項──例如自殺──是日後沒有我，你也可以做到的。」

這段話的最後一部分，可能聽起來有點不必要的冒險，但在臨床脈絡裡，搭配合適的語氣及強調，這樣的說明不僅合理，也富同理心，通常能降低雙方對於自殺可能逐漸升高的潛在權力爭奪。其實最重要是，這段話和這樣說明的姿態，並不會從這個已經脆弱的患者手中奪走他（她）從自殺得來的控制感及自主權。我認為，與自殺傾向患者工作時，最有力的介入策略，就是直接與他協商把自殺延後些。簡言之，我們面臨的議題如下：什麼是臨床工作者對自殺傾向患者合理的期待？反過來說，從自殺患者的觀點來看，為了這個可能有效救命的治療，繼續忍受令人想自殺的痛苦與折磨是合理的嗎？

我對自殺傾向患者強調，協商一個有限定期間、針對自殺的門診治療

計畫，在臨床上是合理且必要的。在 CAMS 中，患者會被要求承諾在雙方講好的明確期限內，依循共同協商擬定的自殺治療計畫。此外，CAMS 不鼓勵臨床或道德上的壓迫，也不鼓勵開放性的討論治療計畫。如前述，當我與自殺患者協商治療計畫時，我會直言不諱的表示，患者顯然可以「晚點」自殺（當沒有參與其他聚焦救命的治療時）。但我也堅持，當患者參與這個針對自殺且時間有限的救命治療計畫時，必須完全的投入治療──就像我一樣。通常這個方案能周到的探索在其他事物中，到底有沒有可以替代自殺的選項。

除此之外，我總明確的告訴他們，如果有明顯和立即的自傷或傷人危險（如他們在初次會談前簽署依 HIPAA 設計的知後同意書所述），我會毫不猶豫的強制他們住院，以符合臨床工作者在此情況必須遵守的法律規範（Jobes & O'Conner, 2009）。但當未超過此極度法理醫學之門檻前，其實仍有很大的擺盪空間，讓臨床工作者與患者在努力合作協商出一個盼能救命的治療計畫之際，能有周全之安排。我常對患者們強調，給治療一個機會時，他們能從中得到很多東西，且真的沒有什麼好損失的。

協商成功的前提是，讓患者相信他們仍保留一些對生命的控制權，因為在給治療一個公平合理的機會之後，他們還是可以結束生命。每次我重述此概念時，都抱持絕對清楚的態度，表示我並不認同自殺是可行的選項，也永遠不會「背書」讓自殺成為一種滿意的因應，我不會這樣做。因此患者們有兩種深奧的選擇：是否想要活久一點，看看治療是否能讓生命不痛苦或值得活？或選擇不參與治療，持續承受難忍的折磨以及其他明顯的後果？這真的是沉重的選擇，但我認為必須以坦白方式呈現在患者面前。我清楚認定臨床工作者之職責，是有技巧的呈現給患者一個有明確時間表的治療選項，說服他們決定選擇活下去──至少眼前──去找出其他可能性（不變的是啟發「希望」的微光）。

類似我在第一章提到的「調音」概念，我常用以下治療語言，來描述

CAMS 治療計畫：

「我希望你能考慮與我一起踏上這個治療旅程，這個旅程會由你主導，而我會做導航員。我以前曾多次走過這個旅程，我路很熟而且有非常好的地圖和 GPS。不過這個旅程每個人走的路都不一樣，每個人都要走自己的路，而我們會共同決定旅行方式——走哪條路、什麼時候暫停、要走多快或多慢。想要讓這個旅程成功，你必須像我一樣，承諾投入這段旅程。我知道要達到我們想要的治療目標可能很難，而且坦白說我們可能會在路上多繞些路，但我仍然很有信心的認為，如果我們兩個能小組結伴同行，就可以到我們想要去的地方。」

「因為我知道你深受折磨，我只要求你與我同行一段非常確切的時間，最短三個月，期滿時，我們會再一起決定是要繼續走下去，還是分道揚鑣，讓你自己領航，或另外找一個導航員。我知道你很痛苦，可是我還是覺得這個要求滿合理的，因為你正在考慮的選項是這麼的嚴重，而我們的目的地是這麼的有希望。」

「如果你同意在一段我們承諾的時間內，與我一起踏上旅程，代表我們都要保證會認真投入這個旅程。你必須全心都在車上，鎖門且關窗、繫好安全帶、兩手都放在方向盤上。如果你堅持讓門開著，讓自己隨時可以在路途變得顛簸時跳車，這段旅程就會失去意義。如果你覺得必須要這樣，那我們需要幫你找另一個領航員，或者也許我們應該了解，你還沒有準備好和我這樣的人一起走這條路。」

「身為你的領航員，在這段我們都投入的時間裡，我會在你旁邊帶著我的專業、地圖、GPS 和讓許多旅程更順利的經驗，讓我們找到我們都追尋的治療性目的地。我可以保證，此目的地絕對比你現在存在的地方好，那會是一個痛苦與折磨都被顯著減少、你的生活適應能力會明顯進步的地方。」

　　我想強調，想要適當的進行這個象徵性旅程，兩人都必須完全坐在車裡——門關著，而且不可以有象徵性的腳還掛在外面。我們要求患者承諾，同樣的，患者也會期待我們投入，兩邊的門都是關好關緊，都繫好安全帶。我們都承諾一起投入治療之旅，以找尋患者獨自旅行時顯然無法找到的獎賞之地。對於沒辦法在此前提下進入這段治療旅程的患者，基本上有三個選擇：（1）如果有立即危險，必須辦理住院；（2）轉介給另一位以其他方式及前提進行療程的臨床工作者，或（3）患者可以在沒有我的幫助或引導的情況下——沒有立即危險為前提——繼續獨自旅行（在沒有心理衛生處遇中，明顯但常被忽略的選擇——Jobes, 2011）。

　　我曾討論過（Wise, Jobes, Simpson, & Berman, 2005），所謂針對自殺傾向患者「有明確時間表的治療計畫」，並不一定適合臨床上的每個患者（特別是有認知障礙、急性精神病，或嚴重的人格疾患患者）。但臨床工作者有責任，清楚明瞭的提供所有患者明確的資訊（尤其對有自殺意念的患者），那就是從他們的專業觀點來看，什麼是合理的臨床計畫，並且會永遠聚焦在追求對患者最有益的照護。應該讓患者／消費者自行決定是否願意「買」這個療程，不應有暗示威脅或臨床壓迫。附帶一提的是，雖然我並不熱愛以強制之臨床手段預防自殺，我還是相信有時自殺患者的確需要住院，甚至是強制住院。如前述，我總遵守、配合所有法規要求，讓呈現清楚且立即自傷或傷人危險的患者住院。除發生上面這個最極限的狀況外，我都熱切的與患者進行合理之協商，期望能爭取關鍵性的時間和信任，進一步建立較堅定的治療關係，以增加患者為生命奮戰的動機。

　　讓我以強調 CAMS 對於自殺的核心概念，來為這特別的說明下個結論。本書是關於合作型自殺評估與管理方案。我特別決意這個處理自殺危機臨床方案，必須強調處遇（management）這個字，而非治療（treatment）。是 CAMS 不是 CATS。雖然本書提到許多治療應用，但 CAMS 的重點永遠在於臨床管理自殺機率，直到患者完全「戰勝」自殺意念且想要求生為

止。在患者不把自己跟自殺綁在一起時，CAMS 照護就成功了。事實上，自殺患者只有自殺的目的和價值消失時，才會眞正放棄自殺，而不是因爲我們叫他們不要這樣做。當患者改變想法、投入生命，讓自殺選項顯得過時，是 CAMS 的核心目標。

面對自殺勒索時的臨床治療計畫

臨床工作者常掙扎害怕自己如果不配合或退一步與自殺傾向患者妥協，患者可能會眞的企圖自殺或眞的自殺身亡，他們就會被怪罪甚至被告執業疏失。在本書的第一版我就直稱這個現象是「自殺勒索」（suicidal blackmail）。基於對這個燙手議題的負面定義，我寫了一整個章節說明自殺勒索棘手的道德和危機管理議題（Jobes,2011）。某些個案在開始療程時不易察覺，接著危機就會逐步上升，直至臨床工作者被患者的自殺驚嚇得像是車燈前嚇呆的鹿，而有些個案則可能一開始就有這種對抗。總之臨床工作者會變得必須鎮日回應許多緊急電話、改變他平常的治療方法、調整界線，常在一個嚇人的甚至恐怖的個案上花費過多的時間。相信我，我有親身體驗（見 Jobes, 2011，有完整個案描述）。

就算是經驗豐富、認眞誠懇的臨床工作者，也可能在面對逐漸升高的自殺危機中失去方向。臨床工作者處理危機時，可能認爲不得不做些令自己不舒服的事，諸如改變原則、改變自己慣用的方法。在他們察覺之前，治療就已偏離方向、可能失控。這樣的治療會愈來愈顯得被動、混亂——想像那個跑來跑去的丹麥小男孩，試圖塞住水壩漏水的洞。最重要的是，這樣的治療甚少基於病人的最佳利益；此外，如此混亂的治療，常讓幹練又眞誠的臨床工作者耗盡能量，讓他們變得悲慘、失能。所有這些重要的考量，引導出 CAMS 中相當結構化、透明化、直接實際的取向。

在我與這個議題有關的論述中，自殺傾向患者顯然可以考慮不接受臨

床治療，這個真實的選項卻常被臨床工作者和患者同時忽略。雖然我知道這對許多人而言是臨床邪說，但仍堅定的如此認為，並且特別將焦點放在最大化正向治療效果。直接的臨床經驗和實證研究讓我明白，要讓治療有效，患者必須有適當的動機和意志，讓他們能有誠意與臨床工作者一同繼續療程，而要讓患者有誠意的提起動機，臨床工作者必須為療程的進行建立一個明確易懂的架構，讓患者可以依照最透明化的資訊，做出繼續治療的決定（亦見 Street, Makoul, Arora, & Epstein, 2009）。

　　我認為，臨床工作者與任何（特別是）有自殺傾向的人工作時，必須清楚透明的了解自己計畫要做什麼，以及為什麼要這樣做。我們的工作，就是要從專業角度界定什麼是對患者的最佳利益，以及清楚的把這個看法傳達給患者。最適合患者個人的治療計畫必須淺白的呈現，讓患者可以依據資訊，出投入療程的決定。坦白說，不論是否有自殺議題，這個過程都是必需的，但我的立場是每當有自殺考量時，更必須直接的、堅定的向患者表示，自殺議題是臨床關注的主要議題。關於如何面對自殺威脅，我們必須與患者有直接清楚的共識。因此我相當堅持──必須建立某些原則，才能讓我有信心與自殺傾向患者進行療程。同樣的，患者可以決定如何進行（或不進行）療程，來回應我的專業判斷及經驗累積成的治療條件。

　　舉例來說，讓我們思考這個常發生在臨床工作者及自殺傾向患者間備受爭議的議題。想像一個高度自殺傾向患者來尋求治療，而在他家裡就有隨手可得的槍械。討論槍械取得時，我們陷入了嚴重的僵局，因為他清楚的表示，不會因治療師的要求，從家裡移除這個武器，就算短期也不行（例如一個月）。一方面患者確實是合法擁有槍械；但另一方面，疾病管理局的統計資料及其他研究都顯示，家中有槍械意味著致命的威脅（CDC, 2010; Lahti, Keranen, Hakko, Riala, & Rasanen, 2014; Stroebe, 2013）。身為一個治療師，我可以賭一把、默許患者的拒絕妥協，相對的，我也可以讓此議題成為「破局」（deal breaker）的原因，告訴患者，我覺

得不適合在有槍械危機，而且在患者拒絕於療程進行期間移除武器的情況下，繼續進行治療。我選擇將患者的拒絕視爲缺乏治療信念，我認爲患者如此的立場，會直接的威脅療程、嚴重損害努力救命的治療效果，而且我可能得結案，並轉介患者給別的專業人員。再說清楚些：這不是政治化或有關憲法的議題，而是臨床判斷患者最佳利益的議題，意思不是說我的患者不能擁有槍械，而是在我們承諾在治療自殺議題的這段時間內，我保留維持這個原則的權利，期望治療能因此順利進行。我並不想在臨床上與槍的誘惑比賽輸贏。

這個時候，討論臨床「遺棄」（abandonment）的倫理議題是很重要的（Jobes, 2011）。遺棄的核心倫理考量，是指任何臨床工作者單方面結束臨床治療，讓患者留在困境中的行爲。臨床遺棄發生時，患者會無預期的突然被結束臨床治療，臨床工作者讓患者處於脆弱的狀態，也沒有努力確認患者得到其他進一步的治療或支持；這與臨床工作者依患者的最佳利益、採取深思熟慮、有原則的立場，最後卻還是不得不結束治療，是不同的情況。當患者拒絕配合某些適當治療必要條件，使得臨床工作者不得不結束療程時，下列幾點考量相當重要：（1）清楚的以患者的最佳利益出發；（2）清楚說明治療的前提要件（以及這些前提重要的原因）；（3）儘可能的轉介患者到其他合適的治療情境；（4）尋求專業諮詢，以及（5）謹慎記錄決策過程與患者最佳利益的關聯（最好同時詳細記錄專業諮詢之意見）。

請參考以下案例：幾年前一個資深同事，爲一個特別困難的個案找我討論諮詢。從前幾次的討論，我已對此複雜的個案相當熟悉。我的同事與這位女性患者會談將近三年；她被診斷爲低落性情感疾患（dysthymic disorder）以及邊緣性人格疾患（borderline personality disorder）。治療過程因爲持續的自殺威脅顯得充滿風暴且有爭議，其中有兩次藥物過量的自殺企圖，一次入住精神科病房的紀錄。這次再找我討論，是因爲他們原本就

處於戰鬥狀態的治療關係又有新裂痕。患者在一週共兩次的失約後，再來會談時，宣布她開除了自己的精神科醫師，而且正在看的新醫師完全改變先前複雜的藥物治療組合。我同事心理師的背景讓他對於如此突然的發展感到震驚，堅持要她簽署讓他能夠與新的精神科醫師連繫的同意書；患者拒絕簽署，堅持不希望心理師與新的醫師談話，而且表示新的醫生也接受這樣的安排。我同事解釋專業執業標準守則，以及專業倫理都要求臨床上的協商，而且無法與其他治療團隊的成員討論，會違背她的最佳利益，這個新的安排是心理師無法接受的，患者卻不讓步；事實上，他提到患者看起來「享受」這樣公然反抗他。討論過這個個案的歷史、倫理、其反移情以及許多其他議題之後，我們的結論是，他必須保持堅定的立場，也就是說，如果她不願意讓心理師與醫生協商對她的治療，他們的治療就會中止，我同事合理的給她三個星期考慮，三個星期之後她卻仍然堅持，於是他們其實有非常多進展的治療就不得不結束。在他們最後的會談中，他回顧了這個行動，也表示可以轉介她給其他專業人員，甚至願意讓她在改變主意後回來繼續治療。不過她並沒有改變心意，而且離開時相當憤怒的表示，她不只要讓這個新的醫生安排她的藥物，也要找他做心理治療。雖然此個案從結果來看，並不是特別令人滿意，但我相信我的同事別無選擇，並且當他不得不結案時，做法是完全合於倫理且適當的。

　　這個故事的重點是，一定要了解和評估自己對於療程如何進行的臨床判斷。當與拒絕配合某些治療必要條件的患者工作時，我曾這樣說：

　　「你這樣保留在療程期間自殺的權利，對我來說是不能接受的；我們的療程就是無法繼續下去。這樣的話，你可能需要找另外的治療師——我當然會幫你介紹—— 或者你可以重新考慮你是否真的準備好投入心理治療。」

　　參加我工作坊的臨床工作者，常因我對患者採取這樣的立場而感到震驚，我會向他們澄清，並不是想把這種自相矛盾的情境當作介入的手段，或是以激將法刺激患者，我只是清楚說明、解釋這些讓我能夠並願意提供治療的底線和條件。我總是盡力勸說自殺危機患者，在他們執行可怕的自殺選項之前，認真的考慮投入這個盡力維護他們最佳利益的臨床治療過程。但是如果他們想和我一起進入療程，我希望他們能夠完全投入；不是隨時準備好在「治療巴士」行駛時跳車。因此，清楚說明投入治療過程的意義、謹慎的建立治療計畫和契約，並在有限定的時間架構下工作是很重要的。我們不能任患者的個人議題、自殺威脅以及病態人格，使治療變得「隨患者起舞」，如果讓這樣的事情發生，就不是以患者最佳利益為考量了。更重要的是，每次在治療約定的期間或階段到期時，必須共同討論接下來我們是否仍要再設定一個安全期間以繼續療程。

　　在我的工作坊總是有人問：「如果你採取這樣堅硬的態度，而患者表示因為不能遵守你的其中一個原則，所以還沒準備好接受心理治療……然後她回家的那個晚上就自殺身亡，你不會有責任嗎？」這種情況無疑是悲劇，我當然也會覺得糟透了，但坦白說，做這行就是會發生這樣的事，且可能發生在任何自殺傾向患者身上，不論他們是否使用我提倡的方案。這是我們都必須面對的風險。不論我為什麼決定患者不適宜接受治療（例如，因為患者拒絕配合某些關鍵的治療原則），決定責任歸屬的，都是一個後見之明的問題：患者離開我的辦公室那一刻，是否有清楚而立即的危險？如果答案是有，則患者當時應該被送往醫院──自願或必要時強制──以確保患者不會自我傷害，這種情況下如果未讓患者住院，臨床工作者就會有法律責任；答案如果是沒有，當然仍是個悲劇，但也代表這個應該接受治療的患者，其實不願或無法接受為了拯救他自己的生命，所設計的合理且有明確時限的治療方案。沒人能保證臨床工作者在這種情況下不會被告，而且原告律師在事實證據非常薄弱的個案裡，找尋執業疏失

的努力也總讓我印象深刻，但你必須非常清楚說明自己平常習慣的執業方式——為什麼做出這樣的決定、這個決定又如何回歸到個案的最佳利益，如果這樣的立場可以進一步以理論或數據支持，在事後追究的情況裡就更有保護作用。在第八章中也將重複再說明，執業疏失案子裡總會有事後諸葛的「事後論斷」（monday-morning quarterbacking），而詳細完整的紀錄就是重要關鍵。

　　經驗告訴我，與我這個想法相異的就是會站不住腳——表示臨床工作者有意識的在與患者開始（或繼續）一段治療關係時，放棄了必要的關鍵治療原則。意義上等於無視於船底相當大的漏洞，有意識的開始（或繼續）與自殺傾向患者同登可能有危險的船——這是臨床工作者與患者雙輸的情況。而且若臨床工作者默許這樣的治療基本條件，就等於告訴患者他的不可理喻是可被接受的（也就是說可以半途改變主意，不配合設計用來救他性命的合理、有時限的治療）。與許多本書讀者類似，我也曾經這樣做過，但這樣的方式對患者是沒有用的，顯然對臨床工作者也沒有益處。臨床工作者在面對自殺恐嚇時的默許妥協，並非患者之最佳利益，也是我無法容忍的做法（進一步資訊可參考 Stefan, 2016）。

CAMS門診治療計畫：SSF的C部分

　　闡述了 CAMS 治療計畫的哲學和重要概念，接著進入較具體的程序考量。簡短回顧上一章，我們與患者合作完成了 SSF 自殺危險性評估的 B 部分（在第一次 CAMS 會談完成），也就是我們通常在會談中用大約半小時與患者共同合作完成 SSF 的 A 部分（患者填）及 B 部分（治療師填）。合作完成這個危機評估，才能適當規劃 CAMS 針對自殺的治療計畫，也就是 SFF 的 C 部分（包含完成治療計畫中的 CAMS 穩定追蹤計畫）。

治療計畫協商綜論

以 CAMS 為基礎、有關患者當下及未來穩定及安全性的臨床協商，都應該參考下列關鍵要素：

1. CAMS 治療師向患者說明法律規定的保密原則及立即自傷危險時的通報規定時，要絕對清楚的說明——應該在與治療師見面或會談前以知情同意書（informed consent）處理。有執照的治療師本應要完整說明和回應所有相關疑問。

2. CAMS 治療師應該對患者強調，共同付出與收穫的重要性——對於彼此都能有合理的期待。

3. CAMS 治療師應對患者的自殺期待表達同理心——重視患者在面對似乎令人無法忍受的痛苦時，自殺的確是一種誘惑人的解決做法。不過，治療師也可以接著敏感的問：自殺是應對或解決你的需求最好的方法嗎？

4. CAMS 治療師應時時協商與時間有關的考量，並持續探索延後自殺行為的所有可能性。

5. CAMS 治療師應致力於與患者尋求一個合理、信任、時間限定的共識，給予可能造成改變的治療一個公平的機會。我通常要求三個月（12 次會談），從研究中我們發現，CAMS 方案中多數患者在 6~8 次會談後開始有反應（Jobes, 2012）。

如前所述，標準的 CAMS 照護方案中強調，要在初次的指標評估會談中，就形成一個可行的治療計畫，此計畫本身就能說明門診式照護的合宜性，同時避免住院需求。不論如何，就是期待當應用 CAMS 方案處遇自殺患者時，治療計畫強調的重點會圍繞適當的出院（不住院）指標。

門診時標準的 CAMS 方案中，我通常如此介紹 SSF 的 C 部分：

「現在我們要開始討論你的治療計畫，為了形成一個有效的計畫，我們必須完整考量你這些痛苦、折磨以及整體自殺危機程度。我們需要一起回顧剛剛完成的A部分與B部分，來形成確切的問題、治療目的和指標。由於我們必須非常認真的對待自殺議題，我們必須首先討論如何應對潛在自殺危機，以及如何應對讓你想自殺的問題。我想特別澄清，我的目標是找到讓你不要住院的方法，但為了達到讓你不需要住院的目標，我們必須形成一個有效的門診治療計畫，這個計畫是我們都同意的，也是我們在這段期間都要承諾投入的。」。

在C部分中（見圖5.1），可看見表格中的治療計劃分為四部分：（1）問題列表#及問題描述，（2）目的與指標，（3）介入策略，以及（4）期間。

C部分（臨床工作者）：		治療計畫		
編號	問題描述	說明目標	介入方案	期間
1	可能自我傷害	安全及穩定	完成穩定計畫□	
2				
3				

是_____　否_____　患者是否了解並同意治療計畫？

是_____　否_____　患者是否有立即性的自殺危險（需要住院治療）？

_____　　_____

患者簽名　　　　　　　　　日期　　臨床工作者簽名　　　　　　　日期

圖5.1　SSF初次晤談C部分治療計畫

　　這些內容都由治療師在與患者諮詢後完成，保持坐在隔壁的座位安排。這樣安排的意思，就是讓 CAMS 患者成爲他（她）自己治療計畫的共同作者。在 C 部分中，必須特別強調，如果要避免住進身心科病房，問題 #1 ──「自我傷害危機」── 是不能更改的。在最重要的 CAMS 初次晤談中，初始的治療計畫將圍繞著自我傷害危機，接著發展出針對危機和自殺議題的穩定化計畫。

CAMS穩定化計畫

　　CAMS 治療初始規劃時的主要焦點，就是多方考量後完整發展的穩定化計畫，目標是促進患者的安全和穩定性。在標準化的 CAMS 裡，我建議使用「CAMS 穩定化計畫」（隨後出現在 SSF-4）。同時也可以使用其他相似的穩定化介入策略，如 Stanley 和 Browen 的安全介入計畫（Safety Plan Intervention）（2012）、Ruddc 和同袍們的危機應變計畫（Crisis Response Plan）（2001）。以上三個計畫都有相同目標 ── 增加患者應對現在及未來危機的能力，藉此避免或至少延後自殺行爲。換句話說，這些計畫提供引導受苦患者度過自殺幽暗時刻的明確步驟，期能避免自我傷害行爲。重要的是，這些針對自殺和應對能力的穩定性計畫，並不是「不自殺」或「不自我傷害」契約。這十年來不論是住院或門診照護機構，要求患者「承諾安全」（有時直接強迫承諾），似乎已變成執業標準。很不幸的，即使不自殺契約已被許多自殺防治專家全面批評並避免使用（Jobes et al., 2008; Stanley & Brown, 2012），指出不自殺契約缺乏實徵研究支持，且可能增加臨床責任（進一步參考 Lewis, 2007; Rudd, Mandrusiak, & Joiner, 2006），但還是會被使用。從現象學來看，其中最大的不同就是聚焦當患者發生自殺危機時，他（她）會做的事（穩定化計畫），或是聚焦在他（她）不會做的事（不自殺契約）。

　　綜上所述，其實各種穩定化計畫的介入方式都很相近，雖然格式不同，但通常都包含限制自殺道具、自我安慰、適應策略、暫停（分心）技巧、尋求人際支持的途徑，以及生死交關時如何尋求專業協助。在標準化 CAMS 療程中，穩定化計畫會常常依據療程中患者定義的自殺驅力做系統性修正，直到患者達到 CAMS 的臨床緩解指標（連續三次會談中自殺危機指數都顯著降低，自殺想法及感受都能穩定有效的控制）。

　　穩定化計畫有許多種做法，CAMS 治療者可以自由創造任何有道理的應變介入策略。CAMS 穩定化計畫非常重要的第一步，主要聚焦在移除致命道具。在許多個案中，這個焦點得實際上安全的移除患者可直接取得的致命道具。例如槍枝必須交給信任的朋友或拆除，積存的藥物也必須移除。Bryan、Stone 以及 Rudd（2011）貼心的想到使用第三方簽名的「回條」來確認致命道具是否移除，第三方也可以在治療師的答錄機留言確認就好。對於那些無法從患者環境「移除」的方式（如跳樓或一氧化碳），可以盡力減少接近那些環境，例如不走某條橋、確認沒開車時鑰匙交給配偶。即使移除或阻隔致命道具不太可能完全做到，建立心理緩衝可以降低衝動性自殺的危機，也呈現患者積極承擔減少致命誘惑的努力。

　　在 CAMS 標準照護裡，合作式的討論限制自殺道具，常常是治療師與患者間展現信任的時刻。它測試了兩邊願意投入特定期間拯救患者性命的誠意。這個討論可能是緊張且糾結爭議的。患者常會說積存的藥物是「為了安全備用的」，想到需要時沒有這致命藥量的庫存，他們就覺得恐怖。CAMS 治療師必須能夠同理這樣的安全性依附，同時溫和的面質患者，嘗試建立另一種不致命的安全網。我常說，移除致命道具是一個與 CAMS 這樣的救命計畫的比賽。對我來說，積極移除或減少致命道具的誠意，是治療關係的關鍵里程碑。換句話說，缺乏移除或減少致命道具的意願，就可能得質疑以門診繼續療程的可靠性。有時針對這個議題的對立，讓我們可能必須不愉快的思考是否得自願或非自願住院，我有時再不

願意也得爲了致命情況這麼做。

除了移除致命道具以外，確認患者在自殺衝動出現時，有特定的應變計畫也很重要。有一種方法可以達成這個目標，就是建議一個應變層次。在 CAMS 穩定化計畫中，我們努力建立五種應變方式，就是「當我有自殺危機時可以做的事」。這些事情通常涵蓋不同的分心或重新導向行爲，尋求協助的方式，或在自覺不穩定時，特定幾樣能讓患者投入的活動。這樣的應變策略可以書面條列，或抄在治療師名片後面，讓患者可以放在皮夾或手袋，讓他們隨手可得自己的危機卡。許多其他自殺防治專家也洋洋灑灑的說明過危機應變策略（如 Linehan, 2014; Najavits, 2002）。

總的說來，危機卡策略恰合於 CAMS 合作賦能給患者的哲學。確切的說，在規劃治療計畫過程中，重要的是讓患者了解，有種可靠的方式，能應對在會談時間外發生的危機狀況。討論 CAMS 穩定化計畫時，我會在適當的時機提議我們想出五件當患者遇到危機狀況時可以做的事。這些方式最好是由患者想出來，且對治療有益處的，通常涵蓋促進行爲的策略以及不同的分散注意力技巧。例如，出門買醉就不是一個可以放在危機卡的選項；相對的，類似運動、療癒性寫作、或是與正向朋友談話這類的活動，都是有用的應變策略中非常好的範例。當患者因爲沒有好主意而卡住時，我會舉幾個例子。患者確實會因爲發現自己想不出好的應變技巧而沮喪，他們的應變常是喝酒或喝醉，那當然是有問題的。通常面對沮喪的患者，我會直接指出：想拯救你的性命，就必須發展出不同的、好一點的適應方式。接著我會開始建議幾個可以一試的應變方式，鼓勵患者試試看，我們可以看看那些有用或沒用。下面列出幾項對我的自殺傾向患者有用的應變方式：

1. 散步。

2. 寫日記。

3. 洗熱水澡。

4. 去做指甲。

5. 看運動類轉播。

6. 遛狗。

7. 聽音樂。

8. 發電子郵件給能提供支持的朋友。

9. 小睡一下。

10.做些美術品。

11.讀一本我的療癒性的書。

12.梳頭髮一百次。

13.去教堂祈禱。

14.靜坐。

15.玩電玩。

16.看雜誌。

17.看動物星球頻道。

18.寫信給一個老朋友。

19.玩數獨。

20.看幾個 YouTube 影片。

這個清單也代表我們期待在穩定化計畫裡出現的活動類型——對治療有益的、能讓患者投入、改變焦點及促使患者開始行動，自我安慰或尋求支持的活動。更重要的是，在發展出五項危機清單項目後，我會有禮貌的加上第六項：患者能直接接受臨床照護的緊急電話；以我來說，就是我的公務電話號碼、個人手機（我個人的「常用且慣用」執業方式，不一定適合所有人）。如果你在醫療中心或機構，這個號碼就會是機構的緊急專線。在美國我們可以提供生命線（800-273-TALK），他們有受過自殺防治專業訓練專業人員，並且是持續有實證研究支持的自殺防治體系（Gould, Kalafat, Harris-Munfakh, & Kleinman, 2007; Gould, Munfakh, Kleinman, &

Lake, 2012）。治療師可能會因爲要給個人電話而糾結，我當然能夠理解。不過我發現當這個電話是作爲拯救生命的處方、強調作爲特權來提供時，並不像一般人想像的會被濫用。各種有效臨床治療的實徵研究發現，在應變方式都無效時伸出援手的效果是不證自明的（Linehan, 1993a, 1993b; Wenzel et al., 2009）。

不論哪種情況，都應該要有一種方式，讓自殺傾向患者在眞正緊急時，能找到一個專業的臨床工作者。提到這件事時，我常對患者這樣說明：

「好了，這是你的危機應變清單——是你的穩定化計畫非常重要的部分。你對我和對自己整個療程的承諾，就是當你發現自己處於危機狀態時——也就是當你感覺衝動、非常沮喪，或是想自殺時——你會做這清單上列出的事情。這樣做的目的，是讓你學習用不同的方式應對危機，同時培養讓你自己解決困難的能力。如果你做了這張卡片上的每件事，卻仍覺得非常糟，你可以打我的手機。如果我沒有接，請留言給我，我通常會儘快回覆。如果你還是需要立刻跟誰說話，那可以打緊急熱線，他們會幫你忙，直到我回電給你。重點是，我希望能讓你在面對眞正的死亡危機時找得到我。你會明白什麼是眞正的死亡危機，就是當你實際上做完清單上的五件事，卻還是覺得有嚴重的、生死一線的危機。再說清楚點，你只能在完成上面列出的五種應對方式以後，才能打電話給我；你知道這些都不管用之後，你可以打電話給我。」

危機清單策略的優點，在於清楚的傳達一個重要的訊息給患者：你自己能夠學習應對你的危機；如果這不管用，我會努力讓你能夠直接跟我連繫，提供眞正危機時的支持。洛德和同事們（2001）把這個概念視爲一種自我規範訓練——危機應對的五個項目，是希望能增加患者面對危機時

的內在資源，而不是先向外在資源求救——也就是指臨床工作者的直接介入，這也是 Stanley 和 Brown 的安全介入計畫特色之一（2012）。這個治療概念強調的重點，是讓患者培養「更厚的心靈防線」，以抵擋生命中的動盪起伏——亦即發生在所有人身上的失望、傷害與傷痛。真誠的使用危機應變清單，是讓患者學習培養心靈防線非常好的方法。

當我在工作坊說明危機清單使用方式時，常有人問：患者是否真的會像我說的使用這個策略——是什麼讓他們不直接跳過一至五項，直接打電話給我？我回應時表示，透過適當的呈現和架構，幾乎所有患者都能適當的使用危機卡，雖然患者可能都無法符合完美使用的標準，但都能把握危機卡存在的意義，這會協助他們澄清什麼是心理健康危機、什麼不是。在我二十五餘年的執業經驗裡，只有兩次被迫更換名片上的個人手機號碼，以我這些年來照護過的自殺傾向患者數量來看，這並不為過。

延伸危機應變清單的概念，通常我會把清單抄到名片背面，做一張便於攜帶的「危機卡」。這些年來危機卡對我的許多患者高度有效，但其效果常以不同的、無預期的方式展現。例如，多年前有個患者，光是把危機卡拿出來、看著卡片上的項目，她就會好過一點——她沒有做任何一個項目，她只需看著卡片就好；另一案例是個青少年，當我們完成卡片時，她熱淚盈眶，不敢相信我在乎到願意給她我的個人電話號碼。另一個危機卡的成功案例患者，原先完全質疑這個方法的效果。在我們發展出危機卡的那個週末，她正好面對一系列的衝突和失望；她小心翼翼的拿出危機卡，開始一樣一樣做，心裡確定這是在浪費時間，而且她將很快就會打電話給我，因為她認為這是唯一解決危機的方式。她先去散步，然後跟她室友談了很久——兩樣都沒有幫助。她誠信的選擇第三個選項，就是小睡一下，她在晚上七點躺上床，驚訝的發現自己在隔天早上七點才醒來，她小睡了十二個小時！她迫不及待的在下次會談告訴我危機卡非常有效——在她相當確定必須打電話給我時，她仍靠自己度過一個艱難的夜晚。我也

進一步指出並不一定要帶著危機卡，患者可以用手機拍下穩定化計畫以供隨時所需。

　　CAMS 穩定化計畫也尋求在患者生活中加強人際支持。患者與治療師兩邊都可以抄下正向支持的親友、牧師或其他支持者姓名，聯絡方式經他們同意也可以加入，作爲緊急危機發生時，可能急需連繫的方式。

　　最後，如同所有有效的介入方案，患者必須定期參與會談，不能隨便退出。就算有最好的規劃，現實議題可能干擾患者穩定出席會談。所以在初談時澄清所有可能的阻礙、腦力激盪可能的解決方式是很重要的。舉例來說，對於低收入的患者，取得公車優惠或其他交通優惠可能是必須的。換句話說，跟藥物濫用患者就得約最不會用藥的時間、跟失眠患者就得約醒著的時間。所以事前討論這些隱藏阻礙的應變方式是很重要的。

問題 #2 與 #3 以及自殺驅力治療

　　建立完整穩定化計畫的重要性顯而易見，除此之外，當治療師在初次會談時，邀請患者描述 SFF 中，C 部分的問題 #2 及問題 #3 時，CAMS 以「驅力取向」的治療就已經開始。患者被邀請寫出兩個基本上迫使他（她）想要自殺的最重要因素。在初次會談確認這兩個自殺危機因素，開啓了 CAMS 標準化療程中持續性的臨床對話，討論到底是什麼增加了患者的自殺危機。標準化的 CAMS 療程強調從患者的思路中「連起所有線索點」。換句話說，任何自殺狀態的發源都有合理的引發因素。在 CAMS 裡，我們的目標是有效的辨認和完全理清、理解這些自殺因素。我們在臨床上投入處遇這些危險因素，藉著治療性的消除這些特定的自殺危機因素，讓患者不需要再結束自己的生命。

　　這兩個患者定義的自殺性問題，因此會被列在 SSF 治療計畫，各自有相對應的治療相關目標／指標，以及多個用來處遇這兩個問題的介入

方案。例如，有肉搏創傷的退伍軍人可能會說：「我近戰相關的創傷症候群和我分崩離析的婚姻讓我想自殺。」 以這個個案來說，CAMS 治療師可以和患者發展出與 PTSD 減壓對應的目標和效標，以及適當的介入策略〔例如延長暴露治療（prolonged exposure）或認知歷程治療（cognitive processing）〕。分崩離析的婚姻則有相關的目標和效標，用以促進溝通和挽救婚姻，帶出增加溝通技巧和進入婚姻諮商的處遇方式。作為最後的治療計畫考量，治療師與患者的臨床治療「劑量」會以期間來表示（例如：四次會談，或是三個月內每週一次會談——看看如何才能適當的討論自殺議題）。

CAMS 療程中，在我們建立「自殺驅力」概念的同時，這些主要問題通常會持續演化。這在後面會進一步討論，不過總的來說，CAMS 照護下的自殺驅力分為兩種。有自殺的「直接因子」，就是患者的心理特質（如各種想法、感受、行為等），將患者推進急性自殺情境。換句話說，直接因子就是患者的個人特質自殺警訊（Tucker et al., 2015）。自殺危機患者並不是每分每秒都想自殺，而是有些時候當直接因子被引發了，讓他（她）走上以自殺因應的路。相對的，自殺的「間接因子」就是那些常影響患者但不直接引發急性自殺危機的議題或壓力源。潛在的自殺間接因子，可能有無家可歸、失業、或是心理疾病，也就是患者生活中的壓力來源，只是不一定直接引發自殺危機。不論如何，間接因子可能讓患者在面對陰暗的、突然發生的直接因子時特別軟弱，甚至引發急性自殺危機。自殺驅力取向的治療就是 CAMS 標準化療程的特色，也會在第六章進一步介紹。

對治療的承諾

在初談時，成功形成 CAMS 治療計畫的最後一步，就是 SSF 中 C 部

分的最後兩個是非題（是或否）：（1）患者是否了解並承諾投入門診治療計畫？（2）患者是否有清楚且立即的危險（需要住院）？這兩題的答案若是「是」和「否」，接著患者會被邀請在 C 部分下面簽名，治療師也會簽名。患者會拿到 SSF 第一頁、第二頁的影本 / 紙本，就是他（她）的穩定化計畫，接著就可以離開了。我們總是鼓勵患者建立一個 CAMS 文件夾，我們在陸軍醫院的隨機對照實驗中，要求治療師請軍人們用文件夾放好每次會談產生的文件。這個研究中，我最喜歡的患者常把他的 SSF 相關文件貼在家裡冰箱上，每次會談完就和他老婆一起看最新的 SSF 評估和驅力取向處遇計畫。他太太可以確定自己先生的自殺危機經常性的被追蹤和處遇，也在治療過程中成爲非常重要的助力。同樣的，如果患者用智慧型手機記錄這些文件，就不一定需要印出 SSF 的紙本，這對年輕一輩的患者特別重要。

如果合作協商穩定化計畫的過程並不順利，患者似乎並不認眞想追求在 CAMS 標準化照護中，住院治療是最後的選項，不會是第一個回應，而且這些行動都會被註記在處遇計畫後面，以及 HIPAA 頁。

關於自我傷害

這個有關自殺的章節，若不關注無處不在的自我傷害行爲就太粗心了，自我傷害行爲經常對自殺危機有複雜的連結。治療師們常遇到許多患者呈現各種不同形式的自我傷害行爲。這些行爲可能不是直接傷害個人，例如，我有個患者是退伍軍人，他每天抽三包菸、喝五分之一瓶伏特加，在環城高速公路上經常車速超過 100 英里。也有其他直接自我傷害的行爲，例如，我有個患者的手臂充滿了嚴重的自殘刀痕，留下粗大的傷疤，對韌帶和肌腱造成永久傷害，她的胸口和腿也蓋滿了自己造成的菸頭燒傷疤痕。過去我們把這樣殘酷的行爲稱作「半自殺」（parasuicidal）

行為，不過近期開始使用的「非自殺的自殘行為」（nonsuicidal self-injury,
NSSI）一詞，也已出現在 DSM-5 探索性章節中」（American Psychiatric
Association, 2013）。雖然自我傷害行為是治療師的惡夢，不過這些行為通
常並不是想結束自己生命。例如，許多邊緣性人格患者處於高度解離狀態
時，他們可能重複的、戲劇化的進行自殘，在這樣的情況下，他可能感覺
嚴重迷失與現實脫節，自殘有讓人回到現實的功能。顯然這個難看「功
能」的代價是非常嚴重的，不過對一些正在受苦的患者來說又特別有吸引
力。類似藥物的癮頭，這些行為會產生突然的「高峰」經驗，也有心理成
癮和戒斷現象。患者常發現自己必須用刀割更多、更深，才能有相同效
果，而且一旦成癮，用刀割或用菸頭燙都很難戒掉（American Psychiatric
Association, 2013; Nock & Prinstein, 2004）。

　　雖然嚴格來說自我傷害行為並不是自殺，但是也顯然很嚴重，而且不
能說與實際自殺行為無關，不幸的是，直接的自殺想法和行為與自我傷害
之間，總弔詭的有顯著相關。有時候 NSSI 患者會估計錯誤而自傷過頭，
尤其是邊緣性人格患者就因常可能致死的自傷行為而惡名昭彰，他們也可
能是備受折磨而產生急性自殺危機，接著發生自殺行為而自殺身亡。這個
複雜的重疊地帶，從臨床觀點來看是令人迷惑而且非常挑戰的。

　　CAMS 方案可以說並不是特別為有效治療自我傷害行為發展的，用
在有自殺想法和行為的患者更為合適。當遇到患者的自殺危機混雜著多
種自我傷害行為時，同時評估和處遇自殺以及可能致命的自我傷害行為
是很重要的。因此，我建議 CAMS 處遇方案中應該要放入針對自我傷害
行為的處遇策略，而且我推薦使用 Linehan（1993a, 1993b, 2014）和 Walsh
（2014）發展出的幾個傑出處遇方案，每個都提供臨床上處遇自我傷害行
為極佳又實際的主意。

完成SSF的D部分 —— HIPAA

初次會談使用的 SSF 中，D 部分通常被稱爲「HIPAA」—— 這在 SSF 指標評估中，涵蓋了符合美國健康保險可攜性與責任性法案（Health Insurance Portability and Accountability Act, HIPAA; U.S. Department of Health and Human Services, 1996）所要求的主要內涵。HIPPA 是聯邦法案，說明臨床紀錄保存方式，尤其是「病歷」的書寫和完成。所以完整的 CAMS 標準化評估與處遇計畫文件，必須在會談後完成 HIPPA。

雖然 SSF 在不同的臨床場域可能有不同的用法，我明確建議以 SFF 表單作爲高危險患者的病歷紀錄，也就是說，在針對自殺患者的自殺危機療程中，使用 SSF HIPPA 表單就已經清楚完成一個完整且全面的病歷紀錄。當患者符合 CAMS 指標中的「緩解」（或其他結果或分類），不再處於自殺狀態時，治療師可輕易的換回原來常用的醫療紀錄文件。我認爲使用 SSF 是創造一份完整的自殺處遇紀錄最好的方式，也一定會協助減少可能的醫療疏失訴訟（見第八章）。下面對於 SSF 的 HIPAA 主要特色的簡短討論，應能進一步澄清這個關於 CAMS 病歷紀錄的重要性。

精神狀態評估

HIPAA 的規範期待心理健康臨床工作者會經常觀察、記錄患者的精神狀態資訊。初次會談中，SSF 的 D 部分精神狀態評估非常簡要，治療師只需圈選、加上幾字註解即可。請不熟悉精神醫學縮寫的人注意，「WNL」代表「在正常範圍內」（within normal limits）。

DSM/IDC診斷評估印象

雖然我曾批評在自殺危機中診斷常被過度強調（Jobes, 2000），

但並不是反對診斷的意思。診斷對於形成臨床工作者們的共通語言、理解各種處遇可能和預後是非常重要的。因此，能夠在 SSF 中，依據 DSM-5（American Psychiatric Association, 2013）或 ICD-10（World Health Organization, 1992）診斷系統的病理學來記錄診斷評估印象是很重要的。

整體自殺危險性程度

從臨床的概念化觀點，對患者的自殺危險性做出整體的專業判斷也是很重要的（Maltsberger, 1994）。評量結束當天，臨床工作者必須對有關自殺之危險性做出確切的判斷，且要清楚的、有脈絡的記錄這項臨床判斷形成的過程。如同第二章所述，的確有資料可讓治療師形成這樣的判斷。依據想活（Wish to Live）和想死（Wish to Die）、想活的原因（Reasons for Living）和想死的原因（Reasons for Dying）的實徵研究（Brown et al., 2005; Corona st al., 2013; Jennings, 2015），有明確數據判斷患者的整體危機程度，也就是說，自殺危機程度低的患者仍然想活（高度想活以及想活的原因比想死的原因多），反之有中度自殺危機患者（想活和想死程度一樣、想活的原因和想死的原因數量相同），以及多傾向死亡的高度危機患者（較想死、想死的理由較多）。這並不是判斷整體危機唯一可靠的根據，不過這些資料應該要被參考，作為判斷整體自殺危機程度的依據並記錄下來。

個案記錄

最後，臨床工作者應當常態性的寫下有關各種診斷議題、功能狀態、治療計畫、症狀、預後，以及目前進展等個案紀錄。這個紀錄應該與標準病歷的一般整體進展紀錄相似。

案例：比爾初談時的處遇計畫

在順利完成 CAMS 的 SFF 評估（A 部分及 B 部分）後，比爾的處遇計畫一開始規劃就有些困難。一方面比爾明確表示他不想住院，另一方面當我們想開始寫 CAMS 的穩定化計畫時，我要求不住院的第一步就是要移除他的槍枝，他又強烈退縮不配合。我們的對話如下：

治療師：好，很好，我們已經了解很多讓你想自殺的痛苦和折磨……現在我們要轉換一下，來談談你的治療計畫，我想跟你一起找到可能可以不用住院的方法。

比爾：沒錯！我一點也不想去瘋人院！

治療師：很好，聽起來我們目標一樣……但為了讓你不要住院，我們得有個謹慎的穩定化計畫，你也知道，這個計畫得從減少致命道具開始，以你來說就是得收好你所有的槍……。

比爾：（明顯生氣）等一下！你不能拿走我的槍，這是法律給我的權利！這是我的槍而且沒有 shrink……無意冒犯喔醫師，或政府官員可以剝奪憲法給我的權利，讓我只剩肉身雙手！

治療師：（長沉默，冷靜但堅定）比爾，讓我說清楚一點，這不是憲法給予的權利的議題，這跟你的權利無關……這是要拯救你的生命！我不會跟你爭論憲法保障你可以有槍，不過我身為有執照的照護者，依據這部分法律，我有嚴肅的責任要保護我的患者，避免造成對自己或他人明確而且即時的危險。依據我們剛剛填的評估表，我認為你有造成自己傷害的危險！

比爾：（較不生氣）對啦，實在很糟，而且我覺得很絕望……。

治療師：我有聽見也懂你說的，不過不論如何，有一些原因讓你來到這裡！我們應該看見這個部分，而且試試看我們能做點什麼

來救你的命，對吧？你看現在，你抽屜裡的手槍就是跟我們可能救命的療程在比賽，如果想救你的命，我們救得移除這個誘惑⋯⋯如果你對自己開槍，我們的治療就絕對沒有效嘛！

比爾：（輕笑）嗯，好像有道理，你說的對⋯⋯。

治療師：好，所以要讓你不用住院，我們得讓你的環境和情況安全一點，也就是說，在我們試著救你的命時，要把你的槍都收起來，這個療程可能是接下來三個月？另外，我也希望你認真少喝點酒，甚至戒酒，因為顯然那也讓你更危險。你說你最想自殺的時候，都是你喝醉的時候，對吧？我只是想要有三個月，跟你一起真誠的努力救你的命，反正試試看可能結果很好，而且你也沒什麼好失去的。

比爾：（較冷靜緩和）嗯，好像有道理⋯⋯好吧，我暫時試試看，但這個真的很難。你說我的槍該怎麼辦？

這個對話顯得有點急促，不過的確是個治療師得從患者最佳利益出發，主張這個救命議題的例子，而且也呈現了我稱為的「治療師的硬骨」（therapist backbone），就是堅定的決心甚至堅持，以患者的最佳利益出發，合法、合於專業倫理、合於實徵研究的最佳臨床執業方式。前面也說過，治療師常在面對自殺威脅時妥協，這就都不是從患者或治療師的最佳利益出發了（Jobes, 2011）。幸好比爾很快的正向看待我對這個議題的決心。不過，如果我們無法順利的協商這個關鍵議題，我可能會轉而讓比爾自願或非自願住院，因為他的自殺危機很高且致命。重要的是比爾在會談時就打他哥哥手機，請他傍晚就順路去比爾家拿走所有的槍，而且哥哥也同意在晚上九點前留言給我，確認比爾的槍已經被拿走。雖然他哥哥對這個請求感到很好奇，但他毫不遲疑的答應了，這讓我對這個同陣線

的聯盟感覺很好，能夠信任他哥哥會真的完成這件事，並且誠實的留言給我。不過，我還是說明如果我沒有聽到確認的留言，我只能解釋成比爾有明確而且立即的危險，並且報警介入。比爾了解這些條件，後來我的確在大概六點左右收到留言，而且比爾還說他實際上感覺鬆了一口氣！

把這個關鍵且爭議性的議題拋諸腦後，隨著我們繼續一起完成穩定化計畫，比爾的情緒實際上稍微正向了些。如圖 5-2 所示，可以看見比爾提出的適應策略包含許多主動行為和分散注意力的技巧。依照我平常的執業方式，比爾同時有我的個人手機（我有說明是特權，只能在真正危機時使用），和生命線電話（800-273-TALK）。

完成合理的穩定化計畫後，我們接著討論比爾的兩個主要議題（見圖5-3），比爾毫不遲疑的指出兩個讓他有自殺危機的議題是：（1）他分崩離析的婚應（問題 #2）和（2）他的無望感（問題 #3）。你可以從圖中看到我對於這兩個議題／驅力的建議處遇方式，包含伴侶諮商、深度心理治療、支持性治療、行為活化治療，以及一些特定與建立希望相關的介入方式，這些會在 CAMS 標準化處遇中執行三個月。

另外，比爾在 CAMS 初談時完成的 HIPPA 表格請見圖 5-4。

CAMS穩定化計畫

減少致命道具：

1. 把槍給我哥 —— 在晚上九點前留言

2. 少喝酒／考慮戒酒（AA）？

3.

當我處於自殺危機時，我可以怎麼做？（危機卡）

1. 遛狗

2. 看體育台

3. 出去投籃

4. 寫點日記

5. 試著跟老婆或小孩講話

6. 生死關頭危機時，打電話：0987-654-321 心理師手機

                  1999 生命線

為了減少孤獨感，我可以找誰幫忙？

1. 我哥

2. 我鄰居佛列德

3.

我會依約出席會談：

可能的阻礙：   我如何解決：

1. 我會去   不用

2.

圖5.2　比爾的穩定化計畫

C部分（治療師）：		治療計畫		
問題#	問題描述	目標與完成指標	介入方案	期間
1	自我傷害危機	安全及穩定	穩定化計畫☑	3個月
2	分崩離析的婚姻	拯救婚姻 改善溝通	伴侶諮商 深度心理治療 CBT BA治療	3個月
3	無望感	↑希望	希望工具箱 「選擇活下去」	3個月

是　✓　　否　　　　患者是否了解並同意門診治療計畫？

是　　　　否　✓　　自殺危險性是否明顯和急迫？

圖5.3　比爾的SFF表，C部分治療計畫

摘要與結論

　　本章連貫了 CAMS 自殺處遇（驅力取向）治療計畫的哲學和實際臨床程序，這也是 CAMS 標準化照護的特色。我希望我說得很明白，CAMS 的重點在於自殺危機處遇的驅力取向，這是從根本上不同的。本章說明不論何種理論取向或臨床技巧，都可應用在 CAMS 方案中；這個方案就是要配合臨床工作者可能用來處遇患者各種自殺驅力的各種治療方法。在 CAMS 方案中，初次會談的投入和討論過程是治療成功與否的關鍵，CAMS 處遇計畫的成功，來自於順利讓患者投入，和初始時合作完成 SFF 的自殺危機評估。CAMS 方案裡，這個和患者肩並肩完成評估的過程，就是要強調團隊合作，也就是治療師能從患者的視角出發。接著，這個獨特的評估過程開展了針對自殺的處遇計畫，包含建立一個穩定化計畫、辨識引發自殺危機的議題。文中也提到，SSF 文件記錄是 CAMS 方案的成功的重要關鍵，而且這個精心規劃的表格要在每次會談後，完成 SFF 的 HIPAA 部分，才算完整。CAMS 方案的合作精神，基本上從初次會談就被點燃，創造一個和傳統完全不同的治療軌道，促使治療關係成為聯盟。這種治療關係聯盟若建立得好，能關鍵性的激起患者的希望和動機，他在面對痛苦與折磨時，能夠以全新的、更好的適應方式面對，在他的自殺危機驅力被重點治療處遇後，能夠回應自己的真實需求。

D部分（治療師會談後評估）：

心理狀態檢查（圈選適當的項目）：

警覺程度：　　　　（警覺）　睏倦　嗜睡　無反應的

　　　　　　　　　其他：＿＿＿＿＿＿＿＿＿＿＿＿

定向感：　　　　　（人）　（地）　（時）　（評估的理由）

情緒：　　　　　　（平穩正常）　過於愉快　煩躁不悅　激躁　憤怒

情感表現：　　　　平板　遲鈍　限縮的　（適當）　起伏不定

思考連續性：　　　（清楚且連貫）　目標導向　離題　迂迴

　　　　　　　　　其他：＿＿＿＿＿＿＿＿＿＿＿＿

思考内容：　　　　　　(正常) 強迫性思考　妄想　關係意念　怪異的　病態的
　　　　　　　　　　　其他：_____

抽象思考能力：　　　　(正常) 值得注意地具象
　　　　　　　　　　　其他：_____

語言表達：　　　　　　(正常) 快速　緩慢　口齒不清　貧乏的　無條理不連貫
　　　　　　　　　　　其他：_____

記憶：　　　　　　　　(功能大致仍保存)
　　　　　　　　　　　其他：_____

現實感：　　　　　　　(正常)
　　　　　　　　　　　其他：_____

值得注意的行為觀察：　通常很合作，談到槍時急躁易怒_____

初步診斷 / 診斷（DSM / ICD診斷）：

　　　　延遲診斷(deferred)
　　　　排除重鬱、廣泛性焦慮症
　　　　追蹤酒精濫用和失眠
整體自殺危機等級　（圈選一個並說明）：
　　　　　　　　　　　　　　說明：
□輕度（想活的理由）　解釋：
☑中度（含糊不定）　　相當高的風險，但同意CAMS治療處遇，並將槍枝交給他的
□高度（想死的理由）　哥哥，以降低他的風險。
　　　　　　　　　　　_____

個案記錄：
比爾是50歲男性白人，主訴婚姻危機和無望感，心理健康不好，憂鬱且有酒精濫
用情形。他願意放棄他的槍，試試CAMS方案。研究伴侶諮商的可能性，可能安排
心理治療、CBT、BA治療。
_____
_____
_____

下次會談時間：_____　　　治療模式：_____

治療師簽名　　　　　　　　　　　日期

图5.4　比爾的D部分HIPPA

第六章

CAMS治療期間會談：追蹤自殺風險評估和處遇治療計畫的更新

林恬安　譯

在 CAMS 所引導的照護下，我們大量聚焦在第一次的會談。如同前面所述，拆解 CAMS 的研究很有可能低估了第一次會談中強調同理、合作型評估，及治療計畫的重要性。但是 CAMS 的重點當然不僅僅只是第一次的會談。幾經反思，當處遇發展益發成熟，我們越來越能夠了解 CAMS「治療期間的會談中」發生了什麼事，且也發現其對 CAMS 照護的成功與否益發重要。為說明清楚，「治療期間的會談」指的是在第一次會談之後，以及在最後一次「結果——處置」會談之前的所有會談，而「治療期間的會談」次數並沒有限定。當我們累積夠多的治療期間會談次數，勢必就越能夠理解 CAMS 結束的標準，或是其他的臨床結果和處置（我將在第七章有更深入的探討）。從我們臨床研究的角度出發，我們知道大多數的 CAMS 案例會結束在 12 次會談內（Jobes, 2012），而典型的案例結束則是落在第六到第八次會談間（參見：Comtosis et al., 2011; Jobes, Kahn-Greene, et al., 2009）。接續本書的第一版，我們目前仍持續研究、發展在臨床上是什麼樣有效的因素成就了 CAMS「成因導向」的治療和處遇（Jobes et al., 2011, 2016）。

在轉移我們的注意力到下一個主題：「在整個 CAMS 治療期間照護中，如何更加明確的設定目標，和治療患者所定義的自殺起因」之前，我們第一步會先以一個較粗略的概論來理解如何依照 CAMS 來實行治療期間會談。同時，我們也會討論是否選擇性的使用 CAMS 治療工作單

（CAMS Therapeutic Worksheet, CTW），這份治療工作單能夠更進一步使得 CAMS 中起因導向的治療建立得更清楚，並使我們更加聚焦（見附件 E）。最後，本章會以 CAMS 治療的個案實例：比爾的案例，來回顧 CAMS 治療期間的會談作爲本章的結束。

CAMS的治療期間會談之概論

雖然我們掌握了大致的整體架構來實行 CAMS 治療期間的會談，但 CAMS 在針對自殺風險的臨床處遇上，實際上是採取彈性、隨時因應改變而調整，非固定的這種取向，也因爲這些特點而使得 CAMS 照護與其他針對自殺防治的實證取向，是截然不同且獨一無二的。相較遵從高度結構化的步驟指示取向（參見：Wenzel et al., 2009），CAMS 所引導的臨床照護，其特徵是遵照針對當下的自殺照護中，主要的要素來做調整。CAMS 治療期間會談開始於追蹤當下的自殺風險，終止於一個包含精確的 CAMS 安定計畫（CAMS Stabilization Plan）、透過患者「清楚明確」定義的自殺問題／起因，以及根據狀況不斷更新演進的處遇治療計畫。

治療期間CAMS的自殺風險評估追蹤

在前一章我們談了關於第一次的 CAMS 會談，而接續在其後的所有 CAMS 期間會談，都始於由快速簡明的自殺狀態量表所引導的對話，來開啓並確認當下的自殺風險。因此，臨床工作者會透過交給患者一份自殺狀態量表 - 會談期間表格（自殺狀態量表第四版的第四頁）來開始治療期間的每一次會談。兩人的對話將會特定聚焦在文件中的 A 部分，名稱爲：CAMS 自殺狀態量表—第四版（SSF-4）—追蹤／更新（治療期間會談）。患者在每次的治療期間會談一開始時，會完成自殺狀態量表中的核心評

估，這個部分通常會花 30 秒的時間。此時臨床工作者可以和患者肩並肩的坐，也可採用一般會談面對面的座位安排。臨床工作者是否於患者完成自殺狀態量表中的核心評估時更換座位安排，是由每一位臨床工作者自行決定。但是，所有的治療期間會談在更新 CAMS 治療計畫時，都應該要採用肩並肩的座位安排以結束會談。當患者完成自殺狀態量表的核心評估時，臨床工作者有必要從頭到尾的仔細檢閱，並和患者討論其對於心理痛苦程度、壓力程度、激躁程度、無望感程度、自我厭惡程度、自殺危險性整體評估的評分。很多的臨床工作者（和患者）都認為，在整個照護的過程中，每一次逐項檢閱自殺狀態量表的核心評估，並且在不同的會談間追蹤比較進步或退步，是很有價值的一件事。自殺狀態量表中核心評估的例行性患者自評，就如同在每一次的會談開始時，測量患者的自殺「生命徵象」。另外，這麼做也可讓患者快速的熟悉了解整個評估的例行流程。我們在西雅圖的研究中，曾有一位患有思覺失調症且過去有大量施暴史的患者，就非常感謝每次會談開始時，例行性的完成自評以及和臨床工作者一同聚焦檢閱，並比對在整個治療過程中自評的分數。在這裡，我心急地指出最近很多研究都強調監測治療對臨床工作者的治療進程是非常重要的，且亦能作為實證評估，評估所有精神疾患的臨床照護是否有效（Dozo et al., 2014; Hunsely, 2015）。我認為監測治療進程不僅在療效評估上是有價值的，同時對臨床工作者也有另一個層面的用處。例如：患者自評的分數用來監測治療進程，可以抵銷掉臨床工作者傾向高估治療的正向結果，並且協助臨床工作者做出更好的個案概念化和治療計畫。而這樣的自評設計，同時也清楚明白的對患者有治療的效果（Lambert & Shimokawa, 2011; Unsworth, Cowie, & Green, 2011）。

　　當然，我們會希望患者自評的分數會隨著 CAMS 治療照護的演進過程中漸漸降低。對於某些患者而言，某幾項的評分可能會很快的降下來，但對於某些患者，某幾項分數會改變，但某幾項分數卻會保持相對停滯

的狀態。在 CAMS 引導的照護裡，我們會特別關注以自殺狀態量表為基礎的自評分數，主要是因為這些分數與 CAMS 的「結案」診斷準則有直接相關，並且指示著患者是否在未來能有好的預後。更精確的說，CAMS 不連續的部分，主要是由三個接續的部分組成，這三個部分中，又包含以下三個以自殺狀態量表為基礎的診斷準則：

1. 患者連續在三次接續的會談中，在自殺狀態量表核心評估中最後一項（「自殺危險性整體評估」）自評得分為「0」或「1」。
2. 患者在自殺狀態量表為基礎的問題「管理想法／情緒」（在過去一週），連續三次接續的會談中，回答「是」。
3. 患者在自殺狀態量表為基礎的問題「自殺行為」（在過去一週），連續三次接續的會談中，回答「否」。

相較本書的第一版，我們根據臨床的研究，針對結案的診斷準則做了一些調整。我們了解到上一版的診斷準則（Jobes et al., 1997）太過極端：三個接續的會談中，沒有呈現任何的自殺想法、感受和行為。我們保留了這三個原始的診斷準則之精神，並觀察到接受 CAMS 照護的患者在沒有通過這麼果斷且極端的診斷準則（例：完全的「驅逐」自殺）下，仍然能夠有意義的進行「結案」，並且在其人生中向前邁進。進一步來說，這些新版的結案診斷準則強調管理自殺想法和感受——明確的拒絕依賴以自殺來面對問題——或者以一位在史都華要塞（Ft. Stewart）中成功透過 CAMS 隨機對照試驗治療的士兵的話來說：「當我第一次想到自殺時，這個念頭就像滿滿覆蓋了我的擋風玻璃，但是一路我慢慢的理解到，自殺並不是最好的解決方式。所以現在自殺就像是在我身後，在我的後照鏡裡，我仍然能夠看見它。但是，當我變得更好而慢慢往前開時，它便漸漸的消逝。」

　　因此，運用 CAMS 的臨床工作者必須要能夠「承受」患者偶爾的自殺想法，即便是在結案之際。我們必須提醒自己，很多患者的自殺想法已經在他們的生命中存在多年，就如同他們一個不受歡迎但自幼便存在的「老朋友」。所以期待在約 12 次的會談中就完全消除這樣的想法，是不切實際的。值得注意的是，診斷準則的調整其實是包含了以正念爲基礎的治療態度，意即獲得覺察、接受以及保持與不想要的想法「脫鉤」的能力，才是治療的目標，完全消除自殺的想法並非治療目標。也就是說，CAMS 結案的關鍵在於管裡自殺想法（和相關的行爲）的效能和維持能力，以及向前邁進迎接調適的技巧和生活，這樣的技巧和生活意即放下所謂的以自殺來面對問題，以及斷開和自殺的連結。雖然 CAMS 特定的結案診斷準則因臨床試驗研究而有所轉換，但使用連續三次會談的評分結果來區分是否結案，則是沒有改變的。這份 CAMS 的臨床研究跨足十年，這個連續三次會談的評分條件，強而有力的支撐了我們對結案的要求，僅有少數通過這樣條件的患者在結案後復發。在我們眾多 CAMS 的臨床試驗中，我預估在結案後復發的比率是少於 10% 的（Jobes, 2012）。

　　鑑於以上的討論，運用 CAMS 的臨床工作者應緊密的追蹤患者的自殺狀態、轉變的連結經驗，以及整體對於自殺想法、感受和行爲的管理。在很多的個案裡，我們能夠在自殺狀態量表的核心評估評分中，看出分數線性穩定的降低，最後能夠相當快速的達到結案診斷準則。我曾經在我的私人職業診所中，追蹤過一位慢性自殺傾向的患者，最後終於在第 63 次的會談中達到結案的診斷準則──對患者而言，是多麼重大的成就！一般而言，自殺狀態量表的核心評估評分是會出現高低起伏的分數，但是通常在符合有效 CAMS 引導的照護中，分數會傾向以療癒的方向前進。有時候，會出現連續兩次的會談狀況都很不錯，眼看結案就近在咫尺，但是一鬆懈下來，這樣的期待就立刻化作雲煙，也就必須再次重新計算會談次數，直到達到連續三次會談的診斷準則標準。而在其他的個案情況裡，患

者已經很明確的達到了 CAMS 結案診斷準則，但在臨床工作者的審慎考慮下，患者可能會在達標後，再持續進行一到兩次的會談，以確保結案後的防護措施是足夠堅固的。在所有情況下，每一次 CAMS 所引導的治療期間會談，都是由自殺狀態量表的核心評估作爲開場，接續以非常仔細的態度檢閱患者的自評分數，確定分數是否達到 CAMS 結案的診斷準則，而這個診斷準則便是能夠看出在臨床結案後，患者的表現和傾向。

治療期間治療計畫更新

當完成了初始的評估後，所有的治療期間會談大多都聚焦在治療問題／自殺起因。所有的 CAMS 治療期間會談都會結束在以肩並肩的座位安排模式下，完成更新針對自殺的 CAMS 治療計畫（自殺狀態量表治療期間表格的 B 部分）。治療期間會談的治療計畫更新，是爲了再次重現在 CAMS 第一次會談中就建立的合作精神。爲了達到這個合作的目標，兩人的對話應再次審視 CAMS 的安定計畫——患者是否有使用這個計畫？是否有效？是否有任何部分需要調整的？當審視完安定計畫後，持續確認討論進程便進行到治療計畫中的第二個問題和第三個問題——也就是所謂患者定義的自殺起因。在很多案例中，患者的問題／自殺起因在整個治療過程中可能都是同樣的。但在另一種情況下，自殺起因可能會演進改變，或是由新的導致自殺的問題來取代。舉例而言，在 CAMS 第一次會談中，「我失敗的人際關係」是自殺相關的問題／起因，但有可能在第六次會談中演進成爲更明確的起因：這個問題來自於患者透露的「性創傷史」，其根本性的傷害了患者與他人建立信任和親密關係的能力，治療自始便將此視爲更核心的問題。而在另一個案例中，在第一到第三次的會談中，「長期的失業」是自殺相關的問題／起因，但可能在第四次會談時，因患者的房子被收回後，無家可歸的情況就變得更急迫而替換了原先的問題／

起因。不管是哪個案例，我們都不應該假設患者所定義的自殺起因會一直是同樣的，也因此這就是為什麼我們要在每一次的 CAMS 治療期間會談結束前再次確認，並更新治療計畫的原因。除了在每一次治療期間會談結束前，確認患者的問題／自殺起因，我們也會完成 B 部分與自殺問題相關的「目標與指標」、「介入方案」以及「期間」以更精細的完成自殺起因導向的 CAMS 治療。在患者和臨床工作者兩方都於自殺狀態量表－治療期間會談表的下方簽名後，臨床工作者應交給患者此份會談表一份紙本備份，以作為每一次會談的結束（或是透過患者利用手機拍下來也是可行的）。

治療期間HIPAA頁的紀錄

如同在 CAMS 第一次會談後完成的 HIPAA 頁紀錄，每一次的治療期間會談，應包含自殺狀態量表 HIPPA 頁面／的紀錄（C 部分）。自殺狀態量表的 HIPPA 頁面形式在整個 CAMS 引導的照護下是維持相同的，而且是可以很快速地在每一次會談後立刻完成。如前所述，此頁的臨床紀錄一方面提供了有價值的照護進程相關資訊，另一方面，也同時完全符合 HIPPA 所要求的病歷格式。

註：HIPAA 全稱為「Health Insurance Portability and Accountability Act」，是美國頒布的一部關於醫療電子數據及資訊安全保護的法案。

目標化和治療自殺起因

現在我們已經大致理解了例行性 CAMS 治療期間會談的要素，接下來重要的是，我們得花多一點的時間來聚焦談談治療患者的自殺起因。強調「自殺起因治療」是 CAMS 引導的照護中，獨特於其他針對自殺風險

的「傳統」取向或其他的實證治療取向。如同第三章所述，傳統的取向中，治療通常強調並設定精神疾患與自殺風險是有病因上的相關，而治療方式則是較直接，採用臨床工作者是關係中專家的態度。在 CAMS 引導的照護下，我們從不假設精神疾患是患者自殺的核心（除非患者在 CAMS 治療中，討論自殺起因時清晰明確的表示）。而以良好研究支持的治療取向來說（參見：Wenzel et al., 2009），的確是有很多透過推理假設而導出的理論，用於處遇患者的自殺風險（參見：CBT 架構中的「自殺模式」）。以 CBT 為例，其強調以學習了解何謂自殺模式、系統化發展應對的策略，以及最終使用預防復發策略的高結構階段性方法，來有效處理預期的自殺風險。

　　但目前可以運用的臨床處遇方式，尤其是針對自殺風險處遇，只有 CAMS 能夠根據患者所認定是什麼讓其將生命置於危險的基礎上，提供彈性的治療架構。這其實是一個很簡單的想法：與其依賴精神疾患的診斷偏誤，或是運用一個假設推論的理論起因治療模式，為何不直接的詢問患者（與自殺苦痛最熟悉的人）呢？「是什麼樣的問題、議題，或是擔心的事情，讓你如此想要結束自己的生命呢？」在看了數以百計 CAMS 臨床工作者在我們臨床試驗研究中的影像紀錄，我著迷於大多數的自殺傾向患者對於這樣簡單且直接的問句，是多麼易於回答的。坦白說，有許多的患者因為臨床工作者如此真切的關心他們的想法而感到驚訝！接著，當患者真正了解到他們對於事情的看法就是 CAMS 治療計畫的核心時，他們通常變得更投入——甚至是活躍的——因為他們是發展他們自己的治療計畫中真正關鍵的角色。當患者以一個「共同執筆者」的角色存在於其自己的治療計畫中，很有趣的是，我們可以很快地看見，有很多參與 CAMS 的自殺傾向患者，將自己的治療目標和自殺起因這些想法拴在一起。許多這樣的患者，從明確的在會談中表達自己的自殺起因（和其他的自殺狀態

量表架構）開始，接著便漸漸開始內化 CAMS 的語言來替代自己的描述用語。因為自殺起因對於 CAMS 所引導的照護是如此的基本，所以盡力充實其架構，並且更進一步的去分辨出所謂「直接」和「間接」的自殺起因是至關重要的。

直接起因

如第五章所述，CAMS 的起因導向治療，真正開始於當臨床工作者要求患者去辨認最迫使患者考慮自殺的兩個問題（在 CAMS 治療計畫中的編號二問題和編號三問題）。在心理衛生的「標準照護」下，治療「問題」是按時性的去被辨認出來，並且註記於治療計畫中，這一切都是例行的。然而，在典型的心理衛生臨床上，辨認需治療的問題通常是建立於臨床工作者的判斷和觀察。但是在擬定 CAMS 治療計畫時，患者是與臨床工作者一同辨認出導致自殺的問題，並且一同討論、擬定治療計畫。透過辨認出導致自殺的問題為何，便能夠為自殺起因開啟治療之門。自殺所引起那種「被迫」的感受，對很多自殺傾向的人而言，都覺得是無所不在的。我曾經有一位患者是這樣描述這種感受：「我覺得我像是一個不情願的乘客，在不可避免的死亡之旅中，對於無法逃脫的終點──自殺，無法說不，或是掌控些什麼。」

雖然去分辨自殺起因的想法是獨特的，概念上也是令人信服的，且在臨床上是有效用的。但有時候，我們在 CAMS 中談到自殺起因時，有些人對於我們到底意指為何而感到混亂。例如，自殺起因和治療計畫中的問題有什麼差別？以及，直接和間接的自殺起因差別又何在？就讓我盡力透過以下的案例來解釋。我曾經見過一個接受 CAMS 照護的自殺傾向患者──賴瑞──當被問到是什麼讓他想自殺（在治療計畫中的第二個和第三個問題）時，賴瑞回應：「我的人生和我本身都爛透了，而且我沒有女

朋友。」賴瑞第一個導致自殺的問題（我的人生）太過廣泛了，並不明確，而且並不是可以立即被處理的。所以治療導向的討論就會變得稍加精確：在你的人生中，是什麼事情讓你感到最壓迫，並導致你想結束人生呢？結果最讓賴瑞感到困擾的是缺乏有意義和成功的工作——他自大學畢業後，八年都是失業的狀態。回應道「我很爛而且我沒有女朋友」，我們可以進一步澄清賴瑞有嚴重的自尊議題，而且感到「無法被愛」。因此CAMS 治療計畫中的第二個問題就是「工作不確定」，以及第三個問題是「不好的自尊」。在第一次的 CAMS 會談中，我們建立了這些導致自殺的問題，而治療期間會談則聚焦在這些問題到底如何在一連串激烈的自殺危機中運作成為「直接的自殺起因」，導致賴瑞在這幾年持續受苦。換句話說，賴瑞不斷反覆思考他缺乏工作的方向性，和聚焦在其不自愛（總是聚焦在悔恨和感到自己很失敗，以及在愛情關係中不被愛）的時候，他就漸漸變得有自殺傾向。

間接的自殺起因

在 CAMS 引導的照護下，「間接的自殺起因」可能是一個議題、問題，或擔心的事情，導致個案對於其直接的自殺起因變得更易受影響，但不會是他們本身導致了自殺的狀態。就定義上而言，這些議題並非真正的連結到自殺的狀態，但是無論如何間接的自殺起因都為患者「架好了舞臺」啟動直接的自殺起因，因此引起潛在的激烈自殺危機。間接的自殺起因可能會像是：喝酒行為、孤立、無家可歸、失眠、憂鬱，或是創傷經驗——是患者每天生活中的議題，但並不真正的引起自殺想法。在賴瑞的案例中，他的間接自殺起因傾向是聚焦在各種自我挫敗和令人沮喪的行為，包含當他感到憂鬱時就會飲食過量、在臉書上「跟蹤」他那些看起來很成功的高中朋友們。在整個成功的 CAMS 照護過程中，他開始理解到這些

間接的自殺起因行為，是如何觸發和啓動他直接的自殺起因，因此增加了他的自殺風險。他的 CAMS 治療計畫中，在心理治療裡設定了針對職業導向的工作、參加體重監測，和重拾武術（他高中時很喜歡的活動）。他最終的體態進步許多，也重新定焦了他的職涯方向，並且到研究所進修，且在那裡與其中一位同學開始約會（後來也和這位同學結婚了）。

針對自殺問題／起因的處遇

　　CAMS 所引導的照護中強調：不設定任何特定的方式來治療或處遇患者的自殺起因。取而代之的是，我們鼓勵運用 CAMS 的臨床工作者在治療期間的會談中，使用熟悉的臨床策略，尤其是任何針對特定自殺起因的實證取向策略；也就因為如此，CAMS 引導的治療是具備彈性的，且聚焦在問題，而非死板或僅聚焦於策略的。重要的是，運用 CAMS 的臨床工作者，並不需要學習一整套全新的理論取向來照護、或是研發整套全新的技巧來處遇，或是停止使用原本就很熟悉的專業技巧。只要臨床工作者在治療期間會談中，細心的以患者所定義的自殺起因作為治療目標，並且保持符合 CAMS 架構，臨床工作者依舊可以運用其在受訓範圍內熟悉的技巧、策略，和處遇方式。因此，關係導向的問題／起因可以透過 CBT、覺察取向的心理動力治療、行為活化治療、或是伴侶治療——只要任何是對於臨床工作者（和患者）都適切的治療都可以。同樣的，創傷相關的起因可以透過暴露治療、覺察導向的工作、臨床催眠、眼動減敏與歷程更新療法（EMDR 療法）、認知整理治療，以及其他。再次重申，CAMS 其中一個特徵就是，CAMS 從不告訴臨床工作者如何治療。取而代之的是，在 CAMS 治療期間會談，是有很大的空間可以容納不同的治療取向和相關的處遇方式，只要臨床工作者聚焦在系統性消除那些從根本上導致患者出現自殺想法、情緒、行為的問題。

尋求臨床案例顧問督導

在一般臨床執業中，我發現另一個在治療中需要被考慮的事情，則常被過度低估其重要性，那就是尋求臨床顧問督導。從處理改善計畫到臨床上的試驗，我們都非常重視尋求臨床案例顧問督導，尋求案例顧問督導是一件不可或缺且具有價值的事情。但是許多的機構——或是臨床照護系統——並沒有設立定期的案例顧問督導資源。如本書第一版所深度探討的，我強烈建議員工們辦理例行性的站立會議（standing meeting），以討論所有在系統照護中正在進行的 CAMS 案例。尋求顧問督導的目標並不僅止於創意發想，或是針對治療及處遇提供意見時，能夠發揮「三個臭皮匠，勝過一個諸葛亮」的效用，在倫理上也值得被鼓勵這麼做，對於潛在的執業疏失風險是有高度保障的（Archuleta et al., 2014）。另外，也可以提供重要的實證治療意見，尤其是針對運用有實證支持的臨床行為改變技術（Beidas, Edmunds, Marcus, & Kendall, 2012; Karlin et al., 2010）。為處遇自殺風險而運用兩個實證為基礎的治療時，應在治療團隊中尋求團隊成員間的治療看法，以利治療有同樣的方向（參見：Brown, Have, et al., 2005; Linehan, 1993a; Wenzel et al., 2009）。

CAMS治療工作單

最後一個在治療中需要被考慮的事情則是優化運用 CAMS 的治療工作單（CTW），這份工作單可以在第二部分中向患者介紹，但也可以在過程中稍後使用，或隨著 CAMS 治療照護的過程中，改寫成需要的版本（見附件 E）。由我的研究夥伴史蒂芬・歐康納（Stephan O'Connor）在我們其中一個 CAMS 的隨機對照試驗中發展出來的（Comtois et al., 2011），治療工作單仍然在研究階段，在未來將會根據我們的臨床研究有進一步的調

整。嚴格來說，治療工作單可以拿來當做潛在的工具，用來進一步闡明和解構患者的自殺起因。如同附件 E 所示，治療工作單始於一個要求患者描述其「自殺的個人故事」，這個題目能夠讓患者有陳述的機會，去描述自殺這個概念爲何、在什麼時候、在哪裡，第一次的出現在患者的心中。最初對於自殺的覺察可能是透過一部電影、一位親屬死於自殺，或是一本書的參考資料；不變的是，在患者身上有些歷史性的經驗，便註記了自殺的起源。我們希望患者能夠對於自殺是如何成爲他們人生中的一部分，並且成爲一個解決辦法感到好奇；這過程一定不是突如其來、沒有原因的。通常是有一個未被發現、未被探索的故事在其背後。接著在治療工作單裡，我們開始檢驗患者的自殺起因／問題，我們系統性的解構患者與自殺起因相關的想法、情緒、行爲，以及可能會一併在此浮現的潛在起因導向之議題。再接下來的治療工作單裡，我們進一步邀請患者去思考潛在間接的起因，可能會因此提升患者對於其生命中獨特的自殺風險相關經驗有所覺察。

　　治療工作單結束於運用一個連貫的概念化圖表來當做視覺輔助，讓患者了解間接的起因是如何造成自己的不穩定，以及更容易受到潛在的自殺苦痛而影響，因而導致啟動了直接的自殺起因，將自己一步步推向以自殺作爲最終解決選項的境地。運用這個概念化圖表，可以幫助患者和臨床工作者理解情境相關、行爲相關、動機相關的因素，在加重或是減少患者的自殺傾向裡，扮演了很重要的角色。爲了達到這個目標，我們寫下那些在心理上將患者連結到自殺的潛在「橋梁」。如此一來，我們便能同時註記那些可能可以避免讓患者走向以自殺爲致命終結的潛在「安全阻檔」。最終，我們目標是盡力去協助自殺傾向的患者發展出心理層面上更深的一層理解，幫助他們了解不同的因素是如何導致自己提升其自殺傾向的狀態。另外，患者也可以看到他們在不管是維持以自殺作爲解決方式的層面，或是改變他們與自殺的關係，進而貼近生命的層面上，自己都扮演了至關重要貢獻的角色。讓患者成爲自己苦痛的專家，是絕對有幫助的（例如：我

們協助患者成爲自殺學者，一位針對自己自殺苦痛的專家）。如同我在別處所述（Jobes et al., 2016），選擇性使用的治療工作單這份工具，主要在CAM 引導的照護中提供三個功能：第一，這份工具複製了在 CAMS 中第一次會談的合作親密性；第二，這份工具是設計用來疊加——並擴展—— CAMS 評估和治療計畫中，針對我們對於自殺形成問題和患者自定的自殺起因緊密的關注。第三，治療工作單能降低因 CAMS 工作事項而分心，再次聚焦在自殺起因的治療上。最後，除了這三個主要的功能外，補充針對自殺特定的評估和治療之臨床紀錄文件也有其附加優點。

個案實例：比爾的CAMS引導照護之治療期間會談

　　比爾在早期我們謹愼發展的 CAMS 安定計畫中，表現顯著的穩定。而這樣的穩定，來自於槍枝的安全管裡、開始參加戒酒者匿名會，並在其中對幫忙他許多的前輩懷抱著敬重的心情。除了他漸漸增加的穩定度，比爾的 CAMS 引導照護之治療期間會談主要聚焦在他兩個導致自殺的問題上：他失敗的婚姻和他無法承受的絕望感。比爾的太太對於我的意見和伴侶治療的轉介，都十分能夠接受，直到第三次的伴侶會談竟造就了一個全新的自殺危機。在第三次的伴侶會談中，比爾坦言自己在二十年前曾和同事有一段婚外情，且以父親之姿養育了一位目前 19 歲的女兒。雖然這段婚外情在開始幾年後便結束了，但他仍然提供經濟支持給前同事以養育女兒。這對母女已經搬至加拿大，而比爾和他們唯一的連繫僅僅只是和這位母親透過談好每月固定的匯款，給他從未見過的女兒。對比爾而言，對妻子隱瞞這個祕密，是因爲他害怕揭露自己的不忠（以及養育這個小孩的事實）會結束他的婚姻。

　　公開這重大的欺騙和以如此戲劇性的方式揭露這一切，在比爾的

CAMS 照護過程中，點燃了新的自殺危機。甚至差點導致讓比爾住院的情形，情況是因比爾的太太發現他在網路上搜尋研究如何過量致命的使用無處方箋藥品。比爾極度渴望拯救他的婚姻，但是又深信他不可能贏回合情合理地感到盛怒的太太信任的心。幸運的是，一個有技巧的伴侶治療師，花了點時間邀請比爾遵照一份為了贏回太太的信任而設計的嚴格行為合約。這份合約聚焦在兩人有更好的溝通、比爾適度的飲酒，以及太太更積極的直接參與兩人共有的財務狀況（太太對於比爾過去藏有私房錢，以便偷偷寄給婚姻外的女兒，如此在財務上的欺騙感到特別不開心）。比爾也同意遵循夫妻倆的牧師所提供的靈性意見，全然的接受和處理他道德上的瑕疵，其中便包含他過去的不忠和財務上的欺騙。以後見之明的角度來說，很有可能就是伴侶治療師為比爾研發的六個月行為合約，拯救了比爾的婚姻，以及生命。我應該注意到比爾的第二個問題「失敗的婚姻」，在第四次 CAMS 會談中，比爾更「精確」的改為「與太太的背叛和信任議題」，可以看出在這個更聚焦的議題上，可能導致比爾想要自殺。至於比爾的第三個問題——絕望感，其影響的程度是和他起起伏伏極度脆弱的婚姻狀態、揭露財務上的欺騙、婚外情和在婚姻外養育一位女兒所導致的危機，都有緊密的連結。然而，在一次的治療期間會談中，我們運用他的智慧型手機，裡面存有自己小孩照片和下載例行性用來分心的應用程式，發展了一個實際化的希望箱（Bush et al., 2015）。同時，我們也召開了一次分開的家庭會議，邀請了他成年的孩子們參加，而比爾自己也很認真的閱讀《選擇活下去：如何透過認知治療戰勝自殺》（Ellis & Newman, 1996），這本書為我們的會談增添了許多討論。除此之外，我們做了滿多生命史覺察導向的工作，主要將重心放在他與憂鬱的父親之間的關係、長期隱瞞祕密、嚴重的酗酒問題，以及在整個婚姻過程中多次又可能發生婚外情的主題上。

　　事後證明比爾的 CAMS 安定計畫是滿有用的；他如實的使用應對策

略，並根據他多方面努力成功面對的經驗，在會談中例行性的更正、更新他的評估文件。在第六次的會談中，我們實際上制定了一個全新的安定計畫，重新審視在我們共同努力建立的因應技能中，哪些是有用的。比爾將安定計畫放在他胸前的口袋裡，如實的執行計畫，而且在會談中若談到努力的面對，便會用手拍拍胸前的口袋。

總結而言，比爾的治療期間會談，大部分的時間被戲劇化的揭露他二十年來不忠的這件事給占據，這件事刺激了他的婚姻，甚至演變成嚴重的危機。比爾酗酒的情況變得更加嚴重、變得更憂鬱，整個人的狀態因為自殺風險的提升而下滑，自殺風險緊密地與他的絕望感，和他對婚姻註定將會結束所做的假設綁在一起。同樣在治療期間會談內浮現的另一件事，則是他購買了大量的人壽保險，認為死後這筆金額可以補償他太太，並同時相信自己自殺成功後，將會讓太太在心理上比較輕鬆。買完人壽保險後，他其實就開始在等兩年過去，因保險契約中有規定，購買後兩年內自殺就需要付兩倍的賠償金。而當比爾與我在 CAM 第一次會談見面時，那週就是即將超過買完保險兩年後的日子。若要參見比爾完整 CAMS 治療過程中的自殺狀態量表文件紀錄，請翻閱附件 H。

摘要與結論

治療期間會談可以定義成為包含：持續的自殺風險評估追蹤和自殺起因導向的治療。在 CAMS 的第一次會談之後，每一次的治療期間會談都是由確認自殺的「生命徵象」——自殺狀態量表的核心評估來開場。治療則是聚焦在所有 CAMS 治療期間會談中唯一重視的一件事：治療、管理和處理患者的自殺問題／起因。每一次的治療期間會談都是結束於重新撰寫 CAMS 治療計畫，其中包含再次確認安定計畫是否有效，以及確認隨著 CAMS 治療的演進，是否有任何起因或是相關的處遇需要調整。當連

續三次的會談，患者都能夠有意義的落實管理自殺想法、情緒和行為時，CAMS 治療期間會談就可以準備進入最終結果／處置階段。

第七章

CAMS臨床結果及處置：生命課程及放棄自殺後的生活

謝嘉　譯

　　比爾的臨床照護狀態在八次的會談中有了顯著的進步。當我們了解了比爾的外遇史時，我們提早地將他轉向住院治療。不過由於他的妻子凱西並沒有立即地選擇結束與比爾的婚姻關係，我們因此能相對快速地使比爾的狀態穩定下來。凱西選擇給予了比爾第二次機會，對於療程結果是相當關鍵的；婚姻諮商師技巧性地取得了更多的時間來化解比爾所面臨的立即性自殺危機。比爾與妻子在婚姻諮商裡達成的行為合約，提供了彼此一個良好的方式來重建夫妻間的信任。在 CAMS 第六次會談裡，我們看見比爾在 SSF 核心評估上的分數明顯地降低——他的整體風險分數已降為 2，他已能逐漸地控制過去困擾著他的自殺意念和情緒，未表現出任何試圖自殺的行為，且慎重地珍視著凱西所給予他的第二次機會。在第七次的會談裡，比爾談到他的行為合約要求他必須在每早向他的妻子「報到」。他並笑著提及在有幾次的「報到」裡，他與妻子甚至因進行了深度的談話而導致彼此上班遲到！在參與了幾次與婚姻諮商師的會談後，比爾向妻子提出了在下個週末進行一場電影及晚餐的約會計畫（一個他一直以來逃避的「約會之夜」功課），而凱西出乎意料之外的熱絡回應，讓他感到欣喜萬分。儘管比爾的婚姻關係有時仍會出現讓人緊張的時刻，他所參與的戒酒課程（比爾的戒酒夥伴對於他成功戒酒扮演著關鍵的角色）及他努力遵守行為合約的誠意，都得到凱西的讚賞，即便她依舊對比爾有些許的懷疑。婚姻治療對於挽救比爾和妻子的關係相當有效，他們在情感及身體上的親

密關係都逐漸地獲得改善。在第七次的會談的尾聲，我注意到了「解除」
比爾照護的可能性——因他穩定持續地達到結束 CMAS 照護的標準。假
若比爾的整體風險分數持續地維持在低分，且他能在接下來的會談裡持續
有效地管理過去困擾著他的自殺想法、情緒及行為，那麼我們將能正式地
結束對於比爾的 CAMS 照護。比爾對於這樣的可能性感到相當驚訝及振
奮；他已對於在下一次的會談結束 CAMS 做好準備，並且對於成功拒絕
自殺和重新回歸生活的未來想像露出了欣喜的微笑。

CAMS臨床結果及處置綜論

　　如前所述，以 CAMS 方案處理自殺問題，可分起始階段（指標評估
／治療計畫會談）、中期階段（著重於治療自殺驅動因子的 SSF 核心評估
期間會談／更新治療計畫）和結束階段（CAMS 期末會談／完成 SSF 結
果及處置評量）。本章我們將深入地探討 CAMS 取向照護中的臨床結果及
處置階段。如前面幾章做法，我們先思考臨床預後的概念部分，再關注
CAMS 方案達到臨床結果的具體運作程序。

　　在我們的臨床研究中均一致顯示，使用 SSF 及 CAMS 使得許多自
殺狀態患者獲得一致性的改善（Comtois et al., 2011; Ellis, Green, et al.,
2012; Ellis et al., 2015; Jobes et al., 1997, 2005）。重複研究的資料清楚顯
示，CAMS 與整體痛苦症狀的改善、自殺意念的迅速降低，以及自殺認
知在臨床照護中的改變，有著顯著的相關（Jobes, 2012）。在我們的研究
裡，大部分的患者在六到十一次會談內，消褪了自殺意念。此外，我們
知道在指標評估中的許多質化及量化資料，能被用來預測臨床結果的不
同面向（例如，Brancu et al., 2015; Corona &Jobes, 2013; Fratto et al., 2004;
Jobes&Flemming, 2004）。其他令人振奮的資料顯示，CAMS 也許與初級
照護及拜訪急診室的減少有關（Jobes et al., 2005），並且也許能對自殺嘗

試和自傷行爲有正面影響（Andreasson et al., 2016）。不僅如此，我們也開始了解 CAMS 照護裡的哪些要素，是被成功康復患者視作特別有幫助的。在一個針對 50 位成功患者所進行的研究中，辛巴瑞、賈伯斯和霍根（2016）對於患者在「你的治療中有哪些部分是你認 特別有幫助的嗎？」問題上的回應，進行了有效的編碼。而研究資料顯示，這些患者認爲特別有幫助的要素包含「治療過程」、「行動取向的技巧」、「專注於心神的技巧」、「臨床照護者」、「支持他們的資源」、「驗證」及「認知行爲治療／辯證式行爲治療技巧」。這些資料需要更多重複研究的支持，並且在接下來的幾年，CAMS 照護過程中的機制轉變將會受到更多研究的關注。

令人滿意的臨床結果

當我提到 CAMS 取向照護「令人滿意的」臨床結果時，即意指最理想的自殺特定治療結果，包括：(1) 沒有完成自殺；(2) 沒有企圖自殺；(3) 消除自殺意念；(4) 整體痛苦症狀有意義的減少；(5) 發展其他因應方式；(6) 發展出有意義的擇生理由、思考未來的能力有所進步，以及爲自身的存在找到意義及價值。不過，除了這些令人滿意的臨床結果，我們也必須顧及在照護過程中可能發生的其他臨床結果。

CAMS後持續的照護

CAMS 取向照護一個令人滿意的結果，是雙方同意在 CAMS 結束之後，持續進行心理治療。多年來，我知道有許多患者——以及臨床工作者——渴望追求在初始治療成功後更進一層。藉由征服生與死的掙扎，此類患者維持高度動機繼續心理治療。在此類情況下，當 CAMS 進入結束階段，患者和臨床工作者可以準確地進入心理治療的持續路線。通常雙方將

持續聚焦於起初在 CAMS 取向照護中所辨識出的直接或間接自殺驅動因子。只要最初的工作能被 CAMS 照護啟動，當自殺議題上的聚光燈漸隱消失時，其他既有的問題便自然浮出檯面。

轉介至其他照護

或者，在 CAMS 照護成功結束後進行專業轉介，也能被視為一個令人滿意的臨床結果。一旦自殺風險退去，通常我們能幫助患者尋找一個更專門的照護及照護者。舉例來說，在我們所進行的西雅圖隨機臨床試驗裡（Comtois et al., 2011），我們有一部分的自殺患者同時也達到了邊緣型人格疾患的標準，他們在 CAMS 照護中被迅速地穩定下來後，便接著被轉介進行辯證行為治療。他們後來成為了治療效果最佳的一群。有許多理想的技巧能夠影響轉介，以使其不會讓患者感覺「被拋棄」，而是感到他或她已經被謹慎的評估、準備和轉介給最好的可能照護提供者。一般而言，我認為進行臨床轉介是一個極重要的專業技巧。欲將其做得好，需有技巧地對於適當的臨床轉介可能帶來的好處，獲得患者的知情與同意。

雙方共同結束照護

當 CAMS 進入結束階段，另一個正向的結果是雙方共同結束心理治療。在我們各種的研究樣本中，我估計約有 20～50% 的 CAMS 患者，在自殺狀態解除後，選擇不繼續進一步的心理治療（我們的軍人樣本特別是如此）。依據我的經驗，對某些特定的患者而言，一個短期的照護過程有了正向結果，並在患者預定的時間結束，也許是促進稍後某個時間點及時進一步治療的最好方式——如果有此需要的話。這樣的結果在理論上（同時也有些實證研究支持）能夠防止患者終止一切的治療（Ogrodniczuk, Joyce, & Piper, 2005）。在我的經驗中，臨床工作者都經常假設：更多的心理治療總是更合乎需要。我能想起許多我治療過的患者，他們描述自己

不是一個「需索治療的人」（therapy-type person）。當這種人獲得短期介入的成功後，特別是在自殺的生死掙扎裡，我總是會提出終止治療的可能性，以保證他們不會感覺被無止盡的治療「圈綁」（trapped）。同樣道理，我經常提供臨床的「調整」（tuneups）或是「增強」（booster）的會談治療時段，作為這些患者想要結束心理治療時，可考慮的替代性選擇。我採用此法，是因為經驗告訴我，控制和自主常是自殺傾向者心裡的核心議題。我因此特別敏銳的去重視和尊重患者的那些情感，這與自我決定論和動機式晤談法享有同樣的觀點（Britton, Patrick, Wenzel, & Williams, 2011; Britton, Williams, & Conner, 2008）。通常，在 CAMS 照護中，我寧可錯在未過於推動治療的持續，而不是所設定要做的，這意味著在建立以非自殺的替代方式因應痛苦與折磨上，有了合作性的成功。仔細想想，當我們循序成功的讓自殺在患者生活中喪失功能，已是重大成就，而這有時就已足夠。

其他臨床結果

流失者（DropOuts）

也許最令人煩惱的結果就是患者單方面地終止了照護，也就是臨床中途流失。我們的研究統計，流失者約占樣本的 7%（Comtois et al., 2011）～20%（Jobes et al., 1997）。臨床流失者是患者的子樣本，他們尋求照護，承認有某種程度的自殺想法，隨後中途退出照護——任何鼓勵他們回來的電話、信件或電子郵件都不回應。因為無法和患者進行連繫，這種情況常令臨床工作者感覺是一個失敗者，一種顯然未能「鉤住」患者進入治療過程的失敗。再次的，這樣的關注正中 CAMS 哲學與架構的核心，它清楚地強調：患者合作性的投入臨床評估和治療計畫的整個過程——從開始到結

束。令人慶幸的是，有實證研究指出相較於一般的照護，接受 CAMS 照護的患者，有更高的比例完成整個療程（Comtois et al., 2011）。

　　考量到 CAMS 患者所面臨的高自殺風險，對於處理臨床流失者有一套「習慣性的作業流程」，將是相當有幫助的。至少，對於最後一次見到患者的時間以及之後鼓勵他再回來參加療程的努力應被確實地記錄。面對流失者，我的做法通常是再寄一封電子郵件及打一通電話，並且將這些努力記錄下來。在某些情況下，我會寄封掛號信給患者，在信中提及其他可能的轉介和資源，以及一個明確的「結案」期限，倘若我還是無法連繫上患者。在某個案中，我有位同事曾經為了試圖鼓勵患者回來繼續接受照護，打了不止六通的電話給患者，而這些努力都被詳細地記錄著。後來這位患者不幸地自殺，家屬方的原告律師開始追究臨床工作者的醫療疏失責任，卻在看到這位同事試圖與患者進行連繫的詳細記錄後放棄了這個案子（此部分在第八章將會有更多的討論）。在理想的情況下，臨床工作者的一切作業流程（包含當患者單方面終止照護時你的應對方式），都應在照護開始前的知情同意書裡詳細地談論。

住院治療

　　當 CAMS 明確的設計為使自殺傾向患者「脫離」醫院的一個方案，那麼住院治療便不是一個被渴望的結果。當然，一個顯然的例外即是在住院治療的同時使用 CAMS 照護（Ellis et al., 2010, 2015; Ellis, Daza, & Allen, 2012; Ellis, Green, et al., 2012; Jobes, 2012）。值得一提的是，當在住院治療的同時使用 CAMS，我們最大的目標是幫助患者穩定及做好準備，以在出院後接受門診的自殺專門照護。在此要特別強調的是，我對於住院照護並無偏見；事實上，許多我早期及現在仍在進行的研究，都包含對自殺患者的住院照護。但我同時也注意到現存住院照護的局限——幾乎沒有治療方式是專門聚焦於自殺上（此部分的討論可參見第一章）。因此，我不認

爲現存的典型住院照護能帶給患者太大的幫助，而我對於每年仍有數百個住院患者最後死於自殺的事實更是感到悲傷（The Joint Commission, 2013, 2016）。

　　根據我的臨床經驗及研究，我認爲絕大多數的個案都能在門診照護中被處理到最好。然而，現在的臨床工作者太傾向於以住院治療作爲最適切的臨床決策反應。而問題在於，許多的研究不斷地指出，患者的自殺風險在結束住院治療後有所增加（Bostwick & Pankratz, 2000; Meehan et al., 2006; Qin & Nordentoft, 2005），特別是在出院後的頭幾個禮拜。有些具說服力的爭論即質疑，現存的住院治療不但對於防範自殺無實證的支持，且甚至使許多個案的情況更加惡化（例如，Linehan, 2015）。

　　當我回想起我過去在住院單位工作的那段時間，我確實感覺到我是在做一些拯救生命的工作。且至今我仍相信，如果住院治療是能夠拯救患者生命的唯一方式（特別是當患者處於精神失常的狀態），那麼我會支持以任何我們所能提供的臨床介入方式來防止自殺的發生。假若住院治療能夠提供眞誠且有效的自殺專門照護，且能讓患者的自殺風險在出院前有效地降低，那麼我將會對於住院治療有著不一樣的見解。在這方面，我熱衷地支持著馬里安・霍洛偉（Marjan Holloway）的研究（Ghahramanlou-Holloway, Cox, & Greene, 2012），他致力發展一套對住院患者的CT-SP ──住院後認知治療（Postadmission Cognitive Therapy, PACT）。此外，我同時也支持湯姆・埃利斯（Tom Ellis）及其同事們在梅寧格診所針對住院患者以創新方式使用CAMS（有時也被稱作CAMS-M）所進行的研究（Ellis, Daza, et al., 2012; Ellis, Green et al., 2012, Ellis et al., 2015）。

　　幫助自殺傾向患者在醫院外的世界（一個能讓其與家庭、朋友、職場或學校有所連結的世界）穩定的生活，在直覺上是更加理想且有信服力的。經常在我們的文化中，住院治療往往導致患者不幸地被汙名化，而被他人視作是「瘋子」。我們不斷地聽聞更多來自「自殺嘗試／存活

經驗」社群裡成員的第一手分享——說明住院精神照護是種如何負面、讓人感到蒙羞、由治療者所造成且像是懲罰性的體驗（Yanez, 2015）。住院照護的需求在未來可能將持續存在，但在過去三十年之中，其已經歷了巨大的改變。在這個健康照護改革的時代，我預測在自殺相關健康照護領域裡的流行語，將會越來越傾向限制最小化、實證的以及符合成本效益的（Jobes, 2013a; Jobes&Browers, 2015）。因此，有許多清楚且具說服力的動機鼓勵我們致力在可能的情況下，避免讓患者接受住院治療。

慢性自殺狀態

在此書的第一版中，我已發現 CAMS 可能較不適用於慢性的自殺狀態，特別是有邊緣性人格違常時。我同時也提及瑪夏‧林漢（Marsha Linehan）的辯證行為治療（DBT）對具有自我毀滅性的邊緣性人格違常患者而言，被許多研究證實是一種可選用的治療方案（Linehan, 1993a, 1993b, 2005, 2014; Linehan et al., 2006, 2015; Linehan, Armstrong, Suarez, Allmon, & Heard, 1991; Neacsiu, Rizvi, & Linehan, 2010; Stoffers et al., 2012）。在論述辯證行為治療為處理邊緣性人格自殺傾向患者最佳療法的首選後，我仍然就案例經驗述說，CAMS 如何在邊緣性人格自殺傾向患者的照護中被使用（例如我們前面所談到的西雅圖隨機化臨床試驗）。的確，在最近幾年當中，有些臨床照護者即表示，接受 CAMS 照護的慢性自殺狀態患者，較不需要透過自殺威脅或舉動，來表演或「誇大」他們的苦惱，因為他們自我毀滅性的衝動，已在每一次的期間會談中，被嚴密的監控著。

除了臨床個案外，現在有越來越多的研究顯示，CAMS 照護對於某些慢性自殺狀態以及具邊緣性人格違常患者是有效的（Andreasson et al., 2014, 2015, 2016）。在這方面，我們現在正對於具自殺傾向的大學生進行「SMART」（即連續、多重指定的隨機試驗；參見 Collins, Murphy, &

Stecher, 2007）隨機臨床試驗，探討連續或交替使用CAMS及辯證行為治療的效用（Pistorello&Jobes, 2014）。在這幾年中，我聽見許多辯證行為治療的死忠擁護者表示，結合CAMS及辯證行為治療，對於這些往往陷入嚴重自殺狀態的患者是有幫助的。因此在這個時刻，證據顯示辯證行為治療對於慢性、具人格疾患的自殺狀態而言，仍是最佳的照護方案；不過，若臨床工作者無法提供辯證行為治療，CAMS的使用也將能對患者有所幫助。在未來幾年中，我們會進一步探討這些具實證支持的治療方案在使用上的不同，並且在理想的狀況下，在我們所進行的隨機臨床試驗中，將不同的自殺狀態及治療方案完美地配對。

企圖自殺

　　當然，我們都知道面對自殺的事無法保證。不太可能有一種臨床的方法或治療，對每位患者和臨床工作者都始終有效。雖說如此，無論如何，我仍強烈主張：特別針對自殺而設的臨床評估和治療，總是比針對精神疾病的治療做得更好，精神疾病的治療認為自殺僅是一種症狀而已。這似乎是不言而喻的，沒有聚焦在完成自殺或企圖自殺之危險性的治療，有極高的可能性會完全錯失這些行為。儘管自殺行為仍維持低發生率，總會有這種情況——即使是最周到的臨床工作者和療法，可能也無助於避免自殺行為，它大多持續地落在我們直接的影響和掌控之外。雖然會讓人氣餒，但患者企圖自殺並不意味著治療完全地無用。更準確地說，其意味著治療尚未發揮完全的效用，而我們必須加倍努力地去正確實現它。

　　在我們進行研究的過程中，當然也曾有接受CAMS照護的患者企圖自殺。在西雅圖隨機臨床試驗研究中，有一位剛接受CAMS照護幾個禮拜的患者令人印象特別深刻。這位患者長期受到酗酒的困擾，而相當諷刺的——他在一次前往戒酒無名會聚會的途中，不幸地「破了戒」。患者原先只是想在度過這特別不順的一天後小酌一杯。但想當然地，原先的一杯

變為許多杯，患者最終因割傷自己的手臂而被送進醫院接受十天住院照護。當這位患者羞怯地回到 CAMS 照護時，臨床工作者老實地遵守著瑪夏‧林漢在訓練時所告知的話：「失敗的只可能是治療，而從來不會是患者。」將這句話謹記在心，臨床工作者技巧性地處理患者的羞愧及尷尬感——這位患者因「未成功」遵守穩定計畫而幾乎不敢和臨床工作者對上眼。他迴避的眼神在聽見照護者說了以下這席話後，充滿了感激的眼淚：「我和你是站在同一陣線上的，你要清楚地知道這點。我們會一起繼續改善我們的穩定計畫，而讓你再也不用回到那個黑暗的地方。」因為有著照護者這樣的支持和接納，這位患者和臨床工作者共同合作，最終並成為了我們研究中臨床結果最好的個案之一。即使是一位經驗豐富的臨床工作者，患者企圖自殺的行為，仍舊有可能在照護過程中發生，而且它們有時相當嚇人。但就定義上來說，每一次的自殺嘗試行為中，我們所面對都是一位仍舊還活著的患者，我們在這之中仍能學到許多，並且最終可能成功挽回患者的性命〔參見 O'Connor et al., 2015，關於他所主張的「可教時刻」（teachable moment）介入方案〕。

完成自殺

最後一種結果同時也是最令人感到悲傷的，就是患者完成自殺。我們知道在美國平均每日有 110 個或更多的人死於自殺（Drapeau& McIntosh, 2014），而在這之中，約有 35% 的人曾尋求心理健康照護的協助（Cavanagh, Carson, Sharpe, & Lawrie, 2003）。明白的說，沒有任何一位精神照護專家能完全防範自殺的發生——無論我們如何地專業、如何誠摯地付出心血去挽救性命，我們仍無法向任何一位患者及家屬保證自殺最終不會發生。我曾充分地寫下我在照護一位特別高自殺風險的患者時，所面臨的個人、工作及道德上的掙扎（Jobes, 2011）。而我所得到的結論是，心理健康工作者必須了解，即使他們費盡了全力去挽救患者的生命，有時自殺仍舊會發

生，而他們必須面對這樣的事實，向現實妥協。在親身經歷過處理高自殺風險患者的掙扎後，我已被迫找到一個合適的方式來看待及處理這樣的個案，因此才不至於當自殺的悲劇發生時感到不知所措，並癱瘓一切的臨床工作。假若你好奇我的處理方式究竟爲何，你現在其實就正在閱讀著它。

　　沒有一種自殺處置及介入方案是完美的。至少在使用 CAMS 時，我們能放心地知道它對大多數的自殺患者是有效的（Jobes, 2012）。雖然我從未愚笨的向患者或家屬保證 CAMS 一定能拯救患者的性命，但我總會向他們說，我會盡我所能地奠基在我的臨床智慧和研究上，提供他們一個最佳的自殺照護方案。這是就我所知，面對高自殺風險患者時的最佳處理方式，它同時也幫助我忍受一項我知道我無法掌控的東西：患者最終生與死的結果。在第八章中，我們將花更多的篇幅來談論此方面的內容。

CAMS的自殺追蹤預後：程序的考慮

　　就與結果及處置有關的特定 CAMS 程序而論，有兩個主要的預後範圍要考慮：(1)CAMS 的自殺狀態解除；(2) 許多自殺狀態未解除的臨床結果及處置。在特別強調 CAMS 相關程序下，每個臨床預後範圍探討如下。

CAMS的臨床自殺狀態解除

　　我在第六章曾提到，CAMS 自殺狀態的解除標準，是患者的自殺風險需在三次連續的會談裡有意義地減少。在此書的第一版中，CAMS 自殺狀態的解除標準爲，患者在三次連續的會談中完全沒有任何的自殺想法、感受及行爲。但當我們更深入地去研究我們在隨機化臨床試驗裡的自殺傾向軍人大樣本後，我們意識到這樣的標準實在是太過嚴格。在我們的許多個案裡，要求患者更除所有自殺傾向的痕跡是過於極端的。我們開始

了解到，一個有意義的 CAMS 臨床自殺狀態解除，應是當一位有些許自殺想法和感受的患者，能夠有效且穩定地管理這些想法和感受（並且同時沒有表現出任何的自殺行為）。因此我們將 CAMS 自殺狀態解除的操作型定義修改為，在連續三次的會談中，患者在 SSF 核心評估的整體風險為 1 或 2 分，患者能夠有效地管理自殺想法和感受，並且在過去的一週內沒有表現出任何自殺行為。這些修改過後的標準不僅在我們最新的隨機臨床試驗中表現良好，同時也反映出一個更真實的自殺狀態解除（相比於自殺傾向的完全更除）。

在程序上，在 CAMS 即將被解除的倒數第二次會談裡（亦即連續第二個達到自殺狀態解除的會談），臨床工作者即應讓患者知道，只要患者在下一次的會談裡同樣達到自殺狀態解除標準，那麼他將會使用 SSF 的結果／處置版本來宣告 CAMS 照護的結束。只要在下一次的會談裡，患者的整體風險確實為 1 或 2 分，能有效地管理任何的自殺想法和感受，且無自殺行為，那麼 CAMS 照護即可在臨床工作者也同意的情況下，正式宣告結束。偶爾在某些個案中，我們會在經過一次的協商會議後，建議臨床工作者再多給患者一或兩週的 CAMS 照護，以確保患者的自殺狀態解除確實能有效延續。一個對 CAMS 照護有良好反應的患者，通常會意識到自己正走在復原的路上，並且急切地想達成自殺狀態解除的目標。另一方面，有些患者則是在連續兩次自殺狀態良好的會談之後，在下一次的會談裡自殺風險升高，或是無法有效地管理他的自殺想法和感受。當這種情況發生時，臨床工作者應沉著地應對，再次地專注於患者自殺驅動因子取向的治療，並且讓自殺狀態解除的「時間表」重新歸零。對於一部分的患者來說，動搖他們對於自殺的依附是相當恐怖及困難的。因此，我們在臨床上需相當有耐心，並且在自殺狀態解除的努力過程中，扮演一個能夠理解及支持患者的角色。臨床工作者並且應盡最大的能力，避免因為自身的需要，而給予患者壓力，催促他在尚未準備好時，

硬是達成自殺解除的狀態。

自殺的解除：A部分

　　若 CAMS 照護有可能已進入尾聲，臨床工作者首先應向患者連繫，確認結束 CAMS 照護對患者的情況是合理的。假設一切運作皆合理且在軌道上，那麼臨床工作者即能將 CAMSSSF-4 ——結果／處置量表（期終會談）交由患者填寫完成。此時，SSF 量表 A 部分的評量對患者而言應是非常熟悉的。一般來說，我鼓勵在所有的期間會談時，臨床工作者都與患者並肩而坐，但我認為這樣的座位安排在最後的自殺解除會談裡是特別理想的——能有今天的臨床結果，是因為患者及臨床工作者共同合作付出了許多的努力。

　　與所有的期間會談一樣，檢視 SSF 量表上的項目，是為了確認患者在連續第三次的會談時，的確達到了自殺狀態解除的標準（並在 SSF 結果／處置量表 B 部分如此標記）。 在 CAMS 的自殺解除會談裡，臨床工作者與患者能透過一起檢視使用 SSF 會談的狀況，充分體認到 CAMS 照護過程前後所產生的改變。當患者完成 SSF 核心評估的最後一組評分後，會在 A 部分的最後看見兩個開放式的問題。第一個問題詢問患者哪些為有幫助的照護。第二個問題詢問患者他們從這次的照護中學習到了什麼，能幫助他們未來處理可能再現的自殺風險。這兩個問題修訂自國家精神衛生研究院（National Institute of Mental Health, NIMH）贊助的憂鬱症合作研究之問卷（Elkin et al., 1989），且明顯地能被用來引發臨床工作者和患者共同討論什麼已達成，以及自殺傾向的復發能如何被避免（針對患者對於這些「復發防範」問題回應的更多研究，參見 Schembari, Jobes, & Horgan, 2016）。

自殺追蹤結果 / 處置量表：B部分

　　SSF 結果 / 處置評量量表 A 部分由患者填寫（就如他們從第一次的會談即開始負責填寫 A 部分一樣）。相應地，量表的 B 部分則由臨床工作者負責完成，此部分首先要求臨床工作者確認患者確實在連續第三次的會談時，已達到了自殺解除的標準。接著，臨床工作者應該引導患者一起討論臨床的結果和安置。通常來說，針對照護和安置的下一步行動，在此次的會談前，臨床工作者和患者就已討論過，但量表的 B 部分提供雙方一個機會更加深入地談論及正式記錄 CAMS 照護的結果和安置。對於將解除狀況的個案，有四種明顯的臨床安置：(1) 繼續心理治療；(2) 雙方共同結束照護；(3) 患者單方面結束照護；或 (4) 專業的轉介。在考量各種可能的安置下，我會以最佳專業判斷和標準臨床作業處理任何個案。如前所提，我通常相當支持患者結束照護的渴望。然而，如果我判斷終止照護對個案並非最佳選擇，我會清楚地與患者分享我的意見，但也必然會對他單方面想結束治療表示尊重。針對這些單方面堅持終止照護的個案，提供一些「非患者要求」的關心方式，像是追蹤信函、電子郵件或是電話，都已有實證支持是一個重要的介入策略（見 Luxton, June, &Comtois, 2013; Motto, 1976; Motto &Bostrom, 2001）。

　　不論具體的安置會是什麼，我總是讚賞那些成功解決自殺狀態的患者。CAMS 的自殺解除會談是個很好的時機，來慶祝這個拯救性命的照護過程，以及了解雙方共同合作達成了什麼。即便已歷經了 25 年在研究 SSF 及 CAMS 的自殺狀態解除，我仍對成功解除自殺狀態的成就感到相當激動。

自殺追蹤結果 / 處置量表：C部分

　　如同 CAMS 過程先前的每個階段，自殺狀態解除會談同樣也要求在最後完成它自己的 HIPAA 量表（C 部分）。完成這個最後的 SSF 文件與

自殺解除會談是特別相關的，因爲它代表著正式地完成且記錄了CAMS照護的完整醫療紀錄。如先前所提到的，CAMS要求臨床工作者完整詳細的記錄醫療過程，是此種照護方式一個明顯的特徵——它能夠降低當患者最終選擇自殺而家屬開始進行法律訴訟時，臨床工作者所面對的職業疏失風險。

自殺的復發

當然，一個達到自殺狀態解除標準的患者，有可能在未來再次出現自殺傾向。這樣的情況在我所面對的個案及進行的研究中都曾發生過。根據臨床工作者的判斷，面對一位再度產生自殺傾向的患者，可以重新將照護調整至期間會談追蹤階段，並將治療焦點再次放在促使患者產生自殺傾向的因子上。不過在某些情況下，使照護重新來過，回到期初會談評估和處遇治療計畫的階段也有其價值。雖然臨床工作者和患者不一定會喜歡重新走過一次CAMS的流程，我仍確信，把自殺狀態視爲發作性的（episodic），會比簡單標籤它爲「慢性的」（chronical）來得好。我相信，讓自殺患者銘記他的情況會好轉（即使是一陣子）是很重要的，這與事情絕不會更好的看法（如同許多慢性疾病的特點，患者因對自身產生如此的認知，而使治療更加困難），呈現鮮明的對比。

未解決的臨床結果

除了自殺狀態解除外，還有許多可能的臨床結果，都應被記錄在一個完整且符合HIPAA的醫療紀錄中。因此，SSF的結果／處置量表通常和「與CAMS臨床工作者中斷關係」相連結。這些結果包括：(1)住院治療；(2)臨床工作者和患者共同終止照護（即使CAMS的自殺狀態尚未解除）；(3)患者單方面的中止關係（退出照護或違背臨床工作者的期望而終止）；

(4) 臨床工作者將患者轉介到其他照護或不同的提供者；(5) 不幸地，「完成自殺」也將被記錄在量表的「其他」選項下。這些結果已在本章討論過。重要且值得一提的是，我們亦鼓勵臨床工作者尋求諮詢，以進行最佳的專業判斷，提供最好的專業照護建議。這些諮詢應被詳細地記錄在 B 部分中（在「轉介至」或「其他」的選項下），或者被記錄在 SSF 最後 HIPAA 頁中的「個案筆記」裡。

放棄自殺後的生活：生命課程

　　在進行了這麼多的 CAMS 隨機臨床試驗，以及經歷了上百個小時，親眼看著臨床工作者致力於對高自殺傾向患者使用 CAMS 照護後，我忽然對 CAMS 產生了些想法。在許多時候，我觀察到具高度自殺傾向的患者對 CAMS 照護的反應十分良好，且有時只花了驚人少的時間（例如四至六次會談）。我們也看見一些具有長久自殺行為歷史以及自殺意圖的患者，在 CAMS 照護的過程中意識到，自殺並非是處理他們所面對的情況之最佳方式。要得出如此這般的體悟，意味著患者決定與自殺分離，與生命重新連結，並且擁抱對未來的希望。有趣的是，許多患者的生活仍然在脫離自殺後維持得相當混亂——一位有著四個年幼孩子的軍人與多位女性發展出婚外情，在財務上欠下巨款，並且被搏鬥相關的創傷所困擾著；一位年輕的大學生沉溺於性行為中，經常割傷自己、酗酒，並且自國中開始便濫用藥物；一位扶養五位小孩長大的中年家庭主婦，厭惡著孩子離家後的「空虛」生活，她既肥胖又焦慮——她的丈夫曾成功制止她一次將槍瞄準頭部、幾乎致命的自殺嘗試。成功地被 CAMS 照護穩定下來並且決定放棄自殺後，這些患者幾乎不知道他們的生命該如何在走出自殺後繼續前進。這些患者有時會將自殺視為帶給他們掌控和安全感的「溫暖的毯子」（warm blanket）；一位患者曾向我形容她與自殺的「關係」就像是一

種與死亡的戀愛關係。如此這般的個案不禁讓我停下來思考，對於這些人來說——這些曾與死亡緊密連結並將其視作唯一解決方案的人——他們在走出自殺後，對於他們個人的釋放和解救，還有什麼是可能的呢？如此這般的人們究竟該如何去追求一個放棄自殺後的生活呢？

　　當我回顧起撰寫此書第一版至今的過去十年中，我意識到 CAMS 的前端在 2006 年時就已被詳細地研究且內容相當充實具體——然而 CAMS 的後端卻並非如此。十年之後，我欣賞著 CAMS 介入方案的發展與成熟，以及我們在 CAMS 期中會談過程中，對於由患者定義的自殺驅動因子有了更多的認識。事實上，塔克（Tucker）及其同事們（2015）曾表明，自殺「驅動因子」的構念在概念及臨床對於自殺風險的思考上都是個重大的創新。在他們重要的一篇論文中，這些作者針對自殺學領域在過去幾十年中的發展提供了充分且令人信服的理由，此領域先前被數百個不同的心理「風險因子」概念所主導（Maris et al., 2000）。之後，有人提出辨認近期且暫時存在的風險之好處，此存在於自殺「警訊」的構念下（Rudd, 2008; Rudd, Berman, et al., 2006）。塔克等人現在則將自殺驅動因子視作一種「個人警訊」的形式——由患者所定義，導致其進入立即性自殺狀態的問題。我們現在對於如何在 CAMS 期間會談中治療患者已有了更多的認識，特別是我們專注於針對患者的自殺驅動因子的治療方式。但同時我們也清楚地看見，在整個介入方案中，CAMS 的後端是最尚未被發展的部分。爲此，在本章的最後，我將以現今對於 CAMS 照護方案結果及處置的一些反省及思考作結，並且將特別著重於探討患者放棄自殺後的生活。

防範復發

　　我們從許多實證治療文獻中可明顯地看見，不論是廣義或是自殺專門的治療，都特別強調「防範復發」的重要性（Apil, Hoencamp, Judith

Haffmans, & Spinhoven, 2012; Brown & Chapman, 2007; Dimidjian, et al., 2014; Gleeson et al., 2011; Huijbers et al., 2012; Piet &Hougaard, 2011）。事實上，在高度有效的認知治療——自殺防範（CT-SP）方案中，最後一次會談時所使用的意象導向防範復發計畫，即是此治療介入方案的一個鮮明特徵（Wenzel et al., 2009）。在這個局面的治療介入方案中，起初的重點是被放在辨認及認識自殺模式上。接著，CP-ST 傳授了患者許多具有價值的應對技能，幫助他們在未來當自殺模式被啟動時，能夠做出最適切的反應。但真正使這個方案如此成功的是其最後一次的會談，在此次的會談中，患者會被引導做假想的刺激暴露練習，這包含患者針對他們過去所學過的應對技能進行演練。這是件美好的事情，同時資料清楚地顯示自殺嘗試行為在這之後顯著地減少（Brown, Have et al., 2005; Rudd et al., 2015）。

因此，我逐漸意識到防範復發的重要性，特別是與自殺相關的防範。如同先前在 CAMS 裡所提及的，在 SSF 結果／處置的 A 部分裡，最後兩個開放式的問題直接地擁戴了防範復發的精神。這兩個問題分別為：「在治療的過程中，有哪些方面是對你特別有幫助的嗎？」以及「從這次的照護中你學習到了什麼是能夠幫助你未來處理可能再現的自殺風險？」而我們已經開始從這些問題的回應中獲得一些具有價值的資訊（Schembari et al., 2016）。雖然不要倒退回先前的自殺狀態是相當重要的，但在近幾年中，我更加專注於思考幫助患者前進的重要性。一個在 CAMS 照護中解除了自殺狀態的患者，到底該如何拋下自殺而去追求一個有意義的、放棄自殺後的生活？而身為心理健康照護提供者的我們，又該如何幫助這些患者誠摯地去追求生命的目標和意義呢？

生命課程

一個我一直以來在仔細思考的概念，是該如何幫助一位曾具自殺傾向

的患者透過一個簡單的「生命課程」治療活動，在放棄自殺後繼續前進。所謂的「生命課程」，是由一些基本的跨理論概念所組成，能提供患者一些基本的指引幫助他們前進。提供一個跳板給那些曾具自殺傾向的患者，以助他們發展出有意義的生命基石是相當重要的。在這方面，我認為最讓人信服的是一些符合直覺且吸引人的模型，而這些模型十分強調心理平衡的重要性。例如，博南諾（Bonanno）和卡斯頓圭（Castonguay）（1994）曾寫過一篇有趣的文章，提及關於平衡兩個心理構念「能動性」（agency）及「交流性」（communion）是多麼的重要。能動性聚焦於個人內在的生活、表現、成就以及目標感（也就是「行動」、「活動」）。而交流性則專注於與他人溝通、連結、互動，及欣賞「存在」的價值。這些作者具說服力地指出，要達到最佳的心理健康狀態，必須要在這兩個心理構念中找到平衡——同時有一個充滿意義、專注於自我的內在生活，以及一個充滿意義、專注於與他人產生連結的相對生活。

卡爾·羅傑斯（Carl Rogers, 1957）在多年前提出另一個我相當喜歡且簡單的構念——協調性（congruence）。而近代的學者也提及相似的概念——「自我差距」理論（self-discrepancy theory）（Higgins, 1999; Higgins, Roney, Crowe, &Hymes, 1994）。這個概念的本質，是關於「理想我」及「真實我」之間的心理一致性。當「真實我」及「理想我」相對協調一致時，個體通常能在生活中運作地相當好；然而當「真實我」和「理想我」有一定的差距時，個體將無法避免的經歷沮喪和痛苦的感受。

最後另一個我也相當欣賞的，是津巴多（Zimbardo & Boyd, 1999）所提及的心理時間觀。我們知道有些人在心理上仍深植在過去的生活（也許是仍被過去的創傷所困擾著，抑或是對生命的某個時期特別留戀，像是高中或大學）。有些人在心理上則專注於現在，遵守個人的信念把握當下，他們不花時間反芻過去發生的事或猜測未知的未來。而最後，還有些人在心理上則是活在未來，他們努力地去追尋適合的教育、工作、伴侶、朋

友、家庭和人生，以期有天能達到他們理想中的生活。津巴多指出，要擁有良好的心理健康狀態，個體必須要同時在心理上考量到自身生命的過去、現在及未來。從過去獲得智慧，珍惜把握當下，並且計畫未來，是追求一個有目標和意義之人生合理且直覺的方式。

　　不可否認地，我似乎還不夠格來談論這方面的議題，而我也無意裝作我對生命的意義有何特別見解。然而，當你花了三十多年的時間在研究具自殺傾向的人，你的確會得到一些有趣的觀點，並且開始停下來思考生命的目標、意義，和其他崇高的事情。發展及闡述一些相對簡單的思想和理念，來建造一個幫助患者脫離自殺後能繼續前進的基礎是相當吸引人的，特別是當現存的自殺學文獻幾乎很少談到此議題。有些人也許會爭論，這方面的思考已經是屬於「正向心理學」的領域了，或者與 1960 年代馬斯洛（Maslow）、羅傑斯（Rogers）、弗蘭克（Frankl）、梅（May）等人所提倡的人本主義運動沒太大的區別。然而這些思想的應用，特別是針對具自殺傾向的患者，卻至今都很少得到關注，也因此相當值得未來更多的臨床考量及實證研究。在此書可能的下一版中，也許我們會增加一個非強制要求填寫的文件，並將之命作「生命狀態量表」，這可能與期初會談時SSF 的第一頁非常相似。這樣的量表可能被應用於那些在 CAMS 照護中已順利解除自殺狀態，但仍需一些指引——一個跳板——來幫助他們探索生命下一步的患者。藉由使用這樣的量表，我們希望幫助患者在放棄自殺後的生活，找到一個追求存在目標及意義的大方向。這類想法與行為活化（Behavioral Activation）（Martell et al., 2013）、接納與承諾療法（Acceptance Commitment Therapy）（Hayes et al., 2001）以及動機式晤談（Motivational Interviewing）（Britton, Conner, &Maisto, 2012; Britton et al., 2011）概念下所包含的一些價值取向的工作相類似。

摘要與結論

　　本章以審視 CAMS 過程的最後部分——臨床結果及處置方式在此呈現。理想上，我們希望看見自殺患者成功地達到「解除」自殺危機的標準，以使 CAMS 照護真正結束。當然，除了最理想的局面以外，我們也一併審視了其他許多可能的臨床結果。在最佳結果中，CAMS 的解除自殺狀態標示出一個顯著的成就——系統的解構患者的自殺傾向，以充分且完整地了解患者與自殺的連結。當我們以這樣的方式來理解自殺傾向時，我們就能藉由有意義的穩定計畫，以及由患者所定義的自殺驅動因子取向治療，有系統地將自殺從患者的生命中移去。即使最令人滿意的結果未實現，我們仍能欣慰地知道，SSF 和 CAMS 方案仍能容納可能的臨床結果，以及其中所需的相關文件資料，這是許多現存的心理健康照護方案所無法做到的。在本章的最後，我們簡短地探討了 CAMS 照護末端的一些新想法，包含防範復發，以及如何透過由一些簡單想法所組成的「生命課程」，來幫助患者在放棄自殺後的生活上繼續前進。我們的目標是幫助這些解除自殺狀態的患者，將自殺拋在身後，去追求一個他們真正想要的生活。

第八章

以CAMS降低職業疏失風險

林恬安　譯

　　事實上，並沒有任何一個評估或是治療能夠保證一位已經下定決心的自殺傾向患者能不自殺。我們僅能盡力做我們能夠做的所有事情，其中最基礎的事情便是：患者是否有接受到在其可能的範圍裡，經過實證的評估和針對自殺最好的治療？以上應作爲臨床工作者抱持著最誠摯的期待，並在實務上提供處遇的準則，讓我們的患者，以及他們的家人能夠有所依靠。

　　不幸的是，我們的患者（以及他們的家人）仍對臨床工作者的能力有著強烈的幻想，幻想著我們能夠做出遠超於我們能力範圍的事情。因此，一旦我們沒有實現他們的幻想，尤其是當患者結束他們自己的生命時，事情就會變得很難堪，且在法律上成爲一樁職業疏失的案件。因此對許多臨床工作者而言，在患者自殺後，有可能被控告職業疏失造成「錯誤的死亡」的這件事，便是一個大量持續關注的議題（至少在美國是如此，但在其他地方也漸漸增加這樣的趨勢）。一些研究數據證實這樣的擔心是合理正當的。根據皮特森、露歐瑪和杜恩（Peterson, Luoma, Dunne, 2002）的研究指出，大部分的自殺遺族在患者於治療期間自殺死亡後，會考慮聯絡律師，而有 25% 的自殺遺族會真的實際行動聯絡律師！

　　爲使這個議題在本章節更加充實，請參見以下兩個臨床案例：

　　一位 20 歲就讀中西部一間大型大學的大三女性，被室友發現以皮帶掛在宿舍房間裡的衣櫃裡上吊自殺。這位學生的母親——是一位來自芝

加哥富裕的房地產經理人—— 對女兒的死感到深受打擊且極度憤怒。在女兒葬禮後，這位母親得知女兒曾經在大學的諮商中心裡晤談。她與中心的主管和曾經向女兒提供了 23 次 CAMS 引導之照護的臨床社工約了見面。女兒自大一至大二間，反覆出現自殺意念，但從未在穩定且成功運用 CAMS 治療中，接受住院安排。然而，在大二暑假結束後開學時，這位學生再也沒有安排會談。學生和臨床社工一同計畫於開學時再次安排進入會談。從這位臨床社工的文件紀錄上可看出，社工至少連繫了 4 次以上：兩次透過電話、兩次透過 E-mail，來連繫邀請個案回到中心接受會談。這位母親帶著律師來和中心主管及臨床社工面談，並抱持著「使用法律的手段來摧毀這間諮商中心」的決心。在面談中，中心主管冷靜地將患者的資料交給律師，其中包含了自殺狀態量表的紀錄文件，和臨床社工努力嘗試於開學時，邀請安排學生再次進入會談的清楚紀錄。針對母親的盛怒，這位律師拒絕了這個案子，僅以簡單的話語回應：「這個案子並沒有出現任何疏忽。」受挫的母親最後仍持續連繫三位律師希望能夠成功達成告訴，但三位律師皆一致認同的表示：「在這個悲劇的案件裡，並沒有任何部分可以針對職業疏失提出訴訟。」

一位 25 歲在東岸的研究智庫工作的男性經濟學家，曾至私人的執業機構中，與臨床心理師進行治療會談。這位年輕的經濟學家在臨床上有廣泛的憂鬱和焦慮病史，且以非常負面的方式描述曾經住院 10 天的經驗。他和他的上司針對某一個研究計畫起了紛爭，因此導致他的工作狀態被停留在試用期。除此之外，他和長期交往的女朋友也分手了，使得他陷入憂鬱的困境。這位患者總共經歷了 6 次的 CAMS 會談，在會談中不斷的談及他想要取得槍枝來進行自殺，但隨著 CAMS 安定計畫的進展，他同意放棄這個自殺計畫。但悲劇性地，在最後一次的 CAMS 會談兩天後，他朝自己開了一槍導致死亡。在 10 個月左右之後，臨床心理師收到了一

封 E-mail 以及一通來自患者住在加州的哥哥來電。患者的哥哥表示，他在整理患者的遺物時，發現一個資料夾被標示著「心理健康」，並對於其內看起來像是蒐集好一整疊的自殺狀態量表感到驚訝又深感好奇。臨床心理師和哥哥在電話中談了 90 分鐘，向其說明患者和臨床心理師所使用的 CAMS 為何。在通話中，患者的哥哥向臨床心理師揭露在這個資料夾中，其實還有一張患者買來自殺的槍枝收據，而這份收據開立的時間是在 CAMS 會談開始前兩週。臨床心理師對此感到非常震驚，並指出在紀錄中可以看到他和患者在會談中花了許多時間討論買槍枝執行自殺計畫的議題。而患者的哥哥則繼續補充道，患者大概是再也無法忍受第二次的住院，所以他才會在會談中說謊。臨床心理師和哥哥的通話結束於哥哥真心的感謝臨床心理師：「至少我讓最後和我弟弟一同努力的人知道更多關於他的自殺，而不是讓你對於他的死被蒙在鼓裡，這麼做讓我感到安慰 —— 對於弟弟是如此堅定明確的想死，我對自己和你都感到遺憾。」

這些都是很艱難的案例，但從中都可以看出那些令人心碎和極具挑戰的部分。這些案例同時也描繪了某些自殺遺族和患者身邊的人應對自殺的方式，有些人可能會向患者曾經求助過的臨床工作者找尋解釋。

這個章節將會主要涵蓋有關職業疏失致死訴訟的侵權行為，而將患者自殺暫且居於次要。因此，我們會討論如何和自殺傾向患者運用 CAMS 來減少各種對於臨床上是否有疏忽的擔心，以減少未來可能發生的職業疏失風險。我對於這個主題會快速的將重點強調在執業時應採取的自我保護狀態，而暫時將臨床重心從救人性命上移轉。無論如何，我們必須全面的思索本章所涵蓋的議題，因為這些議題在臨床上是如此的迫切需要熟悉，且同樣真的能拯救性命。

執業疏失概論

在美國，執業疏失責任歸屬是依據每州不同的法律而有所不同。事實上，執業過失致死的責任歸屬常常並不是依臨床工作者在整個治療過程中對患者做了什麼，而是根據參與案件的專家之專業度，及辯護律師左右非專業陪審團感性和同情的技巧而定。所以，當相關法條可能不太一致、專家及律師等變因，這些重要影響因素無法預期的情況下，對患者善盡責任、建立有系統的照護，以及完成完善的紀錄，顯然對阻止律師提起執業疏失訴訟是非常有幫助的（Bender, 2014）。

鮑曼、賈伯斯和席佛曼（Berman et al., 2006）曾提出，自殺死亡帶來的執業疏失致死訴訟是種侵權行為，原告（通常是自殺遺族）透過尋求不利於被告臨床工作者之執業疏失責任；原告通常會在民事法庭提起訴訟，列出各種被告臨床工作者為患者所提供的照護上所產生的疏失。在這種不愉快的情況下，所有原告律師所謂的執業疏失——消極或積極的作為——都被視為讓患者死亡、受傷的直接或間接原因，也就是說舉證責任是由原告律師來負責的。

臨床工作者的判決有罪與否，決定於「照護標準」（standard of care）。這個照護標準的定義是針對一位理性謹慎的臨床工作者在類似的情況下，對待類似的患者時，應有的期待（Melonas, 201; Michaelsen & Shankar, 2014）。請注意，照護治療標準並不是指對實務工作專家期待他們將怎麼做；而是一個理性、謹慎、整體來說有能力的一般臨床工作者會怎麼做。訴訟的過程始於法庭發出法庭命令（傳票），並清查所有與案件有關的文件資料，此過程就是偵查；接著便進入訴訟過程，案件中兩造法律專家會審閱相關紀錄文件，並通常會和不同的對象（證人）進行訪問，以後見之明來確認臨床工作者所為是否達到專業照護治療標準（Hashmi & Kapoor, 2010）。

　　依我的經驗及與其他自殺學證人專家／同事的討論，這類訴訟絕大多數不會進入審判階段，主要是因為這類訴訟的本質，原告律師通常只在預期會是勝訴的情況下，才會花很多時間研究和追打執業疏失致死訴訟，雖然原告會付訴訟的相關費用，但是律師計費時間的酬勞是視案子的結果而定（例如：優惠的和解金或是判決有罪）。換言之，在其他案子通常平均酬勞在 40,000～50,000 美元之間的情況下，如果預期無法回收相當報酬，原告律師就會對訴訟採保留態度（Wise et al., 2005）。因此，許多一開始由悲傷的家人所提出的訴訟並不會進展到這麼多程序，因為原告律師不會想為可能沒有對等報酬的訴訟而花上太多時間——這是一筆不賺的生意。研究結果顯示，雖然臨床工作者對執業疏失責任感到害怕和焦慮是可理解的，而且事實上也曾發生，但實際上只有極少數的疑似執業疏失案件曾進入法庭（Berman et al., 2006; Ellis & Patel, 2012）。

　　坦白說，進法庭為個人專業生涯奮戰是一種可怕的經驗，但即使案子沒有進法庭，被控告執業疏失致死痛苦的經驗，也將犧牲臨床工作者的專業聲譽和個人生活。如漢登（Hendin）、哈斯（Haas）、馬茲伯格（Mattsberger）、史贊托（Szanto）和羅賓維克斯（Rabinowicz）（2004）所述，在臨床工作者的生命中，歷經患者因自殺而死的經驗，本身就是個重大災難事件，有時也造成倖存的臨床工作者情緒上沉重的壓力。在能夠理解的悲傷之外，加上執業疏失被起訴的可能性，這就成了著實悲慘的經驗，使得臨床工作者更難承受失去患者這件事。

　　清楚明白了執業疏失訴訟令人討厭的本質後，接下來就是我們自己的責任，去全面的從法律系統角度來了解，其對於臨床工作者與自殺傾向患者工作時的期待。鮑曼和其同事認為（Berman et al., 2006; see also Sher, 2015），在自殺發生後，原告律師如要證實執業疏失致死，在訴訟過程必須證明四點：

1. 必須證明心理衛生臨床工作者對於患者有照護責任（通常透過專業關

係的本質不證自明）。

2. 必須證明臨床工作者失職。

3. 必須證明造成損害（例如：各種間接損失，像是未來收入、痛苦與折磨、失去陪伴等）。

4. 雖然細節可能因州而異，都必須證明這些損失乃因臨床工作者失職所直接導致（例如：疏忽）。

　　二十幾年前我們發表了一篇報告（Jobes & Berman, 1993），特別著重透過合乎標準的執業來減少執業疏失責任（參見 Melonas, 2011; Roberts et al., 2008）。在這篇報告中，我們主張以三個概括性原則來定義與自殺傾向患者工作的臨床照護能力。這三個專業執業能力原則強調：(1) 前瞻力（foreseeabiliey）（評估）；(2) 處遇治療計畫（treatment planning）（最好是針對自殺的）和 (3) 臨床執行及追蹤（clinical follow-through）（包括重要的會診諮詢和適當的紀錄，參見 Simpson & Stacy, 2004）。以這樣聚焦在減少執業疏失的組織方式，便直接形塑發展了 CAMS 的主要樣貌；接著讓我們先逐項深入討論每個原則，尤其是這三個原則各自是如何和 CAMS 的主要功能有所關聯。

前瞻力的重要性

　　前瞻力這個概念，與預測自殺危機，及完整仔細評估自殺風險有關。不過，這個評估是否嚴謹，常是執業疏失案例的關鍵議題。例如，臨床工作者問一個有行為規範障礙症病史、有過自殺意念和行為的十四歲患者：「你想自殺嗎？」而青少年只回答：「沒有。」這是否合理？被告律師可以合理的辯論：「有自殺意念評估，問了而且回答了。」但原告律師也可以有效的反駁：「是的，但是依據這個男孩的病史，你真的可以信任他的答案嗎？」由於每個案例的狀況不同，這兩面的爭論我都曾做出相關的辯

論；這通常與病歷紀錄中清楚反映的細節有關。關於這個個案，至少臨床工作者問了十四歲男孩自殺相關的問題，也在病歷中記錄這個事實，這是個好現象；坦白說，許多臨床工作者甚至不做這些（Cooms et al., 1992）。但這是否足以讓法官和陪審團相信臨床工作者已提供了足夠水準的自殺評估，並達到所謂的標準照護治療？這在每個層面上都很難回答，因爲的確每個個案都有獨特的因素和狀況。但在任何情況下，你真的想要冒這個險嗎？因此，避免在你的專業生涯中與法院專家對抗的最佳策略，就是確認你有執行自殺風險評估，並且在病歷中詳實的記錄（Bender, 2014; Smith et al., 2008）。爲達此標準，使用以 CAMS 爲基礎的自殺狀態量表之初談和治療期間會談，評估自殺風險的做法都是仔細連貫的，並且透過完成量表都能夠存有詳細的紀錄。

　　除了初期的風險評估外，在後續整個治療的過程中，持續不間斷的評估自殺風險，並且在紀錄中完整呈現是非常重要的。在 CAMS 引導的照護中，整體的自殺風險評估是尤其必須註記在「HIPAA 頁」中的「患者整體的自殺風險程度」（有三種風險程度可評估勾選，並且必須寫下臨床工作者判斷的依據）。除此之外，自殺風險評估應明確的從法醫學的角度，並使用特定的參考標準檢視患者是否有「明確且立即的危險」，來確認患者是否需要住院治療。必須注意的是，自殺狀態量表第四版的確在第一次會談中，結束前的建立治療計畫部分中，存在這樣的評估。更進一步來看，在「患者狀態」（自殺狀態量表 — 第四版（SSF-4）追蹤／更新治療期間會談表 B 部分）初評中，亦可考慮住院治療爲一臨床選項。最後，是否住院的選項，也同樣會在自殺狀態量表中結果／處置部分再次列入考慮選項。一般而言，是否住院的臨床判斷都必須記錄下來，而判斷是否讓患者住院的基本因素，則是考量患者的最佳利益和整體福祉。

　　多年前，我曾治療過一位滿具挑戰性的患者：高自殺風險的年輕男性患者，曾在青少年時期接連三年的夏天中，反覆接受注院治療。根據患者

本人的訊息，其父母會在他住院期間去度假；而在每一次的住院過程中，患者都遭受精神科的護理人員暴力對待以及反覆的性侵害。根據這樣的創傷史，我並不相信再安排住院治療會對已是成人的自殺傾向患者而言，是對其福祉最好的安排。幸運的是，患者透過早期版本的 CAMS 治療成功的走過幾次嚴重的自殺危機事件。在如此特殊的情況下，我針對不建議患者住院的理由，在病例中記錄得非常詳細且易於理解，內容包含了我以專業的推論來評估怎麼做才會是符合患者最大的福祉。

因此談到執業疏失時，紀錄就十分重要。如同所有的原告律師都會告訴你：「如果沒有寫下來，就如同沒有發生過這件事。」在所有我認識和訓練的臨床工作者中，紀錄對所有人而言都是一項很繁重的工作。但是在執業疏失致死的情況下，不足夠的紀錄將會成為原告律師攻擊臨床工作者的一項利器。以後見之明來說，原告律師會針對臨床工作者在臨床上對於所做或所沒有做的事情解釋之可靠度，來提出質疑。以臨床工作者有限的記憶及自說自話來對抗已經死亡的患者——一位因失敗的臨床照護導致「明顯的被害者」。原告律師惡名昭彰的對抗策略，即是將臨床工作者塑造成不討喜的角色；有技巧的輕易利用陪審團對於悲傷至極的自殺遺族家人，產生同情進而視臨床工作者為「貪財且冷酷的」治療提供者（通常是不真實也不公平的評價——一位怠忽職守，因而導致患者死亡的臨床工作者。根據研究，在原告律師心中，決定是否持續進行執業疏失的案子，約 80%～90% 的決定原則是根據病歷的品質（Simpson & Stacy, 2004; Wise et al., 2005）。因此，在談到保護自己免於執業疏失訴訟的狀況下，專業且詳盡記錄的臨床照護是必需的。

如同在第一章所述，越早期開始在臨床中持續辨識患者當下的自殺風險，並且仔細的評估自殺風險是 CAMS 引導照護的一大特徵，其中，臨床工作者持續用標準化的症狀篩檢工具，以及透過患者自陳的評估量表來辨識潛在風險。如果當下的自殺風險可以立刻被辨識出來，並立刻啟動

CASM 照護，那麼往後就不會有針對患者疏於辨認出潛在的自殺風險並且無所作爲的質疑，這樣的質疑通常是原告律師會在訴訟中提出的，認爲臨床工作者缺乏前瞻性。因此，CAMS 引導的照護，以例行性且持續的臨床評估自殺風險爲治療核心，就不會被他人有如此的批判及質疑。讓我們更直白的說，原告律師在事情發生之後，能以後見之明提出質疑，但是心理衛生臨床工作者是無法在當下準確地預測未來，或甚至是精準的預測患者的行爲。然而，臨床工作者在其中是可以謹慎的評估，若沒有仔細的覺察評估患者潛在的自殺風險，那就會是個問題，且可能導致臨床工作者的執業疏失。在和自殺傾向患者會談時，確實的使用 CAMS 和自殺狀態量表，就能夠消除對於自己是否有職業疏失的疑慮。

處遇治療計畫的重要性

　　原告律師會考量的第二個重大職業疏失便是臨床工作者的處遇治療計畫中，是否有任何的疏忽而直接導致患者的死亡。在本書的第一版，我針對這個議題書寫得較廣泛，在十多年後，我可以更深入精確的探討這個議題。目前的研究文獻相當明確的指出，成功針對自殺風險的治療應該包含自殺特定的治療。的確，這樣清楚的想法已被以下幾個研究證實：以重複的隨機對照試驗進行的辯證行爲療法（Dialectical Behavior Therapy, DBT）治療研究（Linehan et al., 2006; Neacsiu et al., 2010; Stoffers et al., 2012）、自殺預防的認知行爲治療（Brown, Have, et al., 2005; Rudd et al., 2015; Wenzel et al., 2009），以及針對 CAMS 的研究（Andreasson et al., 2016; Comtois et al., 2011）。如第二章所述，有極少數的證據顯示，治療精神疾患能夠減少自殺意念及行爲，將自殺視爲精神疾患的症狀，僅會失去治療的大好機會。但是，根據我在此領域的經驗，這仍然是大多數臨床工作者會做的事情──認爲治療精神疾患就是最好的方式來降低自殺風險。雖然這樣非

自殺特定的治療可能在技術上是能夠達到目前「標準照護」的標準，但是隨著越來越多的經驗實證顯示，這樣的取向並不能有效降低自殺風險，因此也漸漸無法為治療工作者辯護。根據眾多的證據顯示，以 CAMS 為基礎的臨床照護，針對自殺風險的處遇是有成效的，如此也使得 CAMS 照護遠遠超越了一般的臨床照護標準（Jobes, 2012）。

如同本書從頭到尾不斷的說明，在 CAMS 治療中，針對自殺的「起因導向」取向層面是過去十年來演進最多的一個部分，此部分則在第六章有更深入的探討。不僅僅只是 CAMS 中的治療計畫部分直接的針對自殺而建立，我們更進一步發展了一個全新的模式：透過清楚直接的敘說方式來思考自殺風險的原因，以達到自殺特定的臨床照護（Jobes et al., 2011, 2016; Tucker et al., 2015）。因此，在任何高明的後見之明來檢驗是否有職業疏失的情況下，CAMS 治療計畫中的自殺特定本質是能夠為臨床工作者帶來很大的保障的。除了這樣一般的考量，在 CAMS 自殺狀態量表中，治療計畫的幾個特定元素是我們接下來要再持續深入探討的。

治療計畫中問題描述

在 CAMS 引導的照護中，從第一次的會談到接續所有的會談，以及最後結案的結果及處置整個過程裡，對於什麼是主要的問題是非常清楚明白的，而且同時也定義了 CAMS 的治療計畫：第一個問題，潛在的自傷；這個清楚的聚焦也顯示出 CAMS 引導的照護中，沒有任何事情比管理這個風險來得更重要。也就是說，這樣的想法和在可能的情況下，我們努力不讓患者住院進行治療有著關鍵的相關性。除了這個最基本的治療焦點外，接下來 CAMS 的治療計畫則是以第二個問題和第三個問題，來著重討論先前在第六章所提到的自殺起因。

治療計畫中目標與指標

　　任何好的治療計畫都應該明確的列出治療目標和指標。更進一步理想的來說，計畫應該要能辨識短期和長期的治療目標。在處遇自殺風險的案例中，計畫就一定要包含立即短期的焦點和策略，來有效的管理門診患者的安定（例如，陪伴患者度過緊急自殺危機「黑暗時刻」的方式）。在 CAMS 的照護裡，目標和指標是透過完成 CAMS 的安定計畫來達成的。除了緊急短期的安定目標，一個詳細的治療計畫也應包含可以使照護成功的長期目標；而這樣的長期目標，則是透過患者在第二個問題和第三個問題裡詳細定義的自殺起因來設定的。多數以 CAMS 為基礎來討論自殺起因，會是一個比較大的狀況或是廣泛的擔心，通常需要在治療期間會談裡，花多一點的時間來建立有效的目標，最後使得自殺這個選項，能夠從患者應對困境的選項中剔除。

治療計畫中介入方案

　　如同第六章所述，CAMS 所引導的照護中一個很大的特點就是：只要是能夠有效聚焦並治療患者的自殺起因的治療介入方式，都是能夠被涵蓋在治療計畫的介入方案裡。CAMS 並不限定臨床工作者使用哪一種理論取向或是介入方式，簡而言之，只要是臨床工作者認為有效的方式，都能夠融合在 CAMS 照護中；這可能包含好幾種不同的治療形式、多樣的心理治療技巧、個案管理方式、藥物、生涯諮商等。我曾訓練過一群為美洲原住民提供照護的臨床工作者，他們就很喜歡在針對有自殺風險青少年的 CAMS 照護中，融合傳統原住民的藥物以及靈性治療。

　　另一個在執業疏失訴訟中常見針對臨床工作者的控訴是：沒有建議患者所有必須或是適切的治療方式；原告律師會以後見之明提出臨床工作者

應該要「用盡所有一切」的方法來提供照護，以免導致死亡結果。例如：
沒有轉介有明顯精神疾患的患者去做精神科藥物諮詢，就可能被後見之明
視為嚴重的執業疏失。即便是臨床工作者懷疑精神科藥物針對特定患者的
療效，還是無可避免的有可能必須對於沒有轉介精神科藥物諮詢而負起法
律責任。就目前多數有前瞻性的專家都認為轉介精神科藥物諮詢，是達到
專業照護標準的一個指標。因此，沒有做到這樣的轉介，是有可能被認定
為嚴重的執業疏失。然而，患者本人願不願意接受這樣的轉介又是另一回
事，在法律上臨床工作者就相對就沒有什麼責任。

　　除了治療疏失這個層面以外，臨床工作者考慮並且運用不同的轉介資
源就代表臨床工作者對於臨床治療是採取比較開放的態度。以後見之明來
說，這樣的態度相對於比較狹隘的態度——只使用單一的治療方式對於臨
床工作者本身是比較保障的（尤其是有證據顯示轉介不同的資源或是治療
方式是能夠為治療帶來效果）。例如：在處遇自殺傾向的青少年時，若沒
有邀請物質濫用的專家來評估患者的狀態，就可能會被原告律師認定為明
顯的疏失。若物質濫用的確提升了患者的自殺風險，這個例子就有可能真
實發生。另外，若沒有確實於患者結束住院治療後持續追蹤出院計畫，也
同樣會增加職業疏失的風險（Bender, 2014; Hashmi & Kapoor, 2010）。

　　　在整個照護的過程中，例行性的審視和更新患者的治療計畫是很重
要的；有時候，患者的治療看似沒有什麼進展，我們就必須全面的審視整
個治療計畫（參見 Jobes, 2011）。這樣的論點意旨我們必須全面的掌握治
療計畫，而非採取開放式（open-ended）又不機動彈性的照護模式。以原
告律師司法鑑定的回溯角度來看，開放式（open-ended）的取向是非常不
利於臨床工作者的，會使得原告律師認為臨床工作者對於患者是疏忽的，
而訂定的治療計畫是過時不適切的，且沒有隨著患者的需求而演進，最終
導致患者死亡。是以，臨床工作者所訂定的治療計畫若是能夠隨著患者的

臨床需求有所演進，就能夠降低職業疏失的風險。

治療計畫中的期間

有自殺傾向的患者投入的治療計畫應該是有時間限制，而非開放性的治療計畫。一般情況而言，時間在治療計畫中占有很大的影響成分，而在面對自殺風險的治療計畫中更是如此。提升患者動機，以及建立在合理的時間範圍內可以減輕患者痛苦的感受都是重要的。因此臨床工作者必須在長達十次的會談裡，針對特定的自殺起因，訂定特定的治療計畫。而當我對於期間的安排還無法準確的掌握時，我通常在第一次的會談中，會將整個 CAMS 照護療程期間設定爲三個月，三個月是執行 CAMS 治療一個合理有效的期間。我們從研究中可以得知，絕大多數的患者會在 12 次會談（並不是永遠）中完成治療照護，相對一輩子永遠面對應付自殺，這的確是一個較吸引人的選項。

關於諮詢專業督導

除了我不斷提到紀錄的重要性，例行性的諮詢專業的督導也是重要的（同樣的，也必須留下紀錄）。尋求專業諮詢的重要性是不置可否的，而其之所以重要，是因爲一來能夠提供好的臨床判斷，二來則是能適切的運用資源；同時，也能夠顯示臨床工作者在執業時並不是「獨行俠」。在自殺狀態量表第四版中，專業諮詢的意見可以註記於 HIPAA 頁的個案紀錄欄位中。最終對於治療處遇的考量則是取得患者身旁的資訊，以及建立家人或是可能的重要他人對患者的支持。例如：在我們的軍隊研究中，我們常常觀察到階層較高的長官協助患者解決工作層面相關的問題，或是在單位中的人際議題，都對患者有顯著正面的影響。同樣的，對於有自殺風

險的青少年來說，其對治療投入的家長和手足，也有助於患者建立一個支持的安全網。而伴侶同樣也能帶來很大的正面影響，尤其是當他們參與了「風險支持計畫」的處遇（參見 Bryan et al., 2011）。雖然仍會有些例外，臨床工作者在執行標準的臨床照護時，仍應例行性的考慮並蒐集患者身旁的資訊和支持。

臨床執行及追蹤的重要性

　　合格執業中，最後一個與降低執業疏失責任有關的概念，就是臨床追蹤。合格的臨床治療，應該有詳細的書面紀錄，臨床工作者要依計畫執行治療，且進行專業的完整追蹤、為患者的利益而努力。有個顯然很重要的法律問題，就是判定所擬的治療計畫是否有實際執行。根據我身為司法諮詢／專家的見證人的經驗而言，我曾參與過的數個案例裡，這些案例在病歷中呈現的治療計畫都相當適切，方式也相當適合患者，但實際執行的臨床照護卻和計畫不一致。如此治療執行上的失敗，可能會被看做是直接導致患者的死亡，並可能以後見之明檢驗時，顯示出臨床工作者的疏忽和職業疏失。

　　另一種經常出現在執業疏失訴訟中的重要控訴，就是疏於與患者的其他照護者協調患者整體的臨床照護（Bender, 2014）。同樣相關的是，沒有適切的從患者先前的臨床照護者那裡取得並回顧患者關於自傷史的病歷和紀錄，都可能被視為職業疏失（Melonas, 2011）。因此，臨床工作者必須至少試圖與患者先前的治療者連絡，取得相關資訊或是照護相關的紀錄，當然，這些努力都必須仔細的記錄下來。通常協調合作的內容是心理治療師，與開立並監控患者精神藥物用藥的臨床工作者，兩人間的討論及分析。而所有的治療協調必須經過患者授權同意，而簽過名的授權書，也應放在醫療紀錄中。此外，也應註明緊急預防措施的提供。書面紀錄中記載

的臨床治療範圍，以及警告可能發生的緊急狀況，都將反映標準照護中的專業覺察、責任歸屬及臨床專業能力。

　　在某些州法對於病歷外的紀錄規定中，有認定臨床工作者應存有病歷以外的紀錄；因此應了解在 HIPAA 及州法的規範下，自己所屬的轄區是否允許在病歷之外，做保密的心理治療紀錄。如果相關規定允許臨床工作者做這樣的紀錄，臨床工作者就應考慮這麼做，因為這些紀錄通常對執業過程提供更詳盡的細節及資訊，可作為往後治療之深度及完整性的證明，這樣的資訊通常在標準的病歷中無法呈現。無論如何，臨床工作者都必須確實遵守撰寫心理治療紀錄的相關規範或法令。舉例來說，這種紀錄必須固定存放在完全分立的檔案中（儲存的物理空間必須與患者的病歷分開）。這樣的紀錄通常是比較敘述的，且相較典型僅列出客觀事實及照護作為的病歷進程紀錄，可提供更細節的主觀資訊。

　　在 CAMS 照護中，明顯重要的特徵，就是完整的臨床追蹤。事實上，CAMS 的照護方式，應永遠不會遺漏自殺狀態患者的自殺議題，且會盡早辨識自殺風險，並在整個過程中持續進行自殺風險臨床追蹤及處遇。換句話說，SSF 有完整追蹤的路徑圖，如果臨床工作者在 CAMS 的初期、中期及結束階段，都能確實的完成自殺狀態量表的每個部分，那麼臨床工作者便已經做到了定期的評估自殺風險、發展自殺特定的治療計畫、考慮運用適切轉介的轉介資源、尋求專業照會諮詢。例行性的使用自殺狀態量表，代表臨床工作者的病歷紀錄是有遵守 HIPAA 的規範；而使用 CAMS 也代表臨床工作者，建立了完整且周延的自殺特定病歷紀錄，即所謂非常優秀的紀錄。無論如何，更重要的是——這個使命的重點——臨床工作者對自殺傾向患者提供了臨床實證顯著有效的治療。

摘要與結論

　　如本章所述，合乎專業的勝任臨床執業、考量患者的最佳利益，及留心潛在的執業疏失責任，並不是各自獨立的概念。如果一個臨床工作者致力於完整評估自殺危險性，針對危險性發展周詳的治療計畫，並在臨床治療中完整追蹤，就已提供了一定品質水準的治療，且遠超越「標準照護」（用來檢查治療過程中執業疏失責任的放大鏡）。如果臨床工作者使用 CAMS，就會詳實的在自殺狀態量表中記錄下針對自殺相關行為特定的臨床執業過程。透過 CAMS，臨床工作者和患者可以一同完成一套可靠的實證療程。我相信這樣的執業方式，能夠從根本上的治療自殺起因，對於正在承受苦痛的生命就能夠有所改變，從此穩定並保護生命。雖然這樣的治療模式並不能保證沒有任何死亡的發生，但是這無疑地提供了一個基本臨床工作者能為患者提供可能的最好照護，而且這個照護是經過實驗證實，針對自殺相關行為是有效的。這個治療模式是我們身為臨床工作者都渴望做到的，也同樣是臨床工作者在令人反感的職業疏失訴訟中，相對最保障自己的「盾牌」。更重要的是，這是少數實用的取向中，能以道德高尚之心拯救患者的性命，為患者提供最好的照護模式。

第九章

CAMS在不同場域的使用及未來發展

賴佑華　譯

在這最後一章，我會回顧 CAMS 在不同場域的應用和調整，思考與 CAMS 有關的各種可能未來發展。前面曾經提過，SSF 的發展和它在 CAMS 內的使用，是從真實世界的臨床需求中發展而來。最初的需求，是要加強大學諮商中心的門診治療師們服務自殺危機學生時的自殺危機評估和管理（Jobes, 1995b; Jobes et al., 1997）。後來 SFF 被推廣到美國空軍，供心理健康門診服務者對執勤中的自殺傾向兵士們使用（Jobes, Wong, et al., 2005）。SFF 就從一開始迷你的使用，演變為後來大規模的臨床研究，並發展出本書所述的 CAMS 方案。現在 CAMS 仍是鮮活的、呼吸著、持續進化的一種臨床介入處遇，可以在世界各地、各種場域，對各種類型的自殺傾向患者廣泛的使用。不論何種專業訓練背景、治療取向或臨床技巧，都可以使用 CAMS。我滿心期望 CAMS 能夠根據持續進行中的臨床研究持續進化，尤其在這個美國和各國心理健康照護都顯著變化中的時代。

CAMS架構的應用

從一開始我就希望 CAMS 和 SFF 能彈性且適用於廣大的臨床場域和自殺傾向患者（Jobes, 2000）。如本書所述，CAMS 主要是由各種不同心理健康照護執照的照護者在門診使用，不過自從本書第一版問世後，許多有趣的 CAMS 應用開始發生。這可能是因為我們決心將 CAMS 定位為

一種照護哲學，一種有彈性的自殺處遇架構，而不是一種新的自殺危機處遇心理治療法（Jobes st al., 2011, 2016）。這些跨情境的應用和形式值得參考。

不同治療場域的CAMS應用

接下來將介紹在各種場域應用 CAMS 的範例，以利說明在不同治療情境和其他調整變通方案中的 CAMS 應用。

一般門診式場域

由於 SSF 最初發想時就是在門診場域，SFF 和隨後發展出的 CAMS 方案使用在一般門診自然很合適。當擔心有「漏網之魚」的自殺傾向患者時，CAMS 已經證明在這方面特別有效。舉例來說，當新手臨床工作者在督導下實習時，使用 CAMS 可同時提供新手治療師和患者珍貴的架構與支持。此外，例行使用自殺危機追蹤，能強迫治療師關注這些個案的自殺危機。在許多穩定使用 CAMS 的場域中，機構負責人能夠比較放心，因為令人擔憂的自殺傾向患者會被適切的辨識、評估、管理和處遇。如第八章所述，就算當自殺行為發生時，在 CAMS 方案應用過程中所產生的 SFF 文件，通常能顯著降低被告的風險。

大學諮商中心

現在在美國和國外都有許多大學諮商中心使用 CAMS 方案。從實證研究中我們發現，身為一個大學生就比非大學生有較多自殺保護因子（Schwartz, 2011）。許多校園環境的特質讓 CAMS 的使用更為有效，例如，如果有自殺傾向的大學生有住宿時，宿舍管理員（情況好時甚至是室友）就可以加入提供支持與陪伴的行列。諮商中心和健康中心（指藥物或

飲食疾患監控）的協調相對容易。校園也有其他資源，像是閱讀和學習策略服務、校園牧師、無數的社團、組織，以及讓學生行動的機制，都可以治療性的鼓勵自殺傾向學生參與活動，協助學生變得有行動力。這些年來我們也發表了數篇在大學使用 CAMS 和 SFF 的文章，提供高等教育中的心理健康照護者豐富資源（Jobes et al., 1997, 2004; Jobes & Jennings, 2011; Jobes & Mann, 1999）。

社區心理衛生中心

　　近十年來我已提供許多社區心理衛生中心（Community Mental Health Centers, CMHCs）訓練和諮詢。透過與這些社區心理衛生專家的互動，我已感覺到這些場域獨特的需求與挑戰，且相信 CAMS 有其真正的潛力可以用在社區心理衛生之中。不過有些社區心理衛生專家認為，將 CAMS 用在嚴重心理疾患或認知障礙患者身上時，可能會太過複雜。雖然這個擔心情有可原，但我認為，即使與嚴重失能的心理疾患工作時，治療師仍可使用 SSF 作為非常有效的臨床指南。但要讓嚴重心理疾病的患者順利應用 CAMS 方案，臨床工作者需要花費更多的時間投入，並且要非常主動及提供更多的指導。我自己有成功對妄想和思覺失調的精神病患者使用 CAMS 方案，但它的確需要更多的耐性、時間和堅忍不拔的精神。對認知障礙或無法閱讀的患者而言，治療師仍可使用此方案，但必須更積極一步步指導患者完成 SSF 的每個部分，或是代患者謄寫。我了解許多治療師可能沒有足夠的時間為此類患者實施 SSF 和 CAMS 方案，尤其是案量和嚴重程度都超出負荷的社區心理衛生中心治療師，真的會有執行時間不夠的狀況。不過我們也看到一旦 CAMS 方案在美國和國外的社區心理衛生中心變成機構根深柢固的文化後，都能夠被廣泛運用（例如 Comtois et al., 2011; Corona et al., 2013）。本章隨後會討論將 CAMS 應用在團體治療（CAMS-G），也是在資源有限情況下，治療更多自殺傾向患者的方法。

私人執業場域

我認爲 CAMS 方案——和本書——特別適用於私人執業的臨床場域。從工作坊訓練經驗中得知，私人執業者常提到與自殺傾向患者工作時，感到特別容易受傷。由於執業的本質和範圍，私人執業的臨床工作者可能會特別有孤立無援的感覺，這樣的私人執業者，常沒有同事或行政同仁提供資源、結構或專業支持。當私人開業者面對一個新的自殺傾向患者，或當現有的患者變得想自殺，奮力突破迷霧的同時，他們可能會感到迷失、超出負荷，即使立意良善或眞心想協助，部分治療師會發現自己被某一個自殺個案淹沒，並且因此無法抵抗「自殺勒索」（見第三章）。

這樣的情況下，CAMS 可能可以提供有意義的解方，因爲 CAMS 提供了清楚的程序路徑圖，提供了做出完整臨床個案紀錄的方法，最重要的是，爲與自殺患者工作創造了有幫助的架構。我每年都收到許多私人開業者的感謝信，信中表明 CAMS 方案改變了他們的診所，增加了與自殺個案工作的專業信心。

員工協助方案

據我所知，有數個員工協助方案（Employee Assistance Programs, EAPs）已經有效成功的對自殺傾向員工使用 SSF。員工協助方案本質上屬於短期的、評估取向的服務，因此 CAMS 強調發展穩定化計畫的指標就很適合 EAPs 的情境。由於員工協助方案中，治療師通常只能與員工進行一到四次會談，以 CAMS 開始會談會是促進穩定化且很有效的，特別是當患者的自殺驅力處遇方式能有效實現時。從專業倫理的角度來看，在療程開始前的知情同意書中，應該要對 EAPs 員工說明我們的客戶是業主，而不是員工。

司法相關的場域

幾年前，一位主管全州 28 個少年矯治機構心理健康服務的心理學家來找我，想對機構裡有自殺傾向的非行少年使用 CAMS 方案。他告訴我，大多數年輕受刑人，在受監禁期間都會有某個時間點被通報有自殺意念。我們因此修正 CAMS 以求在這個系統裡最有效的發揮（Cardeli, 2015; Holmes, Saghafi, Monnahan, Cardeli, & Jobes, 2014; Mohahan, Saghafi, Holmes, Cardeli, & Jobes, 2014; Saghafi, Monahan, Holmes, Cardeli, & Jobes, 2014）。其實並不意外的，我們最先遇到的挑戰就是在這個矯治系統裡有自殺意念，通常表示不只增加自殺行為的危險，同時也增加非自殺的自傷行為（NSSI），包含刀傷、燙傷、抓傷、用頭撞牆等。我們真的觀察到在這個案子裡，多數的自我毀滅行為是各種自傷，而不是「真正的」自殺危機。此外，這樣的環境顯然讓自殺威脅行為或被視為自殺的自傷行為有「附加價值」，這樣的做法讓惡意自傷有潛在的功能價值。

在司法機構裡，有關自殺危機的議題毫無疑問的特別複雜。一方面監禁（不論是拘留所、輕刑或重刑監獄），自殺身亡的數字確實在統計上顯著較高（Maris et al., 2000），另一方面，自殺威脅也可能被用作離開群體囚房，進入相對「舒適」的監獄病房的藉口。因此治療師在這個場域工作時，如何分辨「真心」或「操弄」（功能性）自殺危機，總是令人非常掙扎（Carfeli, 2015; Mohahan et al., 2014），再加上如果患者自殺身亡，司法場域裡更複雜的心理照護政策議題和治療師的責任議題，都讓我們發現這可能是最挑戰的工作環境。

雖然挑戰很嚴峻，不過我們在少年矯治機構使用 CAMS 的經驗卻是完全的正向（Cardeli, 2015）。有四個堅強的理由可以在少年矯治機構使用 CAMS：（1）通常比較沒有時間壓力，只要有一些進展，治療師和這些患者的工作就可以繼續；（2）使用 CAMS 中的 SSF 進行完整的危險性

評估，有助於分辨眞或假自殺危機；（3）從究責觀點來看，CAMS 的文件資料對釐清不當醫療責任證明是特別有幫助的；（4）也許是最關鍵的，監禁就是會提高自殺危機。綜上所述，以實證研究爲基礎而針對自殺的方案，對這個高危險族群特別合適。不過最近在成人監獄使用 CAMS 的經驗就比較複雜，因爲已經被定罪的成人較難合作或投入情緒，也可以想像某些監獄文化迫使治療師使用較爲權威式的「上對下」方式跟受刑人工作，不過有些治療師仍然能對部分受刑人成功使用這個合作式方案。我觀察其實這很單純，就是 CAMS 方案對某些個案或某些治療師並不合適，而他們當然可以使用其他有實徵研究的自殺危機處遇方案。

急診部

　　Barbara Stanley 和 George Brown 的研究（見 Knox et al., 2012）激發我的靈感，他們使用「SAVE-VET」方案，一種一次性針對自殺危機、聚焦在安全計畫和自主電話追蹤的介入方式。過去這幾年我都在廣泛研究並修正 CAMS 方案的短版介入方案（CAMS-BI），CAMS-BI 是一次性的介入方案，套用 CAMS 初次會談的程序，並不期待有下次會談，患者在這次會談獲得一些跟他自己自殺危機有關的衛教資訊，並和治療師一起發展出 CAMS 穩定化計畫。和 SAVE-VET 一樣，有另外提供患者可以接受的自主追蹤管道（例如助人者手機電話、簡訊、電子郵件、信件、推特或臉書）。此外，參與 CAMS-BI 的患者可能也會收到「適應照護包」，一個信封袋或小盒子，蒐集了各種助人衛教宣傳、生命線電話、其他資源，以及一本 Ellis 和 Newman 寫給自殺危機患者的《選擇活著》（1996）。也跟 SAVE-VET 或其他應用自主追蹤的方案〔例如，Jerome Motto 的「照護信」（caring letter）方式，見 Motto & Bostrom, 2001〕一樣，CAMS-BI 建議針對沒興趣長期參與治療的自殺危機患者，而且這個方案可以用在急診室、住院治療結束時、醫療手術前的身心科會診服務。

時間議題在急診部是特別的緊迫，醫生也許只有十到二十分鐘可以評估一個患者。然而，我的同事在瑞士蘇黎士醫院以 CAMS 評估急診室患者，報告指出他以並肩 CAMS 導向的評估，使用 SSF 約花了十到二十分鐘。但他堅持認爲，雖然花掉時間，卻取得患者的合作與契合。由於急診室人員主要關注的是評估和處遇，他們可加速以 CAMS 爲基礎的評估，也就是使用 SSF 的 A 與 B 部分，甚至可以辨認出部分驅力問題（問題 #2 和問題 #3），以決定是否收治病患住院。很顯然的，穩定化計畫和有效處遇是急診自殺危機病患不住院的關鍵。在急診室裡，「照護轉移」是關鍵，如果急診室人員不能建立有效的穩定化計畫，也不能確定患者會出席有效門診人員提供的「隔日約診」，可能就得啓動昂貴而且可能汙名化患者的住院措施（見 Comtois et al., 2011; Jobes, 2016）。

住院病房

過去幾年來，各種 SSF 的變化形已經在 Mayo 診所身心科病房有效的成功評估自殺危機（Conrad et al., 2009; Kraft et al., 2010; O'Connor, Jobes, Comtois, etal., 2012; O'connor, Jobes, Lineberry, & Botswick, 2010; O'Connor, Jobes, Yeargin, et al., 2012）。經過這些年，SSF 的評估內涵曾經被身心科病房護士使用，並且相關數據被用作有意義的形塑患者的住院治療計畫，以及知後同意的出院目標計畫（Lineberry et al., 2006）。最近這幾年 SSF 也被整合在 Mayo 診所住院初始全年齡 E 化評估表裡（Romanowicz, O'Connor, Schak, Swintak, Lineberry, 2013）。

除了以 SSF 評估之外，CAMS 方案也被應用在不同的住院場域有段時間了。例如十多年前一組瑞士住院治療人員（Schilling et al., 2006）用德文翻譯的 SSF 和 CAMS 住院處遇方案治療了 45 名自殺危機患者，這些研究者表示，整體急性症狀和自殺危機經過十天住院治療有顯著降低。

CAMS密集住院照護

Marjan Hollooway（Ghahramanlou-Holloway et al, 2012）發展出住院認知治療（Post admission cognitive therapy, PACT），一種密集的自殺危機處遇方案，激勵了我們開始在幾個美國住院治療機構，研究 CAMS 方案對住院患者密集實施的版本，又叫做「CAMS 密集住院照護」（CAMS Intensive Inpatient Care, CAMS-IIC），可以用在住院三至六日的患者身上。CAMS 照護因此被壓縮成一種密集治療經驗，也就是自殺危機患者會接受密集接受 CAMS 標準化的初次會談，至少一次中間會談，最後是出院/處遇會談。這個處遇方案的目標相對簡單：我們聚焦在完整的評估自殺危機、辨認患者認為的自殺驅力，以及和有紮實安全化計畫的最佳出院處遇計畫，最好還有門診治療師接力協助維持穩定化計畫，並針對患者的自殺驅力治療。使用 CAMS-IIC 至少可以幫忙確定幾個穩定化計畫中針對自殺危機的適應技巧，以及可以幫忙形塑出院治療計畫的幾個針對自殺危機處遇。

門寧格版本的CAMS

自從本書的第一版出版後，我們已經看到在德州休士頓門寧格診所（Menninger Clinic）使用 CAMS 住院版本非凡的成功，稱作 CAMS-M（門寧格版本），這個 CAMS 的住院治療版本不僅高度成功，而且有無數研究報告出版（Ellis et al., 2010; Ellis, Daza & Allen, 2012; Ellis, Green., et al., 2012, 2015; Lento, Ellis, Hinnant, & Jobes, 2013）。這個改編過的 CAMS 版本是由湯姆伊利斯（Tom Ellis）對住院五十到六十天以上的高度自殺危機住院患者，有時每週用 CAMS 兩次。這種比一般住院久長的設定，使得 CAMS 門寧格版本有一些獨特的修正和開展。例如穩定化計畫可以由技巧很好的病房護士執行，而受訓過的 CAMS 住院心理治療師可以專心投入患者的自殺驅力密集治療。雖然門寧格的長期住院較少見，我們相信對

於自殺危機的嚴重長期患者（可能住院多次）來說，住久一點若可以是最後一次住院，或是患者跟自殺的關係從本質上有所改變，而且這個改變能證明是禁得起出院後的考驗，那也很好

不同治療形式的CAMS應用

由於 CAMS 同時是一種哲學，也是一種很有彈性的針對自殺的門診架構，我們已經看到許多以不同治療形式應用 CAMS，且令人興奮的發展。部分關於這些新穎的 CAMS 改編值得說明。

CAMS小團體治療

直到今天，還是很少見以團體治療形式進行的自殺防治小團體。不過從本書上一個版本問世至今，以團體形式進行的 CAMS 新模式已經出現，而且由我們團隊密切研究著。第一個以團體形式應用改編的 CAMS 小團體方案（CAMS-G），是在華盛頓 D.C. 的榮民醫院，要以門診方式治療一群有嚴重心理疾病和自殺危機的退伍軍人（Jennings, 2012）。這個團體方案需要在開始團體前，要求個別執行標準的 CAMS 初始會談。由於團體成員都有嚴重的心理疾病，這個獨特的 CAMS-G 是相對較有結構而且注重衛教，不過仍保留 CAMS 哲學和 SSF 架構，來形塑針對自殺的團體治療過程。

第二個知情同意且針對自殺的 CAMS 團體治療方案，也成功應用在 Louisville 榮民醫院（Johnson, 2012; Johnson et al., 2014）。這個版本中，有自殺危機的榮民在出院開始參與門診團體治療前，完成了以 SSF 為基礎的 CAMS 標準化評估，團體裡都是承認有自殺危機的出院患者，每次團體都會再完成治療中期的 SSF 評估追蹤表，幫助患者認知和反思這個針對自殺的團體治療經驗。這兩個早期的 CAMS-G 方案，後來被整合成一

個標準化的 CAMS-G 格式，現在我們正以隨機對照實驗的方式進行前端的可行性研究。團體治療模式顯而易見的優點，就是以最大效能讓更多患者接受更多針對自殺的照護（Johnson, 2014）。更重要的是，我們相信把 CAMS 當作一個出院後的治療選項時，出院期間的危機便能夠透過好的出院照護轉換而有效降低。另外，團體治療模式也有它獨特的治療潛力，如能夠直接闡述「自覺是負擔」的概念，以及同質性自殺患者們分享有效的穩定化技巧和自殺驅力處遇方式。

CAMS青少年和兒童治療

許多治療師會問我有關 CAMS 如何應用在青少年及兒童族群，自殺研究中最刺眼的缺陷就是鮮少有針對 12 歲以下自殺者的研究（Anderson, Keyes, & Jobes, 2016）。幾乎像是這樣年齡的兒童不會有自殺想法或自殺行為，不過我們都知道事實並不是這樣，平均看來，在美國每年有 33 個 5～11 歲的兒童自殺身亡（Bridge, Asti, et al., 2015）。直到前陣子我也仍不能推薦對 12 歲以下兒童使用 CAMS，不過最新研究改變了我的想法，我們看見治療師成功的使用為 5～12 歲兒童大量修正的 CAMS 版本，孩子們對治療很有反應（見 Anderson et al., 2016），雖然這個研究結果很令人雀躍，還是需要更小心完整的實徵研究，以進一步了解對年幼的自殺危機兒童使用 CAMS 時的優點或可能的隱憂。

前章節曾說明，我們已經能夠常態性看到對自殺危機青少年使用 SSF 的效果（Romanowicz et al., 2013），也能看到對有自殺危機的矯治機構非行少年應用的效果（Cardeli, 2015），總的來說，我們看見 CAMS 能有效幫助許多後青春期的自殺危機少年，相信你現在也能看見 CAMS 要求患者成為自己經驗的專家有多重要。對大部分我處遇過的青少年來說，他們是所有事情的專家，尤其是對他們自己！換句話說，就是當 CAMS 適當的應用在有自殺意念的青少年身上時，他們常常熱情的擁抱 CAMS 的中

心哲學，因此青少年通常會發現 CAMS 標準照護像是一個療癒的論壇，在這個論壇裡，他們可以說明和解釋內在的自殺掙扎，也可以明白說出治療驅力的方案，這對許多青少年來說是非常新穎的經驗。

有些治療師會覺得 SSF 的用字對兒童或青少年來說過於複雜或抽象，至今我們針對這個議題所做的研究並沒有發現這樣的狀況（O'Connor, Brausch, Anderson, & Jobes, 2014; Romanowicz et al., 2013），不過的確有需要放慢治療方案的腳步。也就是說，應用 CAMS 營造出的評估論壇時，會有個治療師對自殺危機青少年描述並協助澄清 SSF 相關架構的「教育性時刻」。有些青少年一開始會無法信任成年治療師竟會給他們空間、支持他們說出自己的自殺議題，因為他們已經很習慣成年人（如家長、老師或教練）告訴他們該怎麼想或什麼感受才是對的。青少年總是在親身體驗到 CAMS 方案裡我們對這些自殺掙扎的態度後，才真正明白和能夠投入這個方案，對這個過程和治療師的信任便會呈現指數型增加。

跟任何未成年人工作時，基本的考量就是如何技巧性的讓家長參與治療過程，平常跟未成年人工作時就很重要，跟自殺危機青少年工作時更為重要。坦白說，家長常是自殺危機青少年的核心議題，因此他們的參與常有些棘手，有可能是很療癒的，也有時會是災難性的。我們的社會認同家長對孩子有特殊的所有權，對於子女的照護他們的確有法定權利可以知悉和做決定。我們建議把跟所有對象（包含兒童患者、父母雙方或主要照顧者）的初始會談當作一般流程，以利營造關於溝通和所有人共同支持治療計畫的共識（O'Conner, Brausch, et al., 2014）。療程開始後，家長在整個照護過程中，都必須被技巧性的納入治療過程，以利最大化他們支持療程的角色功能。我們發現有時候一些對 CAMS 的說明和教育家長認識這些針對驅力的治療，能夠讓家長較容易明白、接受自己子女的自殺危機。我對家長明白的說明自殺危機的死亡威脅，這絕不是危言聳聽，遇到這樣的情形也沒什麼好包裝的了。許多家長出於恐懼、丟臉或否認，會尖銳的表

示自己小孩爲人所知的自殺危機只是一場少年、少女遊戲。在美國和世界各地，自殺都一直是青少年主要死因，我無需贅言小看自殺危機的危險性。

跨文化應用的考量

　　這整本書都在闡述 CAMS 如何在世界各地應用在廣泛自殺患者身上，特別是在以社區爲基礎的研究中，我們發現 CAMS 成功的廣泛應用在不同文化背景的患者身上（見 Comtois et al., 2011; Corona et al., 2013），目前也的確在研究 CAMS 方案和 SSF 在美國、愛爾蘭、挪威、丹麥、瑞士和中國等不同對象應用的結果（Schembari & Jobes, 2015）。我知道 CAMS 在過去 20 年間，幾乎對所有種族和信仰的族群應用時都是成功的，我也知道不同的文化對這種與患者並肩的做法有不同反應。例如我有一次在哥本哈根的訓練課程播放我應用 CAMS 的影片時，現場的治療師表示，我坐得離患者眞的很近，他們表示他們也會和患者並肩，但患者和治療師的距離較遠。另一個有趣的文化現象是，有些文化事實上較偏愛讓治療師保持在上位（較像專家和權威的「醫生」角色），而不是我通常在 CAMS 標準化照護中強調的，治療師致力於營造一種較平等和合作的互動。

　　最近我們正在嚴謹的翻譯並驗證 SSF 的西班牙文版本（Bamatter, Barrueco, Oquendo, & Jobes, 2015），除了以常用的回譯方式來創造西班牙文版本，這個研究更致力於透過專家和社區成員回饋，發展出一套針對該文化的使用方針，結果就發展出 SSF 西班牙文版本的索引，索引中強調下列分支主題：文化能力、文化價值、文化適應性，以及文化表達痛苦的方式（Suarez-Balcazar et al., 2011）。透過這種針對文化敏感性的研究，便可以在使用 CAMS 方案和 SSF 時，把重點放在方案的優點，且仍然顧及文化情境並增強對特定族群的應用。

　　在我看來，我認爲證據和臨床經驗指出 CAMS 能夠在跨文化場域有

效被應用，這有一部分是因為方案在設計時就期望能被彈性運用，因此非常歡迎跨文化的修正和調整，不過我也要指出，CAMS 並不能適用每個情形、所有情境、每個文化或所有自殺危機患者。很難想像有任何應對自殺這個複雜危機的方案能套用在所有情境，就連 CAMS 也不能。

CAMS方案與伴侶或與其他支持者

　　相對來說，我曾經觀察到當 CAMS 方案有伴侶或重要他人出現時，某方面來說是特別有力的。臨床試驗中，我們常態性的應用「危機支持計畫」來營造一個支持療程的角色，以及與配偶、重要他人、朋友、家人協商出共識（Bryan et al., 2011）。我記得在陸軍醫院時，有個重度憂鬱且有肉搏創傷症候和長年疼痛的軍人，我們會定期邀請他太太參加會談，會談中會回顧 SSF，並向她解釋他不斷演變的自殺驅力。這幾次會談非常動人而有力，太太被告知如何才能不要破壞這個療程，而且她進一步學習如何在他的穩定化計畫和驅力治療中扮演好一個重要支持者的角色。我們看到在這個結構性的方案中，依照個案情況策略性的引進他人支持作為賦能的方式，能夠增進 CAMS 標準化照護效果（當引進他人支持似乎是對患者最佳利益時）。

CAMS遠端應用

　　在遠端照護的設定下應用 CAMS 似乎有點怪，不過有個治療師的確曾經成功在陸軍的流程改善計畫中遠端應用 CAMS 方案，這個情境中，軍人患者可能住在軍醫診所幾小時車程外的距離，他手中有一份治療師提供的 SSF，軍醫診所裡也有一份複本。他們透過螢幕以 SSF 引導著 CAMS 方案會談，治療師依據患者所述完成 SSF，忠實的依照患者所說的完成評估和處遇計畫。治療師告訴我們，患者非常「享受」這樣的氛圍，而且當治療師寫下非他本意時會起勁的糾正他。這位創新的治療師因此相

信遠端應用也是一種可以有效應用 CAMS 的方式，雖然他們顯然不能像一般見面會談一樣肩並肩進行。我們計畫要在接下來幾年的陸軍流程改善諮詢工作中，繼續研究遠端進行 CAMS 的可行性，也許能更有意義的拓展 CAMS 在辦公室外的應用。

半專業人員應用CAMS/SSF

以針對自殺的臨床介入方式來說，CAMS 本來主要是提供有執照的專業心理健康照護者使用，不過我們也的確看見越來越多半專業人員成功應用 CAMS 的評估部分。

心理技術人員

我在美國軍人和榮民事務處主持自殺相關流程改善諮詢和訓練時，有不同的跨專業人員和半專業人員應用 CAMS，例如在幾個軍醫門診裡，我們成功的訓練心理技術人員（psychological technicians, psych-techs）初步應用 SSF 完成 CAMS 標準照護中的初次會談評估。在這樣的軍方治療機構裡，有執照的心理健康照護者依規定要對新來的服役中軍人病患執行廣泛的評估，有時長達數小時。某個機構的長官被這樣的程序激怒了，建議我們訓練他的心理技術人員執行CAMS起始會談SSF中的 A 和 B 部分。

補充說明一下，在美國陸軍裡，大部分心理技術人員至少有高中以上學歷，大部分也有一些相關訓練以及對心理健康照護和相關情境的認識。原則上技術人員的角色就是行政工作，也就是書面工作和患者約診，不過在部隊部屬在外的情況下，技術人員也常被稱為「醫生」，而且比起隨隊的有執照心理專業人員，更常是士兵們尋求協助的對象！基於這些考量，診所的指揮官才形成這樣的想法，當診所的專業心理人員都被累人的初談規定綁死時，自殺危機患者仍能得到針對自殺的合作式 SSF 評估，這時就由受過培訓、有適當督導的心理技術人員提供。這樣執行時，心理技術人員會完成 CAMS 取向的初次會談評估，並接著由有執照的治療師

加入會談、發展出 CAMS 穩定化計畫和驅力取向的處遇計畫（C 部分）。一旦患者投入了這個混合模式，有執照的治療師接著會進行 CAMS 中期治療工作，同時有熟識個案的技術人員作為持續照護和追蹤的外在資源，也就是說，技術人員需要時，可以增加患者接觸（若需要幫忙穩定病情），或甚至是依據 CAMS 中驅力取向的治療計畫、進行充分督導下的處遇工作（如檢查患者的療癒性家庭作業）。再次重申，當技術人員參與這個混合模式並隨隊部屬出去時，他們便成為隊上有珍貴自殺危機評估和照護經驗者，工作範圍就被擴展成為隊上的「醫生」了。

危機中心和熱線

我曾在第一版提過，我總想著將 CAMS 架構中的 SSF 用在危機中心和熱線工作中的自殺危機評估工作（Jobes, 2004a），類似遠端應用，需要類似的修正才能在危機中心應用 CAMS，不過以 SSF 為基礎，讓熱線工作者評估自殺危機是滿自然且簡易的應用，甚至即使生理上在不同空間，CAMS 的整體哲學還是可以有效的應用在自殺危機熱線上，在我的經驗裡，許多半專業的熱線諮商員常有非常傑出的自殺評估和防治諮商技巧，常常比那些在研究所、醫院或護理培訓中未曾受過自殺危機訓練的心理健康專業人員還要好（Bongar, 2002）。熱線工作者知道他們必須有針對自殺防治的培訓，因為他們常遇到這個議題，並且已經準備好要做自殺防治。

CAMS跨專業應用

在另一個軍醫治療機構，我們看見有執照的社工對沒預約的患者有效應用 CAMS 方案，這裡的規劃是讓社工對上門的自殺危機士兵進行幾次起始會談，直到能夠排隊預約到心理治療。這樣的架構裡，我們發現自殺危機士兵在被排隊轉介給新的治療師前，能在二到三次 CAMS 初始會談後較為穩定（Archuleta et al., 2014）。曾聽過有些非常投入的士兵，在轉介給新治療師後，自豪的展現初始會談的成果，提供他們自己的 SSF 完整

回顧和最新分析。相對的，身爲 CAMS 標準照護的治療師，新接手的治療師會充分欣賞前一個照護者的初步穩定處遇工作，也能夠輕易接續士兵的 CAMS 方案驅力取向處遇工作。這樣的架構不一定適合所有個案，例如創傷患者可能會情有可原的不想再對新治療師重複敘述他（她）的事。

我們的臨床研究也探討了爲執業治療師配個管員的可能性，特別是複雜的自殺個案會牽涉嚴重心理疾病和社會心理困難。我們也的確在自殺防治認知治療（Cognitive Therapy for Suicidal Prevention, CT-SP）處遇中，看見個管員對複合自殺危機個案的重要影響（Brown, Have, et al., 2005），甚至在 Harborview 院區對自殺門診患者的隨機對照實驗中（Contois et al., 2011），看見個管工作的能量，並且當治療師請事、病假又必須安排會談時，受過 CAMS 培訓的個管員也能輕易代理接續治療工作。這是因爲所有的 CAMS 治療師對於治療模式有共識，讓新治療師代理接續原本的治療工作，並不像一般預期的會讓患者不高興。同時我們又看見患者帶著自豪和成就感，向欣賞他們的新治療師介紹自己的狀況，了解 CAMS 模式的新治療師能夠很快就融入治療。

最後，我們看到 CAMS 能成功應用在大型軍醫機構的不同設定，在 Walter Reed 軍醫院裡，我們參與了一個改善流程的長期專案計畫，要培訓和支援修正後的 CAMS 方案，在這個指標醫院裡服務全美軍人。因此，在這個 CAMS 方案裡我們培訓了各種專業背景的照護者（包含門診照護、住院照護、日間病房照護、身心科會診諮詢照護者），目標是要讓這些不同起點的情境（如門診部、住院病房、急診室或是手術房），也就是自殺危機患者一開始被發現和接續被轉換照護的情境，都能起始 CAMS 方案。例如在門診看診的患者若處於危機且不適合門診 CAMS 方案時，可能就需要住院治療，這時初始會談的 SSF 評估資料可以直接用作住院後的評估，並在接下來的住院五日期間，直接進入自殺驅力的討論。出院時，這個患者可能又進一步參與密集的 CAMS 門診計畫，其中肉搏相關

的 PTSD 自殺和婚姻問題造成的自殺驅力會被有效治療。最後，這個患者可能會被轉介回原本的 CAMS 門診式照護，統整這一系列由三個不同處遇單位做的有效自殺防治工作。坦白說，不同單位間應用 CAMS 的協調和銜接工作，要做的可其實是很雄心壯志而且很挑戰的，需要堅強傑出的領導力，和經年致力於跨處室的程序改進，不過我們持續學習中。

CAMS未來發展

　　寫這本書的第二版，最驚喜的就是經驗實現了這本書不只是再版，基本上這是本全新的書。當我刻意依循第一版成功的模式，許多 CAMS 在過去十年的發展、改變和創新，使我必須幾乎全部重寫書中內容。基於現今 CAMS 的需求和動態發展，我充分相信 CAMS 未來也會有充滿創新和令人興奮的發展。接下來是我目前對 CAMS 下一步進化的期待和推測。

技術應用

　　這一項很簡單，新科技充斥在我們的專業與個人生活的各個角落和縫隙裡，我充分相信科技的演進和 CAMS 的應用會漸漸進化、融合，並且不可避免的把介入策略帶入新的、未見過的自殺防治領域。例如，我們最近看到「虛擬希望箱」的能量，那是個支持想自殺的人度過急性自殺危機的智慧型手機程式（Bush et al.,2015），來自前面提過 Beck 等人發展的 CT-SP 介入方案的靈感（Wenzel et al., 2009），虛擬希望箱 App 是第一波勢不可擋的科技應用，它可以支持，也許甚至可以取代自殺防治的標準臨床介入策略。

　　這個領域裡，目前有四個相關研究正在發展和研擬 SSF 的電子版本。例如從神經科學我們了解到手寫和打字是不一樣的（Longcamp et al.,

2008; Longcamp, Boucard, Gilhodes, & Velay, 2006），更感到迫切需要在開始大型應用前，必須小心研究和了解任何「E-SSF」版本。我們知道 SSF 和部分 CAMS 方案的電腦、平板和手機應用在不遠的未來就必須發展出來，從手寫掃描紙本 SSF 轉換到電子紀錄是不可避免的，不過在從我們的實證研究對 SSF 和 CAMS 電子化後的結果了解更多之前，這個終極方向也不會有突然的發展。

　　現階段看來，無疑的，未來科技和電腦的進步會增進我們了解、預測和防治自殺行為。我們看見 Matthew Nock 以內隱連結測驗（Implicit Associations Test, IAT）讓電腦執行間接的、可以客觀預測未來嘗試自殺行為的自殺危機評估，實驗中的青少年並不知道這個 IAT 模組是在評估他們的潛在自殺危機（Nock et al., 2010）。還有其他在自殺防治治療過程中應用科技的例子（Nock & Dinakar, 2015），治療性的化身機器人在一些初期的可行性研究中，顯示在醫療手術場域裡是非常有幫助的，例如，「護士路易斯」（Nurse Louise）就是虛擬的手術護士機器人，能夠對等待出院的手術病人提供有效的出院後相關資訊（Berkowitz et al., 2013）。那虛擬的治療師有什麼特色優點呢？一個機器人治療師可以被「造成」不害怕自殺危機，也不會評斷或讓自殺病患感到羞恥，但是這樣的科技是否可以傳達一種助人的、救命的關心，仍有待完整嚴謹的臨床實驗觀察。鑑於這是生死交關議題，也鑑於社會的期待與要求和不停上漲的健康照護成本，我們不可避免的必須轉向電子化救命評估和處遇。刻正有美國國家心理健康中心的「小企業創新研究」（Small Business Innovation Research, SBIR）計畫案，我參與其中一個團隊正在發展急診室的「概念性驗證」（proof of concept）機器人或「合法代理者」（rational agent）介入模式，將配合環境修正 CAMS，並應用在前來急診求助的自殺患者身上（Jobes, 2016）。

CAMS方案SSF評估的創新

　　現正進行的多個臨床研究中，我們的定位是要進行令人興奮的、擴大之前研究少數樣本的大型評估研究，例如，第一章提到對 60 個自殺傾向大學生的研究顯示，使用階級線性模式（Hierarchical Linear Model, HLM）可以依據指定會談中的 SSF 回應來預測四種不同的自殺信念是否降低（Jobes, Kahn-Greene, et al., 2009），這些資料顯得特別迫切，因為即使是樣本數很小，我們也發現從初次晤談的一組 SSF 評分就有預測效度，依照這些正向資料，我們發現在功能強大的 CAMS 隨機對照實驗裡，我們能應用 SSF 評分為基準線（以及其他從 SSF 得到的資料），對更大臨床族群進行實驗，這些實驗在未來幾年，應能為評估工作提供很有價值的發現。

　　這個主題裡另一個讓大家都非常感興趣的，就是應用科技來分析患者在初次會談 SSF 中寫下的回應。例如，有個研究團隊（Brancu et al., 2015），應用內容分析軟體程式，分析研究案中 144 名有自殺傾向的大學生，分析她們在 CAMS 初次會談時從 SSF 得到的質性回應。利用軟體分析、擷取文字內容，將SSF的質性回應文句分類出屬於「自我」或「關係」類別的字眼，利用重複測量縱切面的方式，期望從中找出在諮商中心提供照護期間，能夠預測學生自殺意念和危機的方式。透過這個研究方法，我們發現較常使用關係字句的自殺危機患者，比較快降低自殺危機（6～7次會談），其他用字較聚焦在自我的學生，則需要較長時間（17～18 次會談）。這樣的科技可以讓我們以完全創新的方式分析質化資料（Pennebaker, Chung, Ireland, Gonzales, & Booth, 2007），尤其是當我們能從語言學相關的「大數據」分析中，找出評估原始資料中獨特的危機模式時。

　　另一個主要的評估任務，就是持續研究自殺危機類型或自殺亞型危機。如第三章所探討，我們已經有可靠的危機分類方式，將自殺危機患者

分為三類：有自殺傾向但想活下來、對自殺感到矛盾，還有有自殺傾向而且顯然較傾向死亡，這個線索非常重要。知道我們能夠可靠的依據自殺動機，將自殺危機患者分成三類，在初步的研究中，這個線索非常有意義且對治療結果很有幫助（Jennings et al., 2012; O'Conner, Jobes, Yeargin, et al., 2012）。這也是可能讓危機或自殺分類更精緻的重要起點。我們直觀的知道自殺危機族群很多元、絕非同質性高的團體，不過在自殺者的宇宙裡，的確有不可忽視且值得進一步探索的自殺狀態常見模式，這對防治措施可能有深遠影響。也許有一天，我們能夠對於可識別的自殺危機狀態，合理的配對出不同的處遇、介入技術、介入強度或不同的介入頻率，這是個我從 20 年前就開始發表的、很令人關注的處遇觀點（Jobes, 1995a），其實這個處遇配對概念也不是新的，事實上 Kovacs 和 Beck（1997）就曾經提出對於在 WTL-WTD 光譜上不同位置的患者，治療焦點可能不同（對 WTL 想活類型患者傾向使用問題解決技巧的支持，以及對 WTD 想死類型患者較致力於建立想活的裡由）。

CAMS治療研究

如同第二章所述，目前有四個隨機對照實驗正在進行，期待有大量依據數據產生的 CAMS 創新方案會出現（Jobes, 2015, 2016; Jobes wt al, 2016），例如我們發展出附加給 CAMS 照護提供者的評估尺規，叫做 CAMS 評估尺規（CAMS Rating Scale, CRS-3，見附錄 F）。CRS 有相當好的信效度，能有效建立 CAMS 應用準則以及建立隨機對照實驗的控制變因（Corona, 2015）。如果 CAMS 的隨機對照研究能持續有效地以嚴格的科學標準認證 CAMS 方案，下一步就可以進行拆解研究，辨認出讓 CAMS 方案有效的精確機轉。

另一個令人興奮的拓展研究，就是融合不同治療的可能性，例如，很

多治療師很自然的在 CAMS 方案中整合應用 DBT（辯證行為治療），在西雅圖的研究也發現，在療程中應用 CAMS 方案，能有效架構出 DBT 照護的追蹤治療（Comois et al., 2011）。稍早也提過，對於有自殺傾向大學生應用 SMART 設計方案的隨機對照實驗，就是企圖嚴謹的研究應用 CAMS 方案和 DBT 方案的不同，以及可能的影響（Pistorelli & Jobes, 2014）。這樣的研究說明前面提到的概念，對不同的自殺狀態，配對提供不同的處遇和治療，以利最佳效果和事半功倍。同第二章所述，我們正對早先在 Harberview 醫學中心進行的隨機對照事後預防實驗（Aftercare Focused Study, AFS）進行量化複製（n=200），這個實驗由美國自殺防治協會資助，並且明確設計要研究那段患者剛出院或剛離開急診室的高風險時期（Jobes, 2016）。這樣的「照護轉換」處遇研究，在臨床自殺研究中是很重要的新領域，也有很多人關注如何減少重複住院。

CAMS訓練研究

幾年前的休假，我到訪了一系列八間榮民醫院，透過講述、簡報和影片，訓練了總共 165 位心理健康照護者如何應用 CAMS 方案（Jobes, 2011），雖然這樣整日聽課研習的課後回饋總是評價很好，但是一年後實際使用 CAMS 方案的人不超過 10 個。經過反思，我覺得很少實際應用 CAMS 一方面是因為缺乏系統性協助增強，另一方面是因為以講述法培訓實際上常常不足以讓大部分照護者改變執業習慣（Jobes, 2015, 2016; Pisani et al., 2011）。

說到在系統裡改變執業習慣的困難，許多有實證研究的方案並沒有被採用，就是因為很少或缺乏鼓勵和增強。許多有實證研究方案的確需要投入較多人力和時間，例如，延長暴露療法其實無法放進一次 45～50 分鐘的會談裡，因此有了期待減少每週標準 40 小時會談的病人數，所以雖

然許多政策表示支持大家應用有實徵研究的做法，但是當有照護者獨自負責改變做法時，實際應用的機會是很少的（Jobes, Comtois, Brown, & Sung, 2015）。反過來說，就是照護系統必須要改變，並且獎勵（或至少提高可行性）實際上應用有實徵研究做法的治療師。發現這個問題後，我們的CAMS 團隊就感到非得要進行以系統為基礎的程序改善專案，以利提高與自殺危機有關的臨床照護標準（Archuleta et al., 2014）。

除了各種系統性的挑戰之外，要促進治療師行為改變、開始認真應用像 CAMS 這樣有實徵研究的方案，就像第一章所述，還有其他許多阻礙。身為一個很有經驗的培訓講師，經過這些年我已經知道，要改變臨床執業行為（特別是資深或和我一樣年長的治療師）是非常強大的挑戰。治療師通常傾向維持熟悉的做法，而且不太願意試新東西。經多方考量，加上應用科學告訴我們的真理，我們現在已經全部採用完全不同的方式進行 CAMS 培訓。從文獻回顧有實徵研究支持的方案培訓結果，明確顯示單單只用講述方式進行的培訓，並不足以讓治療師改變執業方式（Barlow, Bullis, Comer, & Ametaj, 2013; Beidas et al., 2012; Karlin et al., 2010）。新興的應用科學提倡「整合性」或「混合性」培訓，包含講述指示關鍵內容，以及重要文獻閱讀，加上角色扮演，再加上臨床個案諮詢。於是我的團隊現在致力於（並根據實際經驗深究）一種全新的 CAMS 方案培訓方式，包含下列混合式的訓練步驟：

1. 建立治療師對 CAMS 架構內容的基礎認知。

2. 讓治療師參與培訓中 CAMS 方案的現場角色扮演。

3. 讓治療師參與應用 CAMS 方案的個案諮詢討論。

CAMS 基礎培訓可以透過閱讀本書、參與有 CAMS 授權的轉播或遠距講習內容完成，而 CAMS 進階培訓（包含現場角色扮演、個案諮詢討論）則可以透過專業的 CAMS 培訓講師協助完成（他們有更多認證過的CAMS 培訓，見 www.cams-care.com）。來年我們計畫廣泛研究這個整合

培訓模式，期能找到有效率又合乎成本的方式來放大這個複合式訓練的效果，讓更多人使用 CAMS。但不是所有的 CAMS 培訓都必須照這個程序走，因爲本書第一版發行後，就已經有強悍的治療師讀完書後，印出 SSF，嘗試應用這個方式，然後大成功，不過從經驗看來，這些人都是異數；大部分照護者需要多一點培訓過程，角色扮演練習，和臨床個案諮詢的支持。

摘要與結論

　　這些 CAMS 的新應用和未來可能的發展，讓這些研究 CAMS 日子充滿興奮。經過 25 年的認眞工作，我們可以看到這個自殺防治評估處遇方案漸漸趨於成熟（參見附錄 G 常見問答中有關本模式不斷演進的過程），現在 CAMS 方案跨情境應用和爲不同治療模式的修正，都有非常有力的應用結果。進一步的發展像是科技應用、和 SSF 評估有關的進步、以及依據隨機對照實驗的創新，都保證了 CAMS 方案會繼續進化。另外，CAMS 培訓課程的改進是近期主要焦點，增加忠誠度的新式整合 / 混合訓練模式，會被嚴謹的評估以期提升 CAMS 培訓課程的開展。最後，如同第一章提到的，近代和未來的健康照護有著流動性、動態變化的特性，所以 CAMS 也會需要新的調整，只要強調方案本身是針對自殺危機、有實徵研究支持的、最少限制的，且可能是最低成本的跨領域、適用各種患者的臨床救命方式。隨著 CAMS 的漸趨成熟，我們現在可見的就是個有廣泛實徵研究支持的評估方式，進一步講，隨著持續進行的臨床實驗研究，我們也看見 CAMS 演變爲一種新的驅力取向的臨床介入方式，反覆成功的有效處遇自殺危機。

結　語

　　儘管從有歷史記載開始，人們就曾奪去自己的性命，這裡將從中世紀時代那些有自殺傾向的「瘋子」（lunatic）是如何被看待及對待的近代故事講起。在最好的情況下，這些人被視為不正常的人；在最壞的情況下，這些人被視作被惡魔或邪靈附身。不論是哪種情況，自殺掙扎都顯然地未被和善對待，也未被視作是可以治癒的。不可否認的是，不論是監獄或是宗教上的驅魔儀式，都未能使這些具自殺傾向的人獲得解脫。

　　在接下來的幾世紀中，人們對於如何看待具自殺傾向的人似乎獲得了文明的進步。重要的是，這些具自殺傾向的「瘋子」逐漸開始被視為患者而非被附身的人——他們具有心理疾患，因此需要接受和善的臨床照護。然而，我們通常並不將十六及十七世紀的早期收容所，視為一個和善和充滿關懷的環境，儘管那時正處於啟蒙時代。具自殺傾向的患者常被關進倉庫、被戴上鐵鍊，以及遭受野蠻的「對待」。即使到了二十世紀，心理疾病患者還是經常被包裹在冰凍的床單裡、被施以胰島素治療以突破精神病的狀態（Kohen, 2004; Sakel, 1935; Tohen, Waternaux & Oepen, 1994），以及遭受惡名昭彰且被普及使用的電痙攣治療——這種治療常導致患者骨折甚或死亡（Lebensohn, 1999）。多年來，激進的手術處理像是腦葉切除和扣帶迴切除都被大量地使用於劇烈、不可逆地改變心理疾患的行為（Mashour, Walker, & Martuza, 2005; Valenstein, 1986）。

　　此時我在 2016 年寫這些文句時，我當然能思考我們對於精神疾患（特別是對於自殺傾向患者）在病因上的理解、診斷和臨床處置有了多大的進步。一方面，透過實證研究以及科技的演進，我們現在對於大腦及其內在疾病有了更清楚的認識。每一年，我們都透過神經科學、基因學、磁振造影以及新的研究方法解開關於大腦及中樞神經系統的謎題。不可否認地，我們正處於科學發現的驚人時期——關於自殺危險性新的衡鑑及處置方式，正以空前的速度成長及支配著（Jobes, 2011, 2014, 2016）。

　　然而在另一方面，我們在現代照護及真正治療精神患者的方式上，特別是針對自殺風險，也許並非如我們所想的擁有高度的進展。與中世紀時期怪異的相似，現今仍有太多罹患精神疾病的人流浪在街頭，他們處在思覺失調的狀態、產生幻覺，並且回應著那些存在於他們腦中的聲音。此外，在美國被監禁的男性及女性裡，精神疾患的盛行率顯著地高於他們未被監禁的同齡群體。在美國的監獄裡，患有精神疾患的人數是精神病院的三倍之多（Fazel & Seewald, 2012），並且精神疾病患者有越來越高的風險處於法庭場合的「旋轉門」，以此代替精神疾患的照護（Baillargeon, Binswanger, Penn, Williams, & Murray, 2009; Fazel & Yu, 2011; Kinsler & Saxman, 2007）。

　　考量到這些因素，相當值得一提的是，美國自殺學協會在 2014 年迎來了他們組織會員內的一個新分支—— 一個自我認同為「自殺嘗試／存活經驗」的社群。這些成員們在自殺防治議題上創了一個全新的觀點——他們毫不避諱地承認過去曾有經歷過自殺狀態以及嘗試過自殺的經驗。在我看來，這個新成立的社群，與 1970 年代晚期時的運動有著相似之處——自殺「倖存者」突然湧入自殺防治領域，並成為了從根本上改變及定義了自殺學領域的聲音（Jobes, Luoma, Hustead, & Mann, 2000）。

　　這個新的聲音是十分有力量的。這些具存活經驗的成員們現在用著信念及熱情來談論一個長久以來一直被忽略和汙名化的經驗——在現代社會

中擁有自殺思想及行為，以及接受傳統現代照護的「幫助」，是項如何的折磨。這個新的聲音需要被聽到——他們正談論關於現代心理健康照護以及自殺危險性處置的殘酷事實。雖然有許多和善且有效的心理健康照護案例的存在，這個社群卻提出一個不同的觀點——在他們看來，這些照護和治療方式既不和善也不有效。事實上，許多人透過這個獨特的觀點指出，他們的心理健康照護經驗是強迫的、控制的、羞辱的、可恥的，甚至是懲罰的。他們大聲的講出在醫院、機構、診所和心理學家、諮商師、精神醫師、臨床工作者的辦公室裡——在整個心理健康專家及場域範圍內——所經歷的負面及醫源性的臨床經驗。

　　在一個令我特別印象深刻的案例中，當我聽到一個人生被自殺思想所困滯，且嘗試過多次自殺的存活者的痛苦故事後，事實上我對於自己的職業是感到羞愧的（Yanez, 2015）。這位勇敢的女士感人地講述著她多次努力地尋求專業的心理健康照護。她嘗試過多種的專業照護方式，希望能從自殺的夢魘中脫離，然而卻只是反覆地被安排住院和出院，臨床工作者除了調整她的藥劑之外，沒有給予她任何真正的治療。她談到其中一位照護者，在住院治療訪談她時，完全沒和她有任何的眼神接觸。而對她最誠摯且關心的一位門診治療師，提供她「支持性治療法」（supportive therapy），但卻害怕真正談及她的自殺傾向而全然地忽略此話題，這使她感到蒙羞，因為自殺彷彿成了一個禁忌的話題。在多年的折磨和失敗的治療後，她唯一的解脫及最終的康復來自於 DBT —— 一個對於自殺風險具實證支持且有效的治療方式，然而在現今的心理健康照護中卻太少被使用於那些和她一樣，飽受折磨的人們身上。

　　因此雖然近期在治療自殺風險上所湧現的科學努力令人感到鼓舞，從臨床上的觀點來看，若相信我們已經「解決」了自殺的挑戰將是非常錯誤的。在我看來，現今用來治療自殺風險的方式是讓人難以接受的；我們需要重大的改變。太多失去的生命，假若能被以人道評估和患者知情的照

護方式治療，則將有機會被挽救，這些治療方式會針對任何認真考慮過結束自己生命的人的需求，而量身設計內容。不過，如同我在此書第一章所提及的，美國健康照護政策管理部門的領導階層，現在已大膽地聲明「在所有場域察覺和治療自殺傾向」的需要（美國醫療衛生機構認證聯合委員會，2016）。這在臨床自殺防治的歷史上是個涵蓋了深遠意涵的重大發展，而這個政策指示在接下來的幾年中會如何展開將非常值得關注。

歷經 25 年的時間，CAMS 的發展可被比喻為已從青少年時期進入了青壯年時期。雖然我們尚未完成隨機臨床試驗，但 CAMS 的實證支持卻相當堅固且仍在持續成長。CAMS 在世界各地，被視作是一個令人信服且可用來治療自殺風險的臨床方式。這種治療方法充滿彈性，能夠視不同的臨床場域和治療型態來做調整和適應，提供位於自殺狀態光譜上不同位置的患者有效的照護。CAMS 並非唯一有效的治療方案，也並非對每一位患者都能起作用。但是它以和善、非強迫性和治療的方式來對付自殺危險性，以及以患者為中心的照護型態，有真誠的機會能為自殺學領域所受到的激烈批評，提供一個有意義的答案。CAMS 無法拯救每一個生命，但我知道它已經拯救了相當多的數量。當生命能在臨床上被拯救，是因為我們在絕望的面前提供了希望，患者獲得和善同理的對待而不是羞愧的感受。重要的是，提供患者一個機會，在這個生命狀態最分裂的掙扎上共同攜手合作，也許是我們能帶給這些苦澀的靈魂最棒的東西。而這樣做，我們就是在公平地對待這些與我們一樣，走在人生道路上的其他旅伴。

＊　　　　＊　　　　＊

最終我想談及的是，自比爾第一次尋求 CAMS 治療，直至我結束與他的臨床工作後，已歷經了相當多年的時間（關於比爾完整的 SSF 案例，參見附錄 H）。比爾是我在 25 年的臨床工作裡，所見過及治療過的患者之一。隨著照護的進行，我和比爾也逐漸變得親密熟悉，在這段不算長的時間裡，我們共同在他人生旅程及掙扎最不穩的時刻，一起奮戰拯救他的生

命。想當然耳，在雙方協議結束 CAMS 治療的 4 年之後，我在某個早晨走進辦公室，收到了來自比爾的電子郵件，感到相當欣喜：

親愛的大衛：

　　我知道已經過了一段時間，但我想讓你知道，事情在我這頭進行得相當不錯。凱西和我過得很好，而我們現在正期待再過幾年準備退休。我們有三個美好的孫子女，而他們也都過得很好。雖然我的人生並非完美，但整體來說是好極了。當我想起過去我們攜手合作的那段時光，我真實地意識到了我的人生其實是份禮物，而你幫助我在嚴峻的時刻，將這份禮物保存下來。我的太太因此還有我這個丈夫，孩子們還能有爸爸，而我的孫子女們則能擁有一位爺爺。現在我對於還活著感到幸福。我想和你說聲謝謝，感謝你幫助我拯救了我的生命！

你誠摯的
比爾

自殺狀態量表第四版（SSF-4）：初始會談、追蹤／更新期間會談、結果／處置最後會談

謝嘉　譯

CAMS自殺狀態量表第四版（SSF-4）初始會談

患者：＿＿＿＿＿　臨床工作者：＿＿＿＿＿　日期：＿＿＿＿　時間：＿＿＿＿

A部分（患者）：

排序　請根據你現在的感覺，評定和完成下列各題。接著依重要程度，由1至5（1表最重要，5表最不重要）依序排列。

＿＿＿＿	1.評估心理痛苦程度（心中的創傷／苦惱／悲慘不幸；**不是**壓力；**不是**生理痛苦）： 　　　　　　　**低度痛苦：1 2 3 4 5 ：高度痛苦** 　我覺得最痛苦的是：＿＿＿＿＿＿＿＿＿＿＿＿
＿＿＿＿	2.評估壓力程度（平常心中的壓迫感或超出負荷的感覺）： 　　　　　　　**低度壓力：1 2 3 4 5 ：高度壓力** 　讓我覺得壓力最大的是：＿＿＿＿＿＿＿＿＿＿＿
＿＿＿＿	3.評估激躁程度（情緒上的急迫感／感覺需採取行動；**不是**易怒；**不是**煩惱）： 　　　　　　　**低度激躁：1 2 3 4 5 ：高度激躁** 　我覺得必須要採取行動的時候是：＿＿＿＿＿＿＿
＿＿＿＿	4.評估無望感程度（未來不論你做什麼，事情都不會有好轉的感覺）： 　　　　　　　**低度無望感：1 2 3 4 5：高度無望感** 　讓我最絕望的是：＿＿＿＿＿＿＿＿＿＿＿＿＿
＿＿＿＿	5.評估自我厭惡程度（平常心中不喜歡自己的感覺／沒有自尊／無法自重）： 　　　　　　　**低度自我厭惡：1 2 3 4 5：高度自我厭惡** 　我覺得最討厭自己的部分是：＿＿＿＿＿＿＿＿

不適用	6.自殺危險性整體評估：	極低度危險：１２３４５：極高度危險 （不會自殺）　　　　　　　（會自殺）

(1)想自殺與你對自己的想法和感覺有多強的關聯性？無關：１２３４５：完全有關
(2)想自殺與你對別人的想法和感覺有多強的關聯性？無關：１２３４５：完全有關

請列出你想要活下去的理由和想要死的理由，然後依重要程度由1至5排序。

排序	想活的理由	排序	想死的理由

想活下去的程度：　　　一點也不想：０　１　２　３　４　５　６　７　８：非常想
想死的程度：　　　　　一點也不想：０　１　２　３　４　５　６　７　８：非常想
可以幫助我不再想自殺的一件事是：_____
_____

B部分（臨床工作者者）：

有　無　自殺意念　　　描述：_____
　　　　　• 頻率　　　　　　____每日____每週____每月
　　　　　• 期間　　　　　　____秒____分鐘____小時
有　無　自殺計畫　　　時間：_____
　　　　　　　　　　　地點：_____
　　　　　　　　　　　方法：_____是　否　可取得工具
　　　　　　　　　　　方法：_____是　否　可取得工具
有　無　自殺準備　　　描述：_____
有　無　自殺演練　　　描述：_____
有　無　自殺行為史
　　　　　• 嘗試一次　　描述：_____
　　　　　• 嘗試多次　　描述：_____

有	無	衝動性	描述：_____
有	無	物質濫用	描述：_____
有	無	重大失落	描述：_____
有	無	關係問題	描述：_____
有	無	對他人造成負擔	描述：_____
有	無	健康／疼痛問題	描述：_____
有	無	睡眠問題	描述：_____
有	無	司法／財務問題	描述：_____
有	無	羞愧	描述：_____

C部分（臨床工作者）： 　　　　　**治療計畫**

編號	問題描述	說明目標	介入方案	期間
1	可能自我傷害	安全及穩定	完成穩定計畫□	
2				
3				

是_____否_____患者是否了解並同意治療計畫？

是_____否_____患者是否有立即性的自殺危險（需要住院治療）？

_____　　_____

患者簽名　　　　　　　　　　日期　　臨床工作者簽名　　　　　　　　日期

CAMS穩定計畫

減少能取得致命自殺工具的方式

1. _____

2. _____

3. _____

處於自殺危機時，我能夠用不同的應對方式來處理以下的事情（考慮危機卡片）：

1. _____

2. _____

3. _____

4. _____

5. _____

6. 生與死緊急聯絡電話：_____

我能夠打電話向他求助，或是能幫助我減少孤立感的人：

1. _____

2. _____

3. _____

按照計畫參與治療：

可能的阻礙：　　　　　　　　　　　我會嘗試的解決辦法：

1. _____

2. _____

D部分（臨床工作者初始會談結束後評估）：

心理狀態檢查（圈選適當的項目）：

警覺程度：	警覺　睏倦　嗜睡　無反應的
	其他：_____
定向感：	人　　地　　時　　評估的理由
情緒：	平穩正常　過於愉快　煩躁不悅　激躁　憤怒
情感表現：	平板　遲鈍　限縮的　適當　起伏不定
思考連續性：	清楚且連貫　目標導向　離題　迂迴
	其他：_____
思考內容：	正常　強迫性思考　妄想　關係意念　怪異的　病態的
	其他：_____
抽象思考能力：	正常　值得注意　具象的
	其他：_____
語言表達：	正常　快速　緩慢　口齒不清　貧乏的　不連貫
	其他：_____
記憶：	功能大致仍保存
	其他：_____
現實感：	正常
	其他：_____
值得注意的行為觀察：	_____

診斷印象／診斷（DSM／ICD診斷）：

_____

_____

_____

患者整體自殺危險性等級　（圈選一個並說明）：

　　　　　　　　　　　說明：

□低（想要生存／擇生理由）_____

□中（矛盾的_____

□高（想要死／尋死理由_____

個案記錄：

_____

_____

_____
_____
_____
_____

下次會談時間：＿＿＿＿＿＿＿＿＿＿＿ 治療模式：＿＿＿＿＿＿＿＿

_____
臨床工作者簽名　　　　　　　　　日期

CAMS自殺狀態量表第四版（SSF-4）追蹤／更新期間會談

患者：＿＿＿＿ 臨床工作者：＿＿＿＿ 日期：＿＿＿＿ 時間：＿＿＿＿

A部分（患者）：

請根據你現在的感覺，評定和完成下列各題。

1.評估心理痛苦程度（心中的創傷／苦惱／悲慘不幸；**不是**壓力；**不是**生理痛苦）： 　　　　　　　　　低度痛苦：1 2 3 4 5：高度痛苦
2.評估壓力程度（平常心中的壓迫感或超出負荷的感覺）： 　　　　　　　　　低度壓力：1 2 3 4 5：高度壓力
3.評估激躁程度（情緒上的急迫感／感覺需採取行動；**不是**易怒；**不是**煩惱）； 　　　　　　　　　低度激躁：1 2 3 4 5：高度激躁
4.評估無望感程度（未來不論你做什麼，事情都不會有好轉的感覺）： 　　　　　　　　　低度無望感：1 2 3 4 5：高度無望感
5.評估自我厭惡程度（平常心中不喜歡自己的感覺／沒有自尊／無法自重）： 　　　　　　　　　低度自我厭惡：1 2 3 4 5：高度自我厭惡
6.自殺危險性整　　　極低度危險：1 2 3 4 5：極高度危險 　體評估：　　　　（不會自殺）　　　　　　　　（會自殺）

在過去一週內：
自殺想法／感受　有＿無＿　能管理想法／感受　是＿否＿　自殺行為　有＿無＿

B部分（臨床工作者）：	達到自殺狀態解除，如果：現在自殺危險性整體分數＜3；過去一週裡沒有自殺行為且能有效管理想法／感受 □第一次達到標準的會談 □第二次達到標準的會談 **在連續三次會談達到標準時，在第三次會談時完成SSF結果量表**

患者狀態：　　　　　　　　治療計畫更新

□中斷治療　□缺席　□取消　□住院　□轉介／其他：＿＿＿＿＿＿＿＿＿＿

編號	問題描述	說明目標	介入方案	期間
1	可能自我傷害	安全及穩定	完成穩定計畫	
2				
3				

＿＿＿＿＿＿＿＿＿＿＿＿＿　　　＿＿＿＿＿　＿＿＿＿＿＿＿＿＿＿＿＿　　＿＿＿＿＿
患者簽名　　　　　　　　　　　　日期　　臨床工作者簽名　　　　　　　　　日期

C部分（臨床工作者初始會談結束後評估）：

心理狀態檢查（圈選適當的項目）：

警覺程度：　　　　　　　警覺　睏倦　嗜睡　無反應的
　　　　　　　　　　　　其他：＿＿＿＿＿＿＿＿＿＿＿＿＿＿＿＿

定向感：　　　　　　　　人　　　地　　　時　　　評估的理由

情緒：　　　　　　　　　平穩正常　過於愉快　煩躁不悅　激躁　憤怒

情感表現：　　　　　　　平板　遲鈍　限縮的　適當　起伏不定

思考連續性：　　　　　　清楚且連貫　目標導向　離題　迂迴
　　　　　　　　　　　　其他：＿＿＿＿＿＿＿＿＿＿＿＿＿＿＿＿

思考內容：　　　　　　　正常　強迫性思考　妄想　關係意念　怪異的　病態的
　　　　　　　　　　　　其他：＿＿＿＿＿＿＿＿＿＿＿＿＿＿＿＿

抽象思考能力：　　　　　正常　值得注意　具象的
　　　　　　　　　　　　其他：＿＿＿＿＿＿＿＿＿＿＿＿＿＿＿＿

語言表達：　　　　　　　正常　快速　緩慢　口齒不清　貧乏的　不連貫
　　　　　　　　　　　　其他：＿＿＿＿＿＿＿＿＿＿＿＿＿＿＿＿

記憶：　　　　　　　　　功能大致仍保存
　　　　　　　　　　　　其他：＿＿＿＿＿＿＿＿＿＿＿＿＿＿＿＿

現實感：　　　　　　　　正常
　　　　　　　　　　　　其他：＿＿＿＿＿＿＿＿＿＿＿＿＿＿＿＿

值得注意的行為觀察：＿＿＿＿＿＿＿＿＿＿＿＿＿＿＿＿＿＿＿＿＿＿

診斷印象／診斷（DSM／ICD診斷）：

_____

_____

_____

患者整體自殺危險性等級　（圈選一個並說明）：
　　　　　　　　　　　　　說明：
□低（想要生存／擇生理由）_____

□中（矛盾的_____

□高（想要死／尋死理由_____

個案記錄：

_____

_____

_____

_____

_____

_____

下次會談時間：_____　治療模式：_____

_____
臨床工作者簽名　　　　　　　　　　日期

CAMS自殺狀態量表第四版（SSF-4）結果／處置最後會談

患者：＿＿＿＿＿ 臨床工作者：＿＿＿＿＿ 日期：＿＿＿＿＿ 時間：＿＿＿＿＿

A部分（患者）：

請根據你現在的感覺，評定和完成下列各題。

1.評估心理痛苦程度（心中的創傷／苦惱／悲慘不幸；**不是**壓力；**不是**生理痛苦）：
低度痛苦：１２３４５：高度痛苦
2.評估壓力程度（平常心中的壓迫感或超出負荷的感覺）：
低度壓力：１２３４５：高度壓力
3.評估激躁程度（情緒上的急迫感／感覺需採取行動；**不是**易怒；**不是**煩惱）：
低度激躁：１２３４５：高度激躁
4.評估無望感程度（未來不論你做什麼，事情都不會有好轉的感覺）：
低度無望感：１２３４５：高度無望感
5.評估自我厭惡程度（平常心中不喜歡自己的感覺／沒有自尊／無法自重）：
低度自我厭惡：１２３４５：高度自我厭惡
6.自殺危險性整　　　　極低度危險：１２３４５：極高度危險 　體評估：　　　　　（不會自殺）　　　　　　　（會自殺）

在過去一週內：

自殺想法／感受　有＿無＿ 能管理想法／感受　是＿否＿　 自殺行為　有＿無＿

是否有哪方面的治療，對你來說特別有幫助？如果有，請儘可能具體描述。

從你的臨床照護中，什麼是你學到的，在未來如果你想自殺時能幫助你的？

B部分（臨床工作者）：

第三次連續的會談達到解除自殺狀態的標準： ＿＿＿＿是 ＿＿＿＿否（若否，繼續CAMS追蹤）

**達到自殺狀態解除，如果連續三個禮拜：在自殺危險性整體分數＜3，過去一週裡沒有自殺行為且能有效管理想法／感受。

結果／處置 （可複選）：

_____ 繼續門診心理治療 _____ 住院治療

_____ 雙方同意結案 _____ 患者選擇中斷治療（單方面）

_____ 轉介至：_____

_____ 其他，說明：_____

下次會談時間（如果有）：_____

_____   _____

患者簽名   日期   臨床工作者簽名   日期

_____

C部分（臨床工作者初始會談結束後評估）：

心理狀態檢查（圈選適當的項目）：

警覺程度：	警覺　睏倦　嗜睡　無反應的
	其他：_____
定向感：	人　　地　　時　　評估的理由
情緒：	平穩正常　過於愉快　煩躁不悅　激躁　憤怒
情感表現：	平板　遲鈍　限縮的　適當　起伏不定
思考連續性：	清楚且連貫　目標導向　離題　迂迴
	其他：_____
思考內容：	正常　強迫性思考　妄想　關係意念　怪異的　病態的
	其他：_____
抽象思考能力：	正常　值得注意　具象的
	其他：_____
語言表達：	正常　快速　緩慢　口齒不清　貧乏的　不連貫
	其他：_____
記憶：	功能大致仍保存
	其他：_____
現實感：	正常
	其他：_____
值得注意的行為觀察：	_____

診斷印象／診斷（DSM／ICD診斷）：

_____

_____

_____

患者整體自殺危險性等級　（圈選一個並說明）：

說明：

□低（想要生存／擇生理由）

□中（矛盾的

□高（想要死／尋死理由

個案記錄：

臨床工作者簽名　　　　　　　　　　日期

自殺狀態量表「核心評估量表」編碼手冊：質化評估

謝嘉　譯

SSF編碼手冊：
SSF核心評估質化變項的類別——
痛苦、壓力、激躁、無望感以及自我厭惡

概論

　　本分類指引將用以引導檢視自殺傾向患者在自殺狀態量表提供的開放式質化回應（Jobes, et al., 1997）。自殺狀態量表是在世界各地許多治療場域使用的自殺危險性評量工具；它包含六項由患者自陳的題目，用以評量個案的自殺危險性。明確地說，自殺狀態量表內有五個具有效度、信度及理論基礎的評分項目（從低到高的五點里克特氏量表），來評量五個被認為會引發自殺行為的概念（Jobes, et al., 1997），包含心理痛苦、壓力、激躁、無望感以及自我厭惡。除此之外，還有第六個項目，用來檢視患者整體上的自殺危險性。個案同時有機會對這五個開放式問題的概念提供答案。接下來的分類程序特別聚焦在這些質化回應，提供一種分類的方式，用來對個案在每個 SSF 核心評估問題後所附的未完成語句之回答進行分類。

編碼的一般原則

編碼者會得到五疊分別寫在小卡上的回應，這五疊答案卡分別代表五種概念：心理痛苦、壓力、激躁、無望感以及自我厭惡。首先，編碼者會對每個概念下的那疊答案卡，做第一輪的分類（一次只做一個概念），將五疊卡片分類到合適的子類別下。在對這五個概念的初始分類完成後，編碼者可以進行第二次分類，以便回顧初次的分類決定，必要時在做最後的分類決定前改變主意。為了讓研究者了解決策歷程，我們要求編碼者討論他們分類時的決策依據。每個概念下的子分類，都被視為是彼此獨立的，因此每個子分類應該只被放在一個架構下。雖然某些回應可能需要進一步解讀，才能決定最好的分類，不過通常編碼者應該要以回應的「表面意思」為主，不需要考慮太多回應背後可能的動機或狀況。

對於每個回應，編碼者也應該要對於他們分類時的信心做評分；信心評分 1 分代表低度的信心等級，評 2 分代表中等信心，評 3 分代表高度信心。

編碼的特定原則

我們希望使用者在覺得需要時，就能自由的使用這個編碼手冊，因為手冊中包含決定每個分類時的某些特定規則。

如果一個回應中包含兩個分類，要以首先出現的回應分類。例如，如果回應是「我的工作和我的憂鬱症」，那麼就依照首先出現的「我的工作」做分類；但是如果回應是「我的憂鬱症和我的工作」，便依照「我的憂鬱症」做分類。

請留意某些概念可能有一個以上的共同分類項目，重要的是要小心的看待每個概念下的分類，因為定義上看來非常相似的分類項目，可能也有

關鍵性的細微差別會影響分類的決定。例如，不只一個概念有「未來」這個子分類項目，但是他們的定義卻不同，所以請特別留意可能影響你分類決定的關鍵性差異。

編碼的用處

　　對自殺狀態量表核心評估的五個變項做編碼，可讓相關人員在研究探索時，能指出這些回應會落在哪個分類下。理論、研究以及臨床上對於這些質化資料的應用，能夠引導研究者和臨床工作者更正確的評估一個人的自殺危險性，也更有可能對個案的治療予以量身訂做，以滿足他／她的個人特質與需要。

心理痛楚（Psychache）

　　自殺狀態量表的心理痛苦變因（Jobes et al., 1997），是根據史耐門（Shneidman, 1993）的「心理痛楚」概念。史耐門指出自殺最基本的成分就是心理痛楚。心理痛楚的本質是內心的，指的是受傷、極度的困擾、心痛，以及心智上的痛苦。心理痛楚是讓一個人產生自殺危機的必要條件。自殺發生在心理痛楚變得對人來說無法忍受或是無法承受時，所以自殺是綜合的行為，是種期待中止的行動，也是種期待遠離令人無法忍受情緒的行動。更明確的說，這種心理的痛苦是因為不可或缺的心理需求受到挫折而起（例如，歸屬、撫育以及了解），同時這個因缺乏必要心理需求而起的挫折，是令人無法忍受的。自殺就可能接著成為結束一個人痛苦的直接方法。

　　心理痛楚有些難以令人理解、難以定義的特質（Shneidman, 1993），曾有人企圖將心理痛苦定義為令人無法忍受的情緒（Murray, 1938）、孤

單一個人（Adler & Buie, 1979; Maltsberger, 1988）、焦慮、自我蔑視及憤怒（Maltsberger, 1988），以及較為全面性的悲傷（Derogatis & Savitz, 1999）。這些可能是心理痛楚的重要因子，不過史耐門（1993）指出這些概念並沒有抓到心理痛楚內在固有的複雜性，以及多重因素影響而成的本質。因此，「讓我感覺最痛苦的是 …… 」這個未完成的語幹，加在自殺狀態量表的心理痛苦這個項目之後，以進一步對患者及臨床工作者說明，這個自殺傾向患者心理痛楚的真正現象，以及因人而異的本質。

編碼類別（總計七類）

1. 自我

這個類別指向特別與自我有關的回應，或者清楚指向自我時。可能是關於感覺或自我特質的說明。傾向包含對於持久性特徵、核心特質的描述，或是對自我苛刻批評，以及對於自己外在的描述。

舉例如下：

「我是失敗者」

「我什麼都做錯」

「太胖」

2. 關係

這個類別指的是特別與孩子、配偶、伴侶、父母、朋友、重要他人，或任何其他社交互動有關的特定關係議題或問題。任何提到被別人傷害或傷害別人的回應都屬於這個類別，特別指出孤獨或隔離的也屬於這個類別。

舉例如下：

「我的家庭一團糟」

「寂寞」

「沒朋友」

3. 角色／責任

這個類別指的是與一般對於成人角色所期待的責任或義務有關，這些角色包含工作者、家庭主婦或學生。回應可能是對於角色明確的舉例，或可能是一種覺得擔任這些角色但卻不稱職的感受。諸如對課業的擔憂、經濟壓力或對工作的擔憂都包含在內，特定的與未來職業生涯有關的陳述也包含在內。而缺乏方向或目標的回應，應該被歸類在無助的類別之下。

舉例如下：

「對於畢業後要找什麼樣的工作，我一點概念也沒有」

「我不能決定要做什麼工作」

「我是失敗的父母」

「我家裡一團亂」

4. 全面性／一般性

這個類別指的是完全概括之不特定、廣泛性陳述，完全包括在內，因此就顯得含糊不明確。這些回應指出一種廣泛的、包含所有範圍的，或支配一切的、一種被淹沒或是一時無法應對的感覺。

舉例如下：

「全部吧」

「整個生命」

「這個世界完全就是痛苦」

5. 無助

這個類別代表對於失控感、被困擾或迷失感的暗示或明示，缺乏目標的陳述也在這個範圍內。關於自己無力應對、無法發揮功能，或在未來無法自我實現的說明，都屬於這個類別。

舉例如下：

「我好失控」

「我感覺被困住」

「不論多努力我都會失敗」

6. 不愉快的內在狀態

這個類別代表對於傷害、苦惱、折磨、心理痛楚，以及其他的在情緒譜系中屬於負面而特定的、各自分立的描述。這些回應是症狀性的，多與情境有關，而非人格特質。這些回應並不是一般人內在對自己的自我關聯想法（例如，「我討厭我自己，因為我總是在擔心」），也不是廣泛的（例如，「每件事都讓我傷心」）。

舉例如下：

「憂鬱」

「我的神經質」

「這個悲劇」

7. 不確定 / 無法說明

這個類別包含回應者無法確定或表示無法回應的答案，包含看來可能是刻意推託、逃避或冷淡無感情的回應。

舉例如下：

「不知道」

「不確定」

「我不在乎」

壓力（壓迫感）

自殺狀態量表的壓力變因（Jobes et al., 1997），是根據史耐門（1993）的「壓迫感」概念，那是依據莫瑞（Murray, 1938）對於壓迫感的理論發展而來的。壓迫感是指由內在、外在世界及環境各種面向而來，企圖移動、觸碰、侵犯或是影響個體心理狀態的事物。壓力或壓迫感接著會成

爲促使個體走向自殺危機的推力，特別是個體感到多重來源的壓力，並且長期反覆受壓時。壓迫感可能外來也可能內發，包含所謂的內在（beta）壓力──個體對於所處環境某個特定面向的個人觀感──或是所謂的外在（alpha）壓力──所處環境中客觀或眞實的面向。壓迫感可能會增強或阻礙個體達成既定目標；也就是說，要從對個體造成的影響，或能爲個體做的事來看壓迫感。藉著了解壓迫感，如果我們能夠進一步了解個體的動機、了解決策方向的模式，以及他／她如何看待或解釋這個環境，我們就能知道更多個體可能做的事。因此，未完成語句「讓我覺得壓力最大的是……」被加在自殺狀態量表的壓力項目之後，以區辨和描述自殺傾向患者自認最有意義的壓力敘述類別。

編碼類別（總計八類）

1. 關係

　　這個類別指的是特別與孩子、配偶、伴侶、父母、朋友、重要他人，或任何其他社交互動有關的特定關係議題或問題。任何提到被別人傷害或傷害別人的回應都屬於這個類別，特別指出孤獨或隔離的也屬於這個類別。

　　舉例如下：

　　「讓我的家人爲我的新工作感到驕傲」

　　「我女朋友離我愈來愈遠」

　　「我在這裡沒有朋友，感覺像個外人」

2. 自我

　　這個類別指向特別與自我有關的回應，或者清楚指向自我時。可能是關於感覺或自我特質的說明。傾向包含對於持久性特徵、核心特質的描述，或是對自我苛刻批評，以及對於自己外在的描述。

舉例如下：

「我不是個好人」

「我無法瘦十磅」

「我軟弱又情緒化」

3. 角色／責任

這個類別指的是與一般對於成人角色所期待的責任或義務有關，這些角色包含工作者、家庭主婦或學生。回應可能是對於角色明確的舉例，或可能是一種覺得擔任這些角色但卻不稱職的感受。諸如對課業的擔憂、經濟壓力或對工作的擔憂都包含在內，特定的與未來職業生涯有關的陳述也包含在內。而缺乏方向或目標的回應，應該被歸類在無助的類別之下。

舉例如下：

「對於畢業後要找什麼樣的工作，我一點概念也沒有」

「我無法思考自己的未來」

「我沒辦法整天在家跟孩子們在一起」

4. 不愉快的內在狀態

這個類別代表對於傷害、苦惱、折磨、心理痛楚，以及其他的在情緒譜系中屬於負面而特定的、各自分立的描述。這些回應是症狀性的，多與情境有關，而非人格特質。這些回應並不是一般人內在對自己的自我關聯想法（例如，「我討厭我自己，因為我總是在擔心」），也不是廣泛的（例如，「每件事都讓我傷心」）。

舉例如下：

「我無時無刻不在擔心和焦慮」

「這太痛苦了」

「我受夠了憂鬱」

5. 全面性／一般性

這個類別指的是完全概括之不特定、廣泛性陳述，完全包括在內，因

此就顯得含糊不明確。這些回應指出一種廣泛的、包含所有範圍的，或支配一切的、一種被淹沒或是一時無法應對的感覺。

舉例如下：

「我的世界」

「生命」

「每件事」

6. 特定情境的

這個類別指的是針對特定情境的回應（例如，提到某個時間或地點的回應）。任何關於某個特定狀況或情境的回應，或任何提到某個地點、時間或事件的回應也屬於這個類別（注意：提到特定人物的，較適合歸類到關係類別中）。

舉例如下：

「晚上我自己回到空空的公寓時」

「早上醒來第一件事」

「每次當我聽見我們最喜歡的樂團唱的歌」

7. 無助

這個類別代表對於失控感、被困擾或迷失感的暗示或明示，缺乏目標的陳述也在這個範圍內。關於自己無力應對、無法發揮功能，或在未來無法自我實現的說明，都屬於這個類別〔如果回應指出一種角色或責任（例如「我的職業」），應歸在角色／責任的類別下〕。

舉例如下：

「我好迷惑不知道要往哪走」

「我不知道我在幹嘛」

「不管我做什麼都不會有成就」

8. 不確定／無法說明

這個類別包含回應者無法確定或表示無法回應的答案，包含看來可能

是刻意推託、逃避或冷淡無感情的回應。

舉例如下：

「我不知道」

「我不想提」

「誰知道」

激躁（煩亂）

自殺狀態量表的激躁變因（Jobes et al., 1997），是根據史耐門（1993）的「煩亂」概念。煩亂（perturbation）是史耐門創造的字，是對處於沮喪和心神不寧的狀態之描述。與自殺相關時，煩亂包含：(1) 知覺的限縮（perceptual constriction），和 (2) 傾向做出強烈魯莽的自我傷害或傷人的行為。限縮的意思是個體的知覺及認知運作的範圍縮減；嚴重時，知覺限縮也包含了思考的僵化、目光狹隘，以及只聚焦在幾個很少的選擇，伴隨著讓死亡及逃走變成唯一解決心理痛楚和需求受挫的方法。行動的強烈傾向指的是，在沒有耐心、無法容忍有壓力的情境時，衝動、強烈的想快速解決及結束一切的傾向。嚴重時，會清楚明確的傾向急躁的、可能衝動的自我毀滅行為。

在自殺學著作中，沒有其他詞彙能夠相當的抓住史耐門意圖以「煩亂」來描述的概念。諸如焦慮（anxiety）、混亂（turmoil）、衝動（impulsiveness）、易怒（irritation），或煩惱（annoyance），都無法描述煩亂這個概念本質上認知、情感的複雜性。也許因為這樣，這個概念可能對於臨床工作者及患者來說都模糊得難以理解。路歐馬（Luoma, 1999）對於自殺狀態量表架構的研究中，發現煩亂是大學生最難理解的概念之一。他們在概念上傾向將煩亂解釋為負面情感，而聚焦在負面情感，就會遺漏了認知面的知覺限縮，以及較為情緒性的急迫或衝動感。因此，建立

在這些基礎上校正過的自殺狀態量表的煩亂這個項目，明確的定義爲「情緒上的急迫；感到你必須採取行動；不是生氣；不是惱怒」。再次說明，這個校正過的解釋，只有提到情緒上的急迫感，沒有提到認知面的知覺限縮。最後，自殺狀態量表中的未完成語句包含了一個暫時性的評估，開放式回應會傾向特別指定某一個情境，因爲他們是針對「我覺得必須要採取行動的時候是 ⋯⋯ 」來回應。

編碼類別（總計九類）

1. 不得不行動

　　這個類別，對應到個體明確的想要急迫的改變他／她生活中的某些事，明確的需要一個快速的解決方案，想要行動的需求。隱藏在這個類別的回應中，是一種缺乏改變的感受（被困住），以及需要做些決定的需求。

　　舉例如下：

　　「我就是想現在就解決這些事」

　　「我現在什麼也沒做」

　　「必須做些什麼來結束我現在這個樣子」

2. 全面性／一般性

　　這個類別指的是完全概括之不特定、廣泛性陳述，完全包括在內，因此就顯得含糊不明確。這些回應指出一種廣泛的、包含所有範圍的，或支配一切的、一種被淹沒或是一時無法應對的感覺。

　　舉例如下：

　　「我覺得完全被困住」

　　「所有事情都加在我身上」

　　「我的腦袋被所有我要做的事搞得一團亂」

3. 無助

這個類別代表對於失控感、被困擾或迷失感的暗示或明示，缺乏目標的陳述也在這個範圍內。關於自己無力應對、無法發揮功能，或在未來無法自我實現的說明，都屬於這個類別。

舉例如下：

「事情失控了」

「我想讓事情變好可是什麼也不能做」

「我沒有選擇，什麼都不會改變」

4. 不確定／無法說明

這個類別包含回應者無法確定或表示無法回應的答案，包含看來可能是刻意推託、逃避或冷淡無感情的回應。

舉例如下：

「不知道」

「不確定」

「誰不想知道」

5. 特定情境的

這個類別指的是針對特定情境的回應（例如，提到某個時間或地點的回應）。任何關於某個特定狀況或情境的回應，或任何提到某個地點、時間或事件的回應也屬於這個類別（注意：提到特定人物的，較適合歸類到關係類別中）。

舉例如下：

「晚上我自己回到空空的公寓時」

「早上醒來第一件事」

「每次當我聽見我們最喜歡的樂團唱的歌」

6. 不愉快的內在狀態

這個類別代表對於傷害、苦惱、折磨、心理痛楚，以及其他的在情緒

譜系中屬於負面而特定的、各自分立的描述。這些回應是症狀性的，多與情境有關，而非人格特質。這些回應並不是一般人內在對自己的自我關聯想法（例如，「我討厭我自己，因為我總是在擔心」），也不是廣泛的（例如，「每件事都讓我傷心」）。

舉例如下：

「我覺得很焦慮」

「生氣時我會崩潰」

「憂鬱症超出我的忍受範圍」

7. 自我

這個類別指向特別與自我有關的回應，或者清楚指向自我時。可能是關於感覺或自我特質的說明。傾向包含對於持久性特徵、核心特質的描述，或是對自我苛刻批評，以及對於自己外在的描述。

舉例如下：

「我看見我有多失敗」

「我變得特別可悲」

「我這麼糟，沒有人會愛我」

8. 關係

這個類別指的是特別與孩子、配偶、伴侶、父母、朋友、重要他人，或任何其他社交互動有關的特定關係議題或問題。任何提到被別人傷害或傷害別人的回應都屬於這個類別，特別指出孤獨或隔離的也屬於這個類別。

舉例如下：

「吉姆吼我」

「當我想到沒有人愛我，我是說愛情」

「讓我爸失望」

9. 角色／責任

　　這個類別指的是與一般對於成人角色所期待的責任或義務有關，這些角色包含工作者、家庭主婦或學生。回應可能是對於角色明確的舉例，或可能是一種覺得擔任這些角色但卻不稱職的感受。諸如對課業的擔憂、經濟壓力或對工作的擔憂都包含在內，特定的與未來職業生涯有關的陳述也包含在內。而缺乏方向或目標的回應，應該被歸類在無助的類別之下。

　　舉例如下：

　　「當我想到對於畢業後要找什麼樣的工作，我一點概念也沒有」

　　「當我想到我的未來」

　　「當我想到我未婚夫」

　　「當我無法決定要哪個工作」

　　「當我看見我做父母做得有多糟」

無望感

　　無望感是一種認知形式，而不是一種情緒狀態；這種區別讓無望感與憂鬱不同。貝克等人（1979）將無望感定義為一種個體的信念，相信他／她不管做什麼都不會改變現況，這樣的信念可能聚焦在個體生活中的任何事物。有提出的理論是：這些相信情況永遠不會改善的個體，「放棄」了生活，而且沒有動機忍受他們覺得永不會好轉的狀況。

　　無望感被持續認定為自殺危險性的重要因子，而且可以在治療計畫中特別的被重視和調整（Brown, Beck, Steer, & Grisham, 2000）。無望感也被認為有不同程度的分別，例如：認為情況不會改善的個體處於較低的自殺危險性。真的相信事情永遠不會變好的個體，處於較高的自殺危險性。

　　大部分測量無望感的工具，傾向整體的評估無望感，不過新進的研究逐漸開始評估相關的概念和無望感的組成。舉例來說，完美主義就被視為

自殺危險性的因子之一。理論上，設定且維持不切實際的高標準、高期待的個體，是因為這些標準實在設得太高，事實上無法完成，所以才處於危險之中。個體會開始有無望感，是因為他們永遠無法達到這些對於個人或社會的期待。

其他的研究顯示，有無望感的個體，無法對未來產生正面的想法，或是只能預見負面的事件發生。這些不同的理論和相關的概念，都有一個與無望感類似的共同主題：個體相信不論做任何事情，都不會改善現況。鮮有文獻探討個體感到無望的特定狀況。因此，自殺狀態量表所使用的未完成語句，是個當下時態的項目，開放式問題的回應因而傾向特定情境，因為受試者是對「讓我最絕望的是……」做回應。

編碼類別（總計七類）

1. 全面性／一般性

這個類別指的是完全概括之不特定、廣泛性陳述，完全包括在內，因此就顯得含糊不明確。這些回應指出一種廣泛的、包含所有範圍的，或支配一切的、一種被淹沒或是一時無法應對的感覺。

舉例如下：

「生命」

「所有事情」

「平常的事情」

2. 未來

這個類別指的是關於個體未來廣泛性的陳述或暗示，這些陳述可能是關於未來的特定或非特定敘述。所有有關未來的一般說法，或是清楚的與未來有關、關於特定的夢想、技能、事件或經驗的敘述，都屬於這個類別（不包含職業或學校，見角色／義務）。

舉例如下：

「未來」

「完成我的夢想」

「達到我的目標」

3. 關係

這個類別指的是特別與孩子、配偶、伴侶、父母、朋友、重要他人，或任何其他社交互動有關的特定關係議題或問題。任何提到被別人傷害或傷害別人的回應都屬於這個類別，特別指出孤獨或隔離的也屬於這個類別。

舉例如下：

「同事」

「我跟男朋友的關係」

「所有人」

4. 角色／責任

這個類別指的是與一般對於成人角色所期待的責任或義務有關，這些角色包含工作者、家庭主婦或學生。回應可能是對於角色明確的舉例，或可能是一種覺得擔任這些角色但卻不稱職的感受。諸如對課業的擔憂、經濟壓力或對工作的擔憂都包含在內，特定的與未來職業生涯有關的陳述也包含在內。

舉例如下：

「完成我工作的抱負」

「畢業」

「錢」

5. 自我

這個類別指向特別與自我有關的回應，或者清楚指向自我時。可能是關於感覺或自我特質的說明。傾向包含對於持久性特徵、核心特質的描

述，或是對自我苛刻批評，以及對於自己外在的描述。想要控制自己的行為、想法或感覺的陳述，也屬於這個類別。

舉例如下：

「了解自己」

「太胖」

「無法管理情緒」

6. 不愉快的內在狀態

這個類別代表對於傷害、苦惱、折磨、心理痛楚，以及其他的在情緒譜系中屬於負面而特定的、各自分立的描述。這些回應是症狀性的，多與情境有關，而非人格特質。這些回應並不是一般人內在對自己的自我關聯想法（例如，「我討厭我自己，因為我總是在擔心」），也不是廣泛的（例如，「每件事都讓我傷心」）。

舉例如下：

「我會永遠這麼焦慮」

「生氣後我崩潰的樣子」

「我怕我會永遠憂鬱」

7. 不確定／無法說明

這個類別包含回應者無法確定或表示無法回應的答案，包含看來可能是刻意推託、逃避或冷淡無感情的回應。

舉例如下：

「不知道」

「不確定」

「誰在乎」

自我厭惡

自我厭惡可以被解讀爲在增加自我覺察時產生的負面感受（Baumeister, 1990）。當個體經驗一事件不符個人標準／或期待時，接著以內在歸因解釋事件，個體開始憎恨自己並且企圖用認知解構來消滅這個狀態，這樣的解構會降低思考運作能力和抑制能力，讓自殺衝動較容易出現。

通常個體會對於自己有比較正面的看法，這樣的看法由許多心理機制維持和支持。當這個看法被挑戰時（特別是在治療中），相對於之前的「理想自我」，患者可能會面對「令人害怕的自我感」。這樣的轉換通常會導致自我厭惡，可能會變成自殺衝動的導火線（Baumeister, 1990）。

最後，自我厭惡可以被視爲一種循環。個體因爲自我厭惡而發生自我傷害的行爲，行爲的負面後果導致更爲自我厭惡，可能就造成循環。個體可能接著降低表現來符合起初對自己的看法（高成就的自我厭惡），或是較不努力讓可能的失敗合理化。因此，附加了未完成語句「我覺得最討厭自己的部分是 ……」，以進一步說明自殺傾向患者自我厭惡的經驗。

編碼類別（總計七類）

1. 無助

這個類別代表對於失控感、被困擾或迷失感的暗示或明示，缺乏目標的陳述也在這個範圍內。關於自己無力應對、無法發揮功能，或在未來無法自我實現的說明，都屬於這個類別。

舉例如下：

「我沒辦法描述我的問題」

「我沒辦法不憂鬱」

「我在這哪也去不了」

2. 內在描述

這個類別指的是關於個體對於自己缺乏正面特質，或具有負面特質的描述。也可能是有關對自己感覺的描述，通常包含對自我內在狀態的嚴厲批判。

舉例如下：

「我軟弱」

「我不夠聰明」

「我總是一團糟」

3. 外在描述

這個類別指的是個體如何不喜歡自己一些外在的、表面的特質，例如，他／她的長相、體態或所從事的行為。

舉例如下：

「我吸毒」

「我總是看起來很醜」

「我的身體」

4. 關係

這個類別指的是特別與孩子、配偶、伴侶、父母、朋友、重要他人，或任何其他社交互動有關的特定關係議題或問題。任何提到被別人傷害或傷害別人的回應都屬於這個類別，特別指出孤獨或隔離的也屬於這個類別。

舉例如下：

「傷害爸媽」

「我女朋友要分手」

「我在學校格格不入」

5. 全面性／一般性

這個類別指的是完全概括之不特定、廣泛性陳述，完全包括在內，因

此就顯得含糊不明確。這些回應指出一種廣泛的、包含所有範圍的，支配一切的、一種對生活不滿意和／或被淹沒的感覺。

舉例如下：

「我恨所有跟我有關的事」

「自己」

「我的一生」

6. 角色／責任

這個類別指的是與一般對於成人角色所期待的責任或義務有關，這些角色包含工作者、家庭主婦或學生。回應可能是對於角色明確的舉例，或可能是一種覺得擔任這些角色但卻不稱職的感受。諸如對課業的擔憂、經濟壓力或對工作的擔憂都包含在內，特定的與未來職業生涯有關的陳述也包含在內。而缺乏方向或目標的回應，應該被歸類在無助的類別之下。

舉例如下：

「我賺的錢不夠」

「我無法決定做什麼工作」

「我是不稱職的父母」

7. 不確定／無法說明

這個類別包含回應者無法確定或表示無法回應的答案，包含看來可能是刻意推託、逃避或冷淡無感情的回應。

舉例如下：

「不知道」

「說不出來」

「你告訴我啊」

自殺狀態量表「擇生理由與尋死理由」編碼手冊

謝嘉　譯

SSF編碼手冊：
擇生理由與尋死理由的類別

概論

　　過去自殺學領域的實證和理論工作，分別聚焦在兩個完全相反的領域：危險因子及自殺動機（尋死理由），和持續生命的信念（擇生理由）。這兩個研究領域已對自殺動機提供豐富而有用的了解。然而，爲完全了解一個人的自殺動機，需要一個更全面的、平衡的觀點：什麼使一個人的生命持續和什麼使一個人想放棄？或許一起檢查擇生理由和尋死理由，可讓我們更了解自殺等式兩邊的重要性。

爲什麼想活下去和尋死的理由

　　林漢及其同事（1983）相信，想自殺的人缺乏生命導向信念（life-oriented beliefs），那是可抑制他們自殺念頭的。他們發展了擇生理由量表，以測量這些信念對不自殺是多麼重要。有六個因素被確認是一組的擇生理由：存活和因應、對家庭的責任、對孩子的關心、對自殺的恐懼、對

社會不贊成的恐懼和道德反對。然而，從擇生理由量表所蒐集到的資料，只對自殺等式的一邊提出貢獻。了解一個人自殺的動機，以及哪些因素取代擇生的信念，也非常重要，這就是為什麼尋死理由也是一樣重要的原因。為了正式研究自殺等式的兩邊，此想法促進擇生理由與尋死理由評估的發展。想更了解自殺的心靈，就得要求患者列出他們的擇生理由和尋死理由，並依重要程度，對每個列表進行組織排序。

上層類別（Superordinate Categories）

賈伯斯和曼（Jobes & Mann, 1999）指出，擇生理由和尋死理由可被分成不同的編碼類別。現在就是要進一步組織分類成較大的、涵蓋更廣的上層類別：對自己、他人及未來的希望感，和對自己、他人及未來的無望感。

對自己、他人及未來的希望感和無望感

根據貝克（Beck, 1967）憂鬱的認知理論，憂鬱的個體對他們自己、世界和未來表達出負面的看法，這就是「認識三要素」。這些負面看法常轉換成無望的感覺和表達或負面的期待。貝克（Beck, 1986）認為無望感最能預測自殺和當前的自殺意圖，無望感是自殺的危險因子，而希望感卻是對抗自殺的保護因子。藍契和賓頓（Range & Penton, 1994）發現，擇生的理由與希望感有正面關聯，與無望感有負面關聯。

自我和他人

貝肯（Bakan, 1966）用動力（agency）和共享（communion）表示人類經驗中不同極性間的特質。動力表示渴望個別化、自我保護和自我導向。共享表示渴望人際關係、依附和親密。每個個體都落在此延續面的某

個位置。當試著了解自殺傾向個體時，就可建立動力和共享的觀點。賈伯斯（Jobes, 1995）用精神內在現象的「內隱」（intrapsychic，自我）和人際精神現象的「外顯」（interpsychic，他人）說明此經驗之延續面。精神內在現象的延續面可由內在、主觀、現象學等議題匯聚而成。自殺傾向患者基本上就是在內心會注意關於自我而不是他人的問題。在延續面的另外一端：人際精神現象的部分，是匯聚外在的、人際的議題而成。在此情形下，自殺傾向患者主要將焦點放在他人和人際關係上，而不是自己。

連接上層分類的類別

要決定哪些類別適合放入哪個上層分類，需要發展編碼手冊附錄和建立評分者間信度。然而，根據理論和常識，可假設每個類別將歸在哪個上層分類。根據自殺動機和持續生命信念的文獻，在包羅萬象的類別之中，擇生理由主要會被歸到希望感，尋死理由會被歸到無望感。擇生理由內令人愉快的事情、信念和自我，會歸在有關自我的希望感標題之下。擇生理由分類中的家庭成員、朋友、對他人的責任和會給他人負擔等，則歸在他人的希望感標題之下。其餘擇生理由中，對未來、計畫及目標的希望感，會歸在對未來的希望感標題之下。同樣的，尋死理由中的孤獨、對自己的一般描述和逃離等，將歸在有關自我的無望感標題之下。與他人之間的關係和不想給他人負擔的尋死理由，則歸在有關他人的無望感類別之下。尋死理由的無望感，會清楚的歸在有關未來無望感的標題之下。

編碼的一般原則

編碼者會得到一份自殺傾向患者在擇生理由和尋死理由中實際回應的表單，每張表單最多列出五個回應，每個回應都在它自己的編碼紙上。有

兩套不同的編碼紙，一是給擇生理由編碼，另一是給尋死理由編碼。每套回應都應該分別編碼，每套編碼紙內的回應，都被視為是彼此獨立的。因此，每個理由只會被歸到一個類別且只編碼一次。當對某個理由進行編碼時，雖然需要一些解釋，但編碼者只要依據該反應的表面價值，儘可能對提出該理由的動機和／或環境做最少的猜測即可。

編碼的特殊原則

分類表是在編碼紙右邊最上面一欄，編碼者會得到一組蒐集到的回應，編碼者需決定各回應屬於哪一類別，並在適當的類別欄位做記號。在進行到下個回應之前，編碼者要以 1 到 5 的數字，在信心評定欄位（confidence rating column）評定對自己選擇的信心。此評定是在 1 到 5 的量尺上，1 表示「一點信心也沒有」，5 表示「充滿信心」。一旦回應已歸類並完成信心評定，編碼者就移到下個回應。在完成一組回應的工作後，編碼者依此步驟繼續進行其他組的回應。

編碼的用途

對擇生理由／尋死理由回應進行編碼分類有兩個目的：第一是要確認這些理由可能歸屬的共同類別，第二是用這些被分類的反應，發展自殺傾向個體之類型，以其預測治療結果。

擇生理由編碼類別

1. 家庭

此類別是關於任何涉及家庭成員的回應，如婚姻或孩子。

舉例如下：

「我的父母。」

「我的父母愛我。」

「我先生。」

2. 朋友

此類別包含所提到的朋友，包括特定的名字（如：約翰或辛蒂），涉及男朋友或女朋友也會被歸到此類。若該回應明白指出此人是家庭成員，則歸到家庭類別。

註：如果在一個反應內同時提到家庭成員和朋友，就把它歸到先認定的類別。例如，如果回應是說「家人和朋友」，則將此回應歸到家庭類別。但是如果回應是說「朋友和家人」，則將此回應歸到朋友類別。

3. 對他人的責任

此類別是處理反應者對他人應負的責任與義務之回應。

舉例如下：

「在書店工作。」

「我不想辜負人。」

「我要教導我的學生。」

4. 成為他人負擔

此類別是依據案主擔心他自殺後會給關心他的人（家人、朋友、其他特定的人）帶來麻煩或負擔，而提到關於擔憂、恐懼或焦慮之陳述。

舉例如下：

「家庭罪人」或「我不想讓任何人煩心」。

「如果我死了，我的父母真的會很難受。」

「如果我自殺了，父親布萊恩一定會非常挫敗。」

5. 計畫和目標

此類別所處理的是關於未來導向的計畫，這些陳述可以是表達希望某事繼續進行下去，或處理留待完成的事。這些是典型的自我導向之陳述，

可是，當這些陳述是關於目標或未來計畫時，它們就會被歸在此類。這些陳述包含行動感；有關「自我」更一般性的描述，會被放在類別 9 的自我分類中。

舉例如下：

「我想完成學業」或「我想去歐洲旅行」。

「未來某天我想要有小孩。」

「生活中，仍有這麼多我想做的事。」

6. 對未來的希望感

此類別是指未來導向的陳述，是處理模糊不清、抽象渴望的回應。這些陳述所表達的，是一種有希望的態度，或指事情會變成如何的好奇心，但比歸在類別 5（計畫與目標類別）之陳述消極些。

舉例如下：

「我的夢想。」

「我認為事情會解決」或「我希望可以停止不好的感覺」。

「我想知道究竟發生什麼事。」

7. 令人享受的事物

此類別指活動或客體，只是被提到或指令人愉快的事，包括有價值的客體，如寵物或財產。

舉例如下：

「中式食物。」

「彈鋼琴」或「音樂」。

「看電影。」

8. 信仰

此類別是處理所提到的宗教、個人信仰或道德標準的回應，這些回應可以涵蓋但並不限定在涉及上帝或其他的宗教人物。如果是在會給他人負擔的脈絡中，陳述關於特定的宗教人物，則此陳述就該歸在類別 4（給他

人負擔）的分類上。

舉例如下：

「那是一種罪過」或「我希望能夠上天堂」。

9. 自我

此類別是處理具體的自我陳述，或很清楚地提到自我時。包括關於感情的描述，或有關自我的特質。此回應也可以是涉及欠自己的某事，這些回應不是未來導向的描述。如果這些描述與未來有關，它們應該被歸在計畫和目標或對未來希望感的類別中（類別 5 或 6）。

舉例如下：

「我自己。」

「我不想讓自己失望。」

「我並不是那種人。」

尋死理由編碼類別

1. 他人（關係）

此類別是涉及清楚明確的和可推斷出的其他人。

舉例如下：

「到天堂見我的母親。」

「報應。」

2. 解除他人負擔

此類別指自殺是結束困苦的一種辦法，個體相信這些困苦是他或她帶給他人的。

舉例如下：

「停止傷害別人。」

「不想帶給任何人壓力。」

「解除我家人的經濟負擔。」

3. 寂寞

此類別指寂寞的陳述。

舉例如下：

「我不再想要孤單。」

「我什麼都沒了。」

「我沒有人可以傾訴。」

4. 無望感

此類別指對未來無望感的陳述。

舉例如下：

「事情再也不會好轉」或「我不認為事情會解決」。

「我很怕達不到我的目標」或「我再也不計較任何事」。

「事情再也不會改變，我很沮喪。」

5. 對自我的整體描述

此類別是涉及對自我的感受以及對自我的一般認知。

舉例如下：

「我自己。」

「我是一文不值。」

「我總是感覺如此。」

註：下面幾個類別是處理逃避的議題，所依據的陳述是指遠離或結束某事的需求或渴望。「某事」可以是一種感覺、責任或事件。

6. 無特定對象的逃避

此類別是指有關逃避的一般性陳述和一般的放棄態度。

舉例如下：

「我希望和平」或「我再也無法認受」。

「逃離」或「那會較沒有壓力」。

「我需要休息」、「結束我的生命」或「活得好累」。

7. 逃避過去

此類別涉及一般所提到的過去之陳述，或遠離過去的經驗和感受。

舉例如下：

「我的童年並不快樂」或「我想要重新開始」。

「我想擺脫過去。」

8. 逃避痛苦

此類別提及有關心理痛苦和希望停止痛苦的具體陳述。

舉例如下：

「我不再想要感到痛苦。」

「不再有痛苦。」

「我要停止傷痛、痛苦。」

9. 逃避責任

此類別是涉及關於逃避責任的陳述。

舉例如下：

「我不再想要負責。」

「不必負責任的。」

「我討厭在書店工作。」

自殺狀態量表「一件事反應」編碼手冊

謝嘉　譯

SSF一件事編碼手冊

概論

　　自殺狀態量表（SSF；Jobes et al., 2012）是一份自殺危險性評估工具，它從量和質的觀點，試圖測量案主的自殺情形。此編碼手冊將被用來分析患者在自殺狀態量表中「一件事」回應的質化資料。在此評估中，自殺傾向患者被鼓勵對下列問題寫下答案：「可以幫助我不再想自殺的一件事是……」。本手冊使用三個概念向度（取向、現實感、臨床實用性），嘗試把寫在「一件事」評估表的各種開放式回應進行可靠的歸類。

　　編碼工作的目的就是要進一步測試和精練自殺狀態量表，使其成為一份具效度和信度的自殺危險性評估工具。特別是，「一件事」回應的編碼將幫助臨床工作者和研究者了解一位自殺傾向患者重要的一面，即針對潛在的自殺危險性，這「一件事」或許就可能造成不同的結果。

編碼的一般原則

步驟一

編碼者會收到一盒索引卡片，每張卡片都會顯示一個來談者對「一件事」的回應。編碼者必須根據下列三個概念向度，對每個回應進行初步的分類和評定。這三個概念向度是：

1. 取向（自我取向的、他人取向的、無法編碼的）。
2. 現實感（實際的、不切實際的、無法編碼的）。
3. 臨床功用性（具臨床實用性、無臨床實用性、無法編碼的）。

每個編碼向度的這三種選擇彼此是互斥的；因此，一個回應不會同時含「自我取向」和「他人取向」。每個回應應根據這三個編碼向度進行編碼，也因此會有三個編碼回應。

舉例如下：

「我想和同儕有較好的關係。」

1. 取向（他人取向的）。
2. 現實感（實際的）。
3. 臨床實用性（具臨床實用性）。

步驟二

在初步分類後，接著進行第二次分類，以確保編碼者滿意他們的選擇。為了更了解做決定的過程，編碼者應該討論其特定編碼背後的理論基礎。此外，編碼者應該將他們為每個特定回應編碼的信心程度列出等級。這些信心水準如下：

1 = 低信心水準。

2 = 中信心水準。

3 = 高信心水準。

編碼的定義和實例

編碼向度一：此人回應的取向

自我取向

　　此類別指任何有關自我的回應：這會是此人做 / 不做、感覺 / 沒有感覺、想 / 不想，或涉及自我的描述。

舉例如下：

「更喜歡我自己。」

「較不沮喪。」

「不再有這些悲傷情緒。」

「在班上獲得好成績。」

「發現更多興趣和更有信心。」

「離開一陣子。」

他人取向

　　此類別指任何有關他人或關係的回應：那會是任何的社交關係（家人、工作夥伴、親密夥伴等），也可以是一種既存的關係、舊關係或沒有關係。

舉例如下：

「叫吉姆再愛我一次。」

「找一個了解我、能和我談話的人。」

「設法有更多或更好的朋友。」

「忘記父母親所施加的虐待。」

「與死去的母親再見一面。」

「男朋友的問題。」

無法編碼的

在此類別中，患者的回應沒有內容或根本沒有回應，此回應沒有在其他兩個方面得到進一步的編碼。

舉例如下：

「不知道。」

「我怎麼會知道。」

「誰在意。」

「我不再想自殺。」

編碼向度二：此人回應的現實感

實際的

此類別指任何一個理論上可被獲得，或有高機率可被完成的回應項目。

舉例如下：

「有很好的朋友。」

「有某人可以交談。」

「感到有自信。」

「更常與好男人約會。」

「通過我的考試。」

「將來有一天能擁有一個很棒的家庭。」

不切實際的

此類別指任何一個在理論上是不可能的回應項目，或不像是可獲得 / 可達到的。

舉例如下：

「免除所有壓力。」

「不曾被強姦 —— 消除過去發生的事。」

「不必想、不必感受，也不用擔心事情。」

「一個現代奇蹟。」

無法編碼的

在此類別中，患者的回應沒有內容或根本沒有回應，此回應沒有在其他兩個方面得到進一步的編碼。

舉例如下：

「不知道。」

「我怎麼會知道。」

「誰在乎。」

「我不再想自殺。」

編碼向度三：此人回應的臨床實用性

具臨床實用性

此類別是指確認與治療起點有關的新訊息，或使用特定治療技術的任何意見。換言之，患者的回應是否有引導或形成可能的臨床介入。

舉例如下：

「在學校裡做得更好」（學業技巧）。

「與瑪麗重新建立關係」（社交技巧）。

「更經常約會」（社交技巧）。

「有好朋友」（社交技巧）。

「沒有被虐待」（暴力議題）。

「減少壓力」（漸進式放鬆）。

無臨床實用性

此類別是指任何一個模糊的或是請求幫助解決自殺問題的回應項目，或是無法尋繹出臨床介入的理由。

舉例如下：

「獲得重生。」

「贏得百萬錢財。」

「與瑪丹娜結婚。」

無法編碼的

在此類別中，患者的回應沒有內容或根本沒有回應，此回應沒有在其他兩個方面得到進一步的編碼。

舉例如下：

「不知道。」

「我怎麼會知道。」

「誰在意。」

「我不再想自殺。」

編碼的特定原則和決定準則

在編碼過程中，如果需要，編碼者應該使用本手冊。使用編碼手冊就是要對那些不確定的編碼提供編碼指導和確切的決定原則。至少會有三個與「一件事」反應有關的編碼困境。

困境1：多重回應

每個向度都有可能發生。

舉例如下：

「不是如此有壓力、有更多約會、為了這學期能結束。」

1. 取向（自我取向的）。
2. 現實感（實際的）。
3. 臨床功用性（有臨床功用）。

如果需要釐清兩個以上的回答，決定原則是在一連串反應中找出第一個反應。本例中，答案就是「不是如此有壓力」。

困境2：特定性相對於寬廣的概念（Specificity versus Broad Concept）

此困境只有在現實感向度中發生。編碼者應該取這些陳述的表面意思，而不要試圖從哲學立場詳細研究這些陳述。例如，患者對他們自己的陳述可能會有限定的順序。在下面第二例中，可能是患者無處可住或是無法住在加利福尼亞州。在第三例中，患者可能找不到另一個工作。所有這些都無關現在的目的，現在的目的就是要以一種較寬廣的態度，評估患者的反應是可獲得或可完成的。如果患者的陳述有被實現的機會，則它就應該被編碼為現實感。下列所述三個案例應該都可能是現實的。

舉例如下：

「與我的男朋友吉姆重修舊好。」

「回到加利福尼亞的家。」

「找到另一個工作，一個更可實現自我的工作。」

困境3：不切實際但有臨床實用性的

只發生在臨床功用性的向度中。

舉例如下：

「免除所有壓力。」

當患者的陳述在理論上是不可行時，它就會被編碼為「不切實際的」。但患者這個陳述是具有臨床實用性的，因為它告訴我們來談者有壓力，且可能正在處理壓力。因此，現實感評「不切實際的」時，並不需要隱含「無臨床實用性」的評定。換言之，因為反應是不切實際的（理論上不可能），並不代表它沒有臨床上的用處。

自殺狀態量表「一件事」分類單

患者身分	取向	現實感	臨床實用性
	自我取向的＿＿＿＿ 他人取向的＿＿＿＿ 無法編碼的＿＿＿＿ 信心水準　1　2　3	實際的　　　＿＿＿＿ 不切實際的＿＿＿＿ 無法編碼的＿＿＿＿ 信心水準　1　2　3	具臨床實用性＿＿＿＿＿ 無臨床實用性＿＿＿＿＿ 無法編碼的 信心水準　　　1　2　3
	自我取向的＿＿＿＿ 他人取向的＿＿＿＿ 無法編碼的＿＿＿＿ 信心水準　1　2　3	實際的　　　＿＿＿＿ 不切實際的＿＿＿＿ 無法編碼的＿＿＿＿ 信心水準　1　2　3	具臨床實用性＿＿＿＿＿ 無臨床實用性＿＿＿＿＿ 無法編碼的 信心水準　　　1　2　3
	自我取向的＿＿＿＿ 他人取向的＿＿＿＿ 無法編碼的＿＿＿＿ 信心水準　1　2　3	實際的　　　＿＿＿＿ 不切實際的＿＿＿＿ 無法編碼的＿＿＿＿ 信心水準　1　2　3	具臨床實用性＿＿＿＿＿ 無臨床實用性＿＿＿＿＿ 無法編碼的 信心水準　　　1　2　3
	自我取向的＿＿＿＿ 他人取向的＿＿＿＿ 無法編碼的＿＿＿＿ 信心水準　1　2　3	實際的　　　＿＿＿＿ 不切實際的＿＿＿＿ 無法編碼的＿＿＿＿ 信心水準　1　2　3	具臨床實用性＿＿＿＿＿ 無臨床實用性＿＿＿＿＿ 無法編碼的 信心水準　　　1　2　3
	自我取向的＿＿＿＿ 他人取向的＿＿＿＿ 無法編碼的＿＿＿＿ 信心水準　1　2　3	實際的　　　＿＿＿＿ 不切實際的＿＿＿＿ 無法編碼的＿＿＿＿ 信心水準　1　2　3	具臨床實用性＿＿＿＿＿ 無臨床實用性＿＿＿＿＿ 無法編碼的 信心水準　　　1　2　3
	自我取向的＿＿＿＿ 他人取向的＿＿＿＿ 無法編碼的＿＿＿＿ 信心水準　1　2　3	實際的　　　＿＿＿＿ 不切實際的＿＿＿＿ 無法編碼的＿＿＿＿ 信心水準　1　2　3	具臨床實用性＿＿＿＿＿ 無臨床實用性＿＿＿＿＿ 無法編碼的 信心水準　　　1　2　3
	自我取向的＿＿＿＿ 他人取向的＿＿＿＿ 無法編碼的＿＿＿＿ 信心水準　1　2　3	實際的　　　＿＿＿＿ 不切實際的＿＿＿＿ 無法編碼的＿＿＿＿ 信心水準　1　2　3	具臨床實用性＿＿＿＿＿ 無臨床實用性＿＿＿＿＿ 無法編碼的 信心水準　　　1　2　3
	自我取向的＿＿＿＿ 他人取向的＿＿＿＿ 無法編碼的＿＿＿＿ 信心水準　1　2　3	實際的　　　＿＿＿＿ 不切實際的＿＿＿＿ 無法編碼的＿＿＿＿ 信心水準　1　2　3	具臨床實用性＿＿＿＿＿ 無臨床實用性＿＿＿＿＿ 無法編碼的 信心水準　　　1　2　3
	自我取向的＿＿＿＿ 他人取向的＿＿＿＿ 無法編碼的＿＿＿＿ 信心水準　1　2　3	實際的　　　＿＿＿＿ 不切實際的＿＿＿＿ 無法編碼的＿＿＿＿ 信心水準　1　2　3	具臨床實用性＿＿＿＿＿ 無臨床實用性＿＿＿＿＿ 無法編碼的 信心水準　　　1　2　3

	自我取向的＿＿＿＿ 他人取向的＿＿＿＿ 無法編碼的＿＿＿＿ 信心水準　1　2　3	實際的　　　＿＿＿＿ 不切實際的＿＿＿＿ 無法編碼的＿＿＿＿ 信心水準　1　2　3	具臨床實用性＿＿＿＿＿＿ 無臨床實用性＿＿＿＿＿＿ 無法編碼的　　＿＿＿＿＿ 信心水準　　　1　2　3

CAMS治療工作單：了解你的自殺

林恬安　譯

CAMS治療工作單：了解你的自殺

會談日期：＿＿＿＿＿＿＿＿＿＿＿＿＿＿＿　　第＿＿＿＿次會談

- **自殺的個人故事：**

你為什麼會想自殺？你如何看待你的自殺？你如何理解／看待你的關係與自殺？你的個人故事是什麼？

＿＿＿＿＿＿＿＿＿＿＿＿＿＿＿＿＿＿＿＿＿＿＿＿＿＿＿＿＿＿＿＿＿

＿＿＿＿＿＿＿＿＿＿＿＿＿＿＿＿＿＿＿＿＿＿＿＿＿＿＿＿＿＿＿＿＿

＿＿＿＿＿＿＿＿＿＿＿＿＿＿＿＿＿＿＿＿＿＿＿＿＿＿＿＿＿＿＿＿＿

＿＿＿＿＿＿＿＿＿＿＿＿＿＿＿＿＿＿＿＿＿＿＿＿＿＿＿＿＿＿＿＿＿

＿＿＿＿＿＿＿＿＿＿＿＿＿＿＿＿＿＿＿＿＿＿＿＿＿＿＿＿＿＿＿＿＿

- **自殺的起因**

　　第二個問題：＿＿＿＿＿＿＿＿＿＿＿＿＿＿＿＿＿＿＿＿＿＿＿

　　第三個問題：＿＿＿＿＿＿＿＿＿＿＿＿＿＿＿＿＿＿＿＿＿＿＿

　　現在讓我們一同檢視你自殺的因素（或我們稱之為「起因」）。請填答以下部分問題，僅須完成與你自己的自殺經驗有相關的題目。你的答案可能與在第一次會談中填答的自殺狀態量表中的資訊有所重複，但是隨著治療的進展，為了更準確呈現你的自殺相關經驗，可能增加新的資訊。

哪些是「直接的起因」導致我想自殺？

　　特定的想法（例：我死了對大家都會輕鬆點）

_____

_____

_____

　　特定的情緒（例：我就是感到非常羞愧）

_____

_____

_____

　　特定的行為（例：當我一整天都在浪費時間）

_____

_____

_____

　　特定主題（例：關係中的模式或是自我概念）

_____

_____

_____

哪些是「非直接的起因」導致我想自殺？

非直接的起因：潛藏可能導致的因素，但並不必然地導致急性自殺意念、情緒、和行為（例：無家可歸、情緒低落、物質濫用、創傷後壓力症候群、孤立）

_____

_____

_____

- **自殺概念化**

自殺是一種選擇

描述抵達下一個階段的橋梁與障礙

直接的起因（將上述答案填寫至此方框）

描述抵達下一個階段的橋梁與障礙

非直接的起因（將上述答案填寫至此方框）

CAMS評估量表（CRS.3）

賴佑華　譯

治療師：＿＿＿＿＿　案主：＿＿＿＿＿＿　晤談日期：＿＿＿＿＿＿

編號 #：＿＿＿＿＿　評估者：＿＿＿＿＿　評估日期：＿＿＿＿＿＿

晤談 #：＿＿＿＿＿＿＿　（　　）錄影（　　）錄音（　　）現場觀察

（　　）整體評估（　　）抽樣檢查

說明：CAMS 架構由數個主要部分構成，會反映在 CRS 所列的幾個段落中。對每次晤談都以 7 點量表的 0~6 分評分，並記錄每個項目的分數。在每個段落結束前可以寫下相關的書面回饋。

N/A	0	1	2	3	4	5	6
N/A	不符合	大部分不符合	普通	通過	好	很好	非常好

第一部分：CAMS治療哲學

<u>合作</u>

1.　＿＿＿　**治療師能夠對案主的自殺期待表達同理。**

0 = 治療師對案主帶著批評與控制的態度。

2 = 治療師對自殺期待表達了中立態度。

4 = 治療師對自殺案主表達了不帶批評的理解。

6 = 治療師對案主自殺的緣由和處境表達深度理解。

2.＿＿＿ **所有的評估都是互動完成，且治療師和案主都有許多實質回應。**

　　0＝治療師主導評估，說服或打斷案主。

　　2＝治療師有讓案主參與評估過程。

　　4＝治療師有效的讓案主參與互動評估。

　　6＝治療師和案主共同參與了高度互動且充滿分享的評估過程。

3.＿＿＿ **治療計畫在治療師和案主互動回應中規劃且調整完成。**

　　0＝治療師並未讓案主參與互動式處遇規劃。（如並未並肩而坐，

　　　　或指導性告知案主處遇的意思）

　　2＝治療師有互動式的規劃處遇不過大部分忽略案主的回應。

　　4＝治療師經常性的邀請案主回應，以利規劃或調整處遇計畫。

　　6＝治療師實質的讓案主參與高度互動的處遇規劃過程。

4.＿＿＿ **所有的介入（此次會談）都在治療師和案主的大量互動與參與中**
選擇和調整。

　　0＝治療師並未詢問或忽視案主對處遇策略的回應。

　　2＝治療師有尋求案主對處遇策略的回應。

　　4＝治療師在互動選擇和調整策略時經常性的詢問且納入患者的回

　　　　應。

　　6＝治療師大量尋求案主回應，以期互動的選擇和調整策略。

任何其他幫助治療師改進合作的意見、建議和回饋：

_____

_____

_____

聚焦自殺

5.＿＿＿治療師說明 CAMS 核心議題，以在需要時隨時聚焦自殺意念相關因素，當與案主自殺想法或行為間接或非直接相關的議題出現時，這些議題也被認同但並非目前焦點。

　　0 = 治療師完全忽視CAMS核心議題，會談聚焦在與自殺無關議題。

　　2 = 治療師有說明 CAMS 核心議題但並未堅持重新聚焦討論自殺驅力。

　　4 = 治療師澄清 CAMS 核心議題並且結構化的重新讓案主聚焦在自殺驅力。

　　6 = 治療師確切的澄清 CAMS 核心議題並且有技巧的重新聚焦回自殺驅力。

任何其他幫助治療師改進合作的意見、建議和回饋：

_____

_____

_____

第二部分：CAMS臨床會談架構

危機評估

6.＿＿＿＿兩人在開始會談時依照架構開始並完成 SSF 量表。

　　* 初次晤談：兩人完成 SSF 的 A、B 部分

　　* 後續晤談：兩人完成 SSF 的 A 部分

　　0 = 兩人並未在會談中完成 SSF 量表。

　　2 = 兩人有完成 SSF 量表，不過並未在會談之初起始或完成。

　　4 = 會談之初便開始 SSF 量表，不過並未及時完成。

　　6 = SSF 量表在會談之初便完成（初次會談：SSF 量表在 5~10 分

鐘內開始，後續晤談：一進會談便開始）。

任何其他幫助治療師改進合作的意見、建議和回饋：

_____

_____

治療計畫

7.＿＿＿ 兩人發展或更新穩定化計畫〔例如安全計畫（safety plan, SP）或危機應變計畫（crisis response plan, CRP），CAMS 穩定化計畫（CAMS Stabilization Plan, CSP）〕，含規律出席治療、表達治療的阻礙、移除自殺道具、減少隔離行為，以及應用適應卡。

0＝穩定化計畫在會談中並未發展或更新。

2＝有發展或更新穩定化計畫，不過部分選項對危機時的案主並不可行或無效。

4＝穩定化計畫有可能有用的選項，不過針對穩定化計畫的討論可以增加更多細節，可能更有效。

6＝穩定化計畫包含針對案主的有效應對選項，且在後續會談中必要時重提且修正細節。

8.＿＿＿ 治療計畫敘明且針對最相關的、兩人都同意的直接／間接自殺意念驅力及行為。

＊直接驅力：特定想法（如「若我死了大家比較好過」）、感受（如「我覺得非常羞愧」）和行為（如與伴侶的人際衝突）。

＊間接驅力：影響但不直接造成急性自殺衝動的深層因素（如無家可歸、憂鬱、物質濫用、創傷症候、孤獨）

0＝治療計畫並未針對最相關的自殺想法或行為驅力。

2＝治療計畫針對數個自殺驅力，不過並未充分強調案主的主要驅力。

4 = 治療計畫反映了案主數個最相關的驅力。

6 = 治療計畫針對最明顯造成案主自殺想法和／或行爲的最主要驅力。

9.＿＿＿**治療計畫建立了針對自殺的、問題解決的介入策略，以處遇案主自殺想法及行為的驅力。**

＊針對自殺的介入策略可能包含：移除道具、討論促進自殺的想法、減少孤立隔離；任何與案主自殺想法及行為最相關的想法、感受和行為策略。

0 = 處遇計畫並沒有針對自殺的處遇或強調驅力。

2 = 處遇計畫有一些針對一般自殺驅力的介入策略，不過並未爲案主的驅力量身打造。

4 = 處遇計畫有應用針對自殺的介入策略，不過若要針對案主驅力的特質就還需要更細節的調整。

6 = 處遇計畫應用了對案主明確定義爲自殺驅力的特定主題和自殺線索所量身打造的介入策略。

任何其他幫助治療師改進合作的意見、建議、和回饋：

＿＿＿＿＿＿＿＿＿＿＿＿＿＿＿＿＿＿＿＿＿＿＿＿＿＿＿＿
＿＿＿＿＿＿＿＿＿＿＿＿＿＿＿＿＿＿＿＿＿＿＿＿＿＿＿＿
＿＿＿＿＿＿＿＿＿＿＿＿＿＿＿＿＿＿＿＿＿＿＿＿＿＿＿＿

介入策略

10.＿＿＿**會談中應用針對自殺、問題解決的介入策略，以處遇自殺驅力。**

＊針對自殺的介入可能包含：移除道具、討論促進自殺的信念、增加人際連結；任何針對與案主自殺意念最相關的想法、感受和行為策略。

＊如合併使用 CAMS 治療工作表（CAMS Therapeutic Worksheet, CTW），應注意適當使用並必要時在後續會談中複習

0 = 會談時的治療取向並未應用針對自殺的介入策略來處遇驅力。

2 = 會談時的治療取向與驅力有關，不過並未充分連結案主讓將自殺視為解決問題方式的驅力。

4 = 會談時的治療取向有應用針對自殺的介入策略，不過可調整細節以更符合案主驅力的特質。

6 = 會談時的治療取向有應用量身打造的、針對自殺的、直接與案主獨特自殺驅力有關的介入策略。

11.＿＿＿談包含對希望、求生理由、未來計畫、目標、目的和意義的討論。

0 = 會談中的治療取向並未闡述希望、求生理由、未來計畫、目的和意義。

2 = 會談中的治療取向包含簡短的討論希望、求生理由、未來計畫、目標、目的和意義等主題，不過並未充分使患者參與討論這些要素。

4 = 會談中的治療取向包含有關希望、求生理由、未來計畫、目標、目的和意義等主題的討論，不過治療師並未充分將討論連結到建立治療目標。

6 = 會談中治療取向包含合作討論有關希望、求生理由、未來計畫、目標、目的和意義等主題，並且這些主題被應用在建立治療目標。

任何其他幫助治療師改進合作的意見、建議和回饋：

第三部分：CAMS整體評分

12.＿＿＿你會如何評估治療師對 CAMS 架構的整體配合度？

0 = 會談並未包含合作或聚焦自殺驅力，且並未遵照評估及處遇機制。

2 = 治療師能夠完成會談，不過會談內容僅偶而對應 CAMS 的必
　　要元素。

4 = 治療師聚焦在自殺驅力並且完成評估和處遇介入，儘管會談有
　　短暫失焦或短暫未與案主合作。

6 = 治療師注意到 CAMS 的各個面向，整個會談都一致性的合作
　　且聚焦自殺驅力，且有意義的應用、完成評估和處遇介入。

13.___　案主是否能接受這個治療模式？

0 = 案主完全不願意參與聚焦在自殺驅力的 CAMS 會談。

2 = 案主有些接納 CAMS，不過經常嘗試轉移話題，且／或在評估
　　或處遇自殺驅力時不願與治療師合作。

4 = 患者願意參與 CAMS 架構，不過數次需要重新聚焦。

6 = 案主完全投入會談，渴望透過 CAMS 架構探討、處遇他的自
　　殺意念。

14.___　治療師看起來有多自在？

0 = 治療師以 CAMS 架構討論案主的自殺意念時並不自在。

2 = 治療師完成大部分 CAMS 臨床架構的要點，不過在會談中並
　　未展現自主性，如缺乏接續提問（follow-up question），缺乏投
　　入、缺乏討論案主提供的 CAMS 架構相關資訊。

4 = 治療師在整個會談中應用 CAMS 架構都時很自在，只有少數
　　時刻不確定如何進一步引導案主投入。

6 = 治療師整個會談都非常自在，展現出精通 CAMS 哲學和臨床
　　架構，且能夠創意應用、願意冒險讓自殺案主完全投入。

任何其他幫助治療師改進合作的意見、建議和回饋：

_____

_____

_____

CAMS常見問題

賴佑華　譯

Q：CAMS 有這麼多文件要寫，是否可以只用部分的 SSF 而不用全部表格？

A：是的的確有許多文件，不過大部分都是在會談中與患者共同完成，並且用廣泛完整的文件紀錄評估和處遇，在面對執業疏失訴訟時是你的最佳保護。話雖如此，我知道許多治療師只應用 SSF 的特定部分，例如有些治療師只用初始會談 SSF 量表的前兩頁評估部分（A 和 B），有些不喜歡使用 HIPAA、偏好用其他文件記錄替代。在本書中我努力強調 CAMS 和 SSF 的彈性和可調整使用的特性，也就是說我眞心想讓治療師照自己的方式應用部分或全部的材料。不過我仍主觀認爲以我在本書敘述的方式應用 CAMS，是不論從研究、處遇或責任觀點看來都最合理的應用。近幾年我反而傾向不再同意「怎麼用都可以」而且都可以稱爲 CAMS——如果在執業安全上想要 CAMS 的全部支持和保護，你應該要用全部的 SSF，而不是部分。

Q：當案主技術上符合結案標準，我是否可以持續追蹤案主的自殺危機？

A：當然可以。我知道有很多治療師會在 CAMS 結案標準技術上達成後，決定持續進行額外的短期 CAMS 會談。對於某些個案，治療師需要更多時間確定他們的自殺掙扎已經「走出迷霧」，這完全是治療師的自主決定。

Q：我該多用力引入患者的親友參與 CAMS 穩定化計畫和驅力中心的治療？

A：和所有的臨床決策相似，這要看每個患者的情況。不過我傾向非常投入嘗試讓支持患者的人參與，當然這需要成年患者的書面同意。有些患者非常不希望有其他人參與；有些患者就蠻能接受這個概念的。也許更重要的是，至少要考慮納入重要他人的潛在價值。換句話說，如果你最後決定為了患者最佳利益不要納入其他人，把你的臨床決策緣由記錄下來仍然非常重要。跟兒童工作時，通常都必須有家長參與——至於多或少就是你就兒童最佳利益的專業判斷了。

Q：幾歲以上適用 CAMS？

A：我用這個方案的最年輕患者是 12 歲，不過 CAMS 曾對 5 歲兒童應用過（Anderson et al., 2016）。在這種情況時，治療師在解釋 SSF 架構時，可能需要扮演較活潑且指導性的角色，用兒童能接受且理解的語言進行。對認知障礙的患者也是一樣。只要能夠對過程有耐心、盡力用較仔細的說法澄清 SSF 架構，CAMS 沒什麼理由不能對廣泛的自殺患者使用。

Q：如果患者拒絕跟治療師並肩而坐怎麼辦？

A：有些個案可能因為身體界線議題無法採用 CAMS 建議的並肩而坐，當患者拒絕你換位子時，一定要理解且尊重，不應該堅持。在這樣的情況下，CAMS 可以面對面的方式進行，將寫字板在需要交換時傳來傳去。我對於並肩而坐的治療性價值和潛在的不舒服都非常敏感，我們必須永遠尊重和實踐患者對這件事的期待，同時仍然強調合作的重要性，不要冒險造成對立氣氛。

Q：我有個工作了很多年的個案，我們完全卡住了，而且自殺議題持續出現，我真的可以期待現在應用 CAMS 可以有幫助嗎？

A：是的，你可以。我曾有三個長期個案，顯然需要翻修處遇計畫，特別

是跟自殺有關的議題。我會建議以需要重新從頭檢視處遇計畫爲由，引入一個新方案（CAMS），也許可以讓你們兩個都有新的開始，或是可能以不一樣的角度重新了解自殺議題。我常收到治療師回饋，表示成功的對這樣的個案應用此方案。此外，這些長期個案通常都表達對治療師「重新啓動」治療的感激。

Q：CAMS 眞的很花時間，要怎麼把這個方案放進我已經很滿的臨床時間表？

A：CAMS 的確可能要多花一點時間，特別是當你剛開始學著應用時。不過漸漸熟悉且重複使用後，步調就會變輕鬆變快。許多有實徵研究基礎的處遇方案需要花多一點時間執行。當患者呈現生死自殺議題時，如果能拯救一個生命，我覺得這多一點的時間很值得。

Q：我喜歡 CAMS，不過我的工作場所必須使用線上紀錄，可是 SSF 是紙本評量該怎麼做？

A：目前的解法是掃描 SSF 到線上紀錄，或是也許另用資料夾保存 SSF 文件當作「治療師筆記」（依 HIPPA 隱私權法規定），並且在你的線上電子病歷紀錄上註明你應用的 CAMS 方案。我們刻正努力進行臨床研究發展「線上 SSF（E-SSF）」，不過我們目前知道線上版跟紙本是不能比的，所以在必要的研究證明線上版本的信效度前，建議使用紙本版。

Q：CAMS 可對精神疾患患者應用嗎？

A：我以前曾說 CAMS 遇到思緒混亂患者可能無法發揮效果，不過這幾年我看到許多治療師成功應用 CAMS 治療有嚴重精神疾病、思覺失調患者。試試看吧，如果沒有用，改用其他方案。

完成CAMS的個案實例：比爾

林恬安　譯

CAMS自殺狀態量表——第四版（SSF-4）初始會談

患者：<u>比爾</u>　臨床工作者：<u>大衛・賈布斯</u>　日期：_____　時間：_____

A部分（患者）：

排序　　請根據你現在的感覺，評定和完成下列各題。然後依重要程度，由1至5（1表最重要，5表最不重要）依序排列。

排序	題目
3	1.評估心理痛苦程度（心中的創傷／苦惱／悲慘不幸：**不是**壓力；**不是**生理痛苦）： 　　　　　**低度痛苦：1 2 ③ 4 5：高度痛苦** 　我覺得最痛苦的是：*我的人生、我的婚姻*
4	2.評估壓力程度（平常心中的壓迫感或超出負荷的感覺）： 　　　　　**低度壓力：1 2 3 ④ 5：高度壓力** 　讓我覺得壓力最大的是：*所有事*
5	3.評估激躁程度（情緒上的急迫感／感覺需採取行動：**不是**易怒；**不是**煩惱）： 　　　　　**低度激躁：1 2 ③ 4 5：高度激躁** 　曾經什麼時候我感覺必須要做些什麼：*我與我太太打起來時*
1	4.評估無望感程度（未來不論你做什麼，事情都不會有好轉的感覺）： 　　　　　**低度無望感：1 2 3 4 ⑤：高度無望感** 　讓我最絕望的是：*感到被困住*
2	5.評估自我厭惡程度（平常心中不喜歡自己的感覺／沒有自尊／無法自重）： 　　　　　**低度自我厭惡：1 2 3 4 ⑤：高度自我厭惡** 　我覺得最討厭自己的部分是：*我是個失敗者*
N/A	6.自殺危險性整體評估：　**極低度危險：1 2 ③ 4 5：極高度危險** 　　　　　　　　　　　**（不會自殺）　　　　　　　（會自殺）**

(1)想自殺與你對自己的想法和感覺有多強的關聯性？**無關：1 2 3 4 ⑤：完全有關**
(2)想自殺與你對別人的想法和感覺有多強的關聯性？**無關：1 2 3 4 ⑤：完全有關**

請列出你想要活下去的理由和想要死的理由，然後依重要程度由1至5排序。

排序	想活的理由	排序	想死的理由
1	太太	1	太太和小孩
2	小孩	2	被困住／逃離
		3	失敗者
		4	很悲慘

想活下去的程度： 一點也不想：0 1 ② 3 4 5 6 7 8 ：非常想
想死的程度： 一點也不想：0 1 2 3 4 5 ⑥ 7 8 ：非常想
可以幫助我不再想自殺的一件事是：感到自由，沒有被困住

B部分（臨床工作者者）：

⟨有⟩ 無　自殺意念　　描述：多數的夜晚，就寢前
　　　　　• 頻率　　　2～3 每日　　　每週　　　每月
　　　　　• 期間　　　　　秒　30 分鐘　2 小時
⟨有⟩ 無　自殺計畫　　時間：晚上，深夜
　　　　　　　　　　地點：在他家的書房
　　　　　　　　　　方法：朝自己的額頭開槍 ⟨是⟩ 否 可取得工具
　　　　　　　　　　方法：＿＿＿＿＿＿＿ 是 否 可取得工具
⟨有⟩ 無　自殺準備　　描述：已完成草稿自殺筆記
⟨有⟩ 無　自殺演練　　描述：曾把槍放在他自己頭上
有 ⟨無⟩　自殺行為史
　　　　　• 嘗試一次　描述：無
　　　　　• 嘗試多次　描述：無
有 ⟨無⟩　衝動性　　　描述：「不會有人說我是衝動的」
⟨有⟩ 無　物質濫用　　描述：酗酒，曾不過量飲酒
有 ⟨無⟩　重大失落　　描述：無
⟨有⟩ 無　關係問題　　描述：人際退縮／婚姻問題
⟨有⟩ 無　對他人造成負擔　描述：「他們沒有我會比較好」

有	⊛無	健康／疼痛問題	描述：_無_
⊛有	無	睡眠問題	描述：_短期失眠—過去有睡眠困擾_
⊛有	無	司法／財務問題	描述：_沒有法律—經濟壓力_
⊛有	無	羞愧	描述：_失敗者—「我是個失敗者」_

C部分（臨床工作者）：		治療計畫		
問題編號	問題描述	說明目標	介入方案	期間
1	可能自我傷害	安全及穩定	完成安定計畫☑	三個月
2	失敗的婚姻	拯救婚姻改善溝通	伴侶諮商覺察、認知行為治療、行為活化治療	三個月
3	無望感	↑希望	希望箱讀《選擇活下去》	三個月

是 _✔_　否 _____ 患者是否了解並同意治療計畫？
是 _____ 否 _✔_ 患者是否有立即性的自殺危險（需要住院治療）？

患者簽名　　　　　　　　　日期　　臨床工作者簽名　　　　　　日期

CAMS安定計畫

減少取得致命方法的方式：

1. _把槍交給哥哥——並於晚上九點前留下語音留言_

2. _減少喝酒／考慮參加戒酒者匿名會_

3. _____

當我處在自殺危機當下時，我能夠做以下不同的事情來處理危機（考慮危機卡）：

1. 帶狗去散步

2. 看娛樂與運動電視節目

3. 出門投籃

4. 寫日記

5. 嘗試和我太太或小孩講話

6. 生與死緊急聯絡電話：555-123-4567　DJ 的手機

　　　　　　　　生命線 800-273-TALK

我可以打電話求助或是降低我的疏離感的對象：

1. 我哥哥

2. 我的鄰居：佛列德

3.

出席預定的治療：

潛在的障礙　　　　　　　　我會嘗試的解決方法：

1. 我會去　　　　　　　　　（不適用）

2.

D部分（臨床工作者初始會談結束後評估）：

心理狀態檢查（圈選適當的項目）：

警覺程度：　　　（警覺）睏倦　嗜睡　無反應的

　　　　　　　　其他：

定向感：　　　　（人）（地）（時）（評估的理由）

情緒：　　　　　（平穩正常）過於愉快　煩躁不悅　激躁　憤怒

情感表現：　　　平板　遲鈍　限縮的（適當）起伏不定

思考連續性：　　（清楚且連貫）目標導向　離題　迂迴

　　　　　　　　其他：

思考內容：　　　（正常）強迫性思考　妄想　關係意念　怪異的　病態的

　　　　　　　　其他：

抽象思考能力：　　　(正常) 值得注意地具象
　　　　　　　　　　　其他：＿＿＿＿＿＿＿＿＿＿＿＿＿＿＿＿＿＿＿

語言表達：　　　　　　正常 (快速) 緩慢　口齒不清　貧乏的　無條理不連貫
　　　　　　　　　　　其他：＿＿＿＿＿＿＿＿＿＿＿＿＿＿＿＿＿＿＿

記憶：　　　　　　　　(功能大致仍保存)
　　　　　　　　　　　其他：＿＿＿＿＿＿＿＿＿＿＿＿＿＿＿＿＿＿＿

現實感：　　　　　　　(正常)
　　　　　　　　　　　其他：＿＿＿＿＿＿＿＿＿＿＿＿＿＿＿＿＿＿＿

值得注意的行為觀察：　大致上是合作的，測試性地談論槍枝的議題
　　　　　　　　　　　　＿

初步診斷／診斷（DSM／ICD診斷）：

　　　待評估
　　　排除重度憂鬱及廣泛性焦慮
　　　監控酒精使用和失眠狀況

患者整體自殺危險性等級　（圈選一個並說明）：
　　　　　　　　　　　　說明：
□輕度（想活的理由）　解釋：
☑中度（含糊不定）　　相當高的風險，但同意CAMS治療處遇，並將槍枝交給他的
□高度（想死的理由）　哥哥以降低他的風險。

個案記錄：
比爾是一個50歲男性白人，抱怨其婚姻不快和無望感。心理健康依從性差，抑鬱
並且飲酒。他願意放棄他的槍枝並參與CAMS治療。解釋伴侶諮商、可能的用藥、
認知行為治療、行為活化治療的用途。

下次會談時間：＿＿＿＿＿＿＿＿＿＿＿　治療模式：＿＿＿＿＿＿＿＿＿

臨床工作者簽名　　　　　　　　　　日期

自殺狀態量表——第四版（SSF-4）追蹤／更新治療期間會談表(2)

患者：<u>比爾</u> 臨床工作者：<u>大衛・賈布斯</u> 日期：_____ 時間：_____

A部分（患者）：

請根據你現在的感覺，評定和完成下列各題。

1.評估心理痛苦程度（心中的創傷／苦惱／悲慘不幸；**不是**壓力；**不是**生理痛苦）：
低度痛苦：1 2 3 ④ 5：高度痛苦
2.評估壓力程度（平常心中的壓迫感或超出負荷的感覺）：
低度壓力：1 2 3 ④ 5：高度壓力
3.評估激躁程度（情緒上的急迫感／感覺需採取行動；**不是**易怒；**不是**煩惱）：
低度激躁：1 ② 3 4 5：高度激躁
4.評估無望感程度（未來不論你做什麼，事情都不會有好轉的感覺）：
低度無望感：1 2 3 ④ 5：高度無望感
5.評估自我厭惡程度（平常心中不喜歡自己的感覺／沒有自尊／無法自重）：
低度自我厭惡：1 2 3 ④ 5：高度自我厭惡
6.自殺危險性整體評估： 極低度危險：1 ② 3 4 5：極高度危險 （不會自殺） （會自殺）

在過去一週內：

自殺想法／情緒　是✔否__　管理想法／情緒　是✔否__　自殺行為　是__否✔

B部分（臨床工作者）：	自殺危險性解除後，如果：當下整體的自殺風險<3；過去一週：沒有自殺行為並且有效的管理自殺想法／情緒　☑第一次會談　□第二次會談 **在確認自殺危險性已解除的第三次連續會談中完成SSF自殺結果表。**

治療計畫更新

患者狀態：

□中斷治療　□缺席　□取消　□住院　☑轉介／其他：<u>藥物諮詢、伴侶治療</u>

問題編號	問題描述	說明目標	介入方案	期間
1	可能自我傷害	安全及穩定	完成安定計畫☑	三個月

2	失敗的婚姻	拯救婚姻 改善溝通	轉介至伴侶治療	三個月
3	無望感	↑希望	讀閱於希望箱 相關的資訊 讀《選擇活下去》	三個月

患者簽名　　　　　　　　　　日期　　臨床工作者簽名　　　　　　　　日期

C部分（臨床工作者會談後評估）：

心理狀態檢查（圈選適當的項目）：

警覺程度：　　　　　　（警覺）睏倦　嗜睡　無反應的

　　　　　　　　　　　其他：_____

定向感：　　　　　　（人）（地）（時）（評估的理由）

情緒：　　　　　　　（平穩正常）過於愉快　煩躁不悅　激躁　憤怒

情感表現：　　　　　平板　遲鈍　限縮的（適當）起伏不定

思考連續性：　　　　（清楚且連貫）目標導向　離題　迂迴

　　　　　　　　　　其他：_____

思考內容：　　　　　（正常）強迫性思考　妄想　關係意念　怪異的　病態的

　　　　　　　　　　其他：_____

抽象思考能力：　　　（正常）值得注意地具象

　　　　　　　　　　其他：_____

語言表達：　　　　　（正常）快速　緩慢　口齒不清　貧乏的　無條理不連貫

　　　　　　　　　　其他：_____

記憶：　　　　　　　（功能大致仍保存）

　　　　　　　　　　其他：_____

現實感：　　　　　　（正常）

　　　　　　　　　　其他：_____

值得注意的行為觀察：　整體表現更佳，更溫和冷靜

初步診斷／診斷（DSM／ICD診斷）：

　　　重鬱症─復發
　　　酒精濫用
　　　_____

患者整體自殺危險性等級　（圈選一個並說明）：
　　　　　　　　　　說明：

☐輕度（想活的理由）　解釋：

☑中度（含糊不定）　　看起來較開朗，且對於伴侶治療的前景感到有希望。

☐高度（想死的理由）

個案記錄：

比爾整體而言皆改善——他表示沒有在喝酒並且參加戒酒者匿名會。他已經開始
使用安定計畫中的應對技巧，且睡眠狀況有稍稍改善。他願意接受轉介去諮詢藥
物。

下次會談時間：＿＿＿＿＿＿＿＿＿＿　治療模式：CAMS＋伴侶治療＋藥物轉介

臨床工作者簽名＿＿＿＿＿＿＿＿＿＿　日期

自殺狀態量表──第四版（SSF-4）追蹤／更新 治療期間會談表(3)

患者：<u>比爾</u>　臨床工作者：<u>大衛・賈布斯</u>　日期：<u>　　　</u>　時間：<u>　　　</u>

| A部分（患者）： |

請根據你現在的感覺，評定和完成下列各題。

1. 評估心理痛苦程度（心中的創傷／苦惱／悲慘不幸；**不是**壓力；**不是**生理痛苦）：
   低度痛苦：1 2 ③ 4 5 ：高度痛苦

2. 評估壓力程度（平常心中的壓迫感或超出負荷的感覺）：
   低度壓力：1 ② 3 4 5 ：高度壓力

3. 評估激躁程度（情緒上的急迫感／感覺需採取行動；**不是**易怒；**不是**煩惱）：
   低度激躁：1 ② 3 4 5 ：高度激躁

4. 評估無望感程度（未來不論你做什麼，事情都不會有好轉的感覺）：
   低度無望感：1 2 ③ 4 5：高度無望感

5. 評估自我厭惡程度（平常心中不喜歡自己的感覺／沒有自尊／無法自重）：
   低度自我厭惡：1 2 ③ 4 5：高度自我厭惡

6. 自殺危險性整體評估：
   極低度危險：① 2 3 4 5：極高度危險
   （不會自殺）　　　　　　（會自殺）

在過去一週內：

自殺想法／情緒　是✓否__　管理想法／情緒　是✓否__　自殺行為　是__否✓

| B部分（臨床工作者）： | 自殺危險性解除後，如果：當下整體的自殺風險<3；過去一週：沒有自殺行為並且有效的管理自殺想法／情緒　□第一次會談　☑第二次會談 **在確認自殺危險性已解除的第三次連續會談中完成SSF自殺結果表。** |

治療計畫更新

患者狀態：

□中斷治療　□缺席　□取消　□住院　☑轉介／其他：<u>伴侶治療</u>

問題編號	問題描述	說明目標	介入方案	期間
1	可能自我傷害	安全及穩定	完成安定計畫☑	三個月

2	婚姻不快	增進婚姻溝通	伴侶治療 認知行為治療 / 覺察心理治療	三個月
3	無望感	↑希望	在電話中實際化 希望箱 讀《選擇活下去》	三個月

患者簽名　　　　　　　　　　　日期　　臨床工作者簽名　　　　　　　　日期

C部分（臨床工作者會談後評估）：

心理狀態檢查（圈選適當的項目）：

警覺程度：　　　　　　　（警覺）睏倦　嗜睡　無反應的

　　　　　　　　　　　　其他：＿＿＿＿＿＿＿＿＿＿＿＿＿＿＿

定向感：　　　　　　　　（人）（地）（時）（評估的理由）

情緒：　　　　　　　　　（平穩正常）過於愉快　煩躁不悅　激躁　憤怒

情感表現：　　　　　　　平板　遲鈍　限縮的（適當）起伏不定

思考連續性：　　　　　　（清楚且連貫）目標導向　離題　迂迴

　　　　　　　　　　　　其他：＿＿＿＿＿＿＿＿＿＿＿＿＿＿＿

思考內容：　　　　　　　（正常）強迫性思考　妄想　關係意念　怪異的　病態的

　　　　　　　　　　　　其他：＿＿＿＿＿＿＿＿＿＿＿＿＿＿＿

抽象思考能力：　　　　　（正常）值得注意地具象

　　　　　　　　　　　　其他：＿＿＿＿＿＿＿＿＿＿＿＿＿＿＿

語言表達：　　　　　　　（正常）快速　緩慢　口齒不清　貧乏的　無條理不連貫

　　　　　　　　　　　　其他：＿＿＿＿＿＿＿＿＿＿＿＿＿＿＿

記憶：　　　　　　　　　（功能大致仍保存）

　　　　　　　　　　　　其他：＿＿＿＿＿＿＿＿＿＿＿＿＿＿＿

現實感：　　　　　　　　（正常）

　　　　　　　　　　　　其他：＿＿＿＿＿＿＿＿＿＿＿＿＿＿＿

值得注意的行為觀察：　　持續改善＿＿＿＿＿＿＿＿＿＿＿＿

初步診斷 / 診斷（DSM / ICD診斷）：

　　　　重鬱症—復發

　　　　酒精濫用—陳述未過量飲酒持續三週

患者整體自殺危險性等級　（圈選一個並說明）：

☑輕度（想活的理由）　　解釋：
□中度（含糊不定）　　　良好的遵從CAMS，對伴侶治療感到興奮。開始使用抗憂鬱
□高度（想死的理由）　　劑藥物。

個案記錄：

比爾的表現明顯地改善——參加戒酒者匿名會且在會中有一位幫助者，對於伴侶
治療感到滿意。他努力改善無望感，將在電話中實際化希望箱，並且正在閱讀
《選擇活下去》，同時，他也每晚寫日記。

下次會談時間：＿＿＿＿＿＿＿＿＿＿　治療模式：藥物治療＋伴侶治療

＿＿＿＿＿＿＿＿＿＿＿＿＿＿＿＿
臨床工作者簽名　　　　　　　　日期

自殺狀態量表──第四版（SSF-4）追蹤／更新 治療期間會談表(4)

患者：<u>比爾</u> 臨床工作者：<u>大衛・賈布斯</u> 日期：_____ 時間：_____

A部分（患者）：

請根據你現在的感覺，評定和完成下列各題。

1.評估心理痛苦程度（心中的創傷／苦惱／悲慘不幸；**不是**壓力；**不是**生理痛苦）： 低度痛苦：１２３４⑤：高度痛苦
2.評估壓力程度（平常心中的壓迫感或超出負荷的感覺）： 低度壓力：１２３４⑤：高度壓力
3.評估激躁程度（情緒上的急迫感／感覺需採取行動；**不是**易怒；**不是**煩惱）： 低度激躁：１２３④５：高度激躁
4.評估無望感程度（未來不論你做什麼，事情都不會有好轉的感覺）： 低度無望感：１２３４⑤：高度無望感
5.評估自我厭惡程度（平常心中不喜歡自己的感覺／沒有自尊／無法自重）： 低度自我厭惡：１２３４⑤：高度自我厭惡
6.自殺危險性整體評估： 極低度危險：１２③４５：極高度危險 （不會自殺）　　　　　　（會自殺）

在過去一週內：

自殺想法／情緒 是✔否__ 管理想法／情緒 是__否✔ 自殺行為 是✔否__

B部分（臨床工作者）：	自殺危險性解除後，如果：當下整體的自殺風險<3；過去一週：沒有自殺行為並且有效的管理自殺想法／情緒 □第一次會談 □第二次會談 **在確認自殺危險性已解除的第三次連續會談中完成SSF自殺結果表。**

治療計畫更新

患者狀態：

□中斷治療 □缺席 □取消 □住院 ✔轉介／其他：<u>藥物治療、伴侶治療</u>

問題編號	問題描述	說明目標	介入方案	期間
1	可能自我傷害	安全及穩定	改寫更新 完成安定計畫✔	三個月

| 2 | 背叛和對太太的信任 | 處理背叛議題 ↑對太太的信任 | 伴侶治療 察察取向的 心理治療 | 三個月 |
| 3 | 無望感＋自尊 | ↑希望 改善自尊 | 認知行為治療作業覺察取向的 心理治療 | 三個月 |

患者簽名 　　　　　　　　日期　　臨床工作者簽名 　　　　　　　日期

C部分（臨床工作者會談後評估）：

心理狀態檢查（圈選適當的項目）：

警覺程度：　　　　　　(警覺) 睏倦　嗜睡　無反應的

其他：＿＿＿＿＿＿＿＿

定向感：　　　　　　(人)　(地)　(時)　(評估的理由)

情緒：　　　　　　平穩正常　過於愉快　煩躁不悅　(激躁)　憤怒

情感表現：　　　　平板　遲鈍　限縮的　適當　(起伏不定)

思考連續性：　　　(清楚且連貫) 目標導向　離題　迂迴

其他：＿＿＿＿＿＿＿＿

思考內容：　　　　(正常) 強迫性思考　妄想　關係意念　怪異的　病態的

其他：＿＿＿＿＿＿＿＿

抽象思考能力：　　(正常) 值得注意地具象

其他：＿＿＿＿＿＿＿＿

語言表達：　　　　正常　(快速) 緩慢　口齒不清　貧乏的　無條理不連貫

其他：＿＿＿＿＿＿＿＿

記憶：　　　　　　(功能大致仍保存)

其他：＿＿＿＿＿＿＿＿

現實感：　　　　　(正常)

其他：＿＿＿＿＿＿＿＿

值得注意的行為觀察：　危機會談——比爾非常低落

初步診斷／診斷（DSM／ICD診斷）：

重鬱症

酒精濫用

患者整體自殺危險性等級　（圈選一個並說明）：

☐輕度（想活的理由）　解釋：

☐中度（含糊不定）　伴侶治療中，揭露對妻子的背叛：有婚外情，且正扶養

☑高度（想死的理由）　一位住在加拿大的女兒。

個案記錄：

困難的一次會談。比爾在伴侶治療中丟下了一個震撼彈：關於20年以上的婚外情，並且與對方育有一女，婚外情對象與女兒住在加拿大。太太感到非常低落，但願意持續在伴侶治療中面對；太太亦發現比爾在網路上搜尋毒品。比爾打給我想進行CAMS治療以及討論安定計畫。

下次會談時間：_____　治療模式：排除住院，藥物治療＋伴侶治療

臨床工作者簽名　　　　　　　　　　日期

自殺狀態量表──第四版（SSF-4）追蹤／更新 治療期間會談表(5)

患者：<u>比爾</u> 臨床工作者：<u>大衛・賈布斯</u> 日期：＿＿＿ 時間：＿＿＿

A部分（患者）：

請根據你現在的感覺，評定和完成下列各題。

1.評估心理痛苦程度（心中的創傷／苦惱／悲慘不幸；**不是**壓力；**不是**生理痛苦）：
低度痛苦：1 2 ③ 4 5 ：高度痛苦
2.評估壓力程度（平常心中的壓迫感或超出負荷的感覺）：
低度壓力：1 2 ③ 4 5 ：高度壓力
3.評估激躁程度（情緒上的急迫感／感覺需採取行動；**不是**易怒；**不是**煩惱）：
低度激躁：1 2 ③ 4 5 ：高度激躁
4.評估無望感程度（未來不論你做什麼，事情都不會有好轉的感覺）：
低度無望感：1 2 3 ④ 5：高度無望感
5.評估自我厭惡程度（平常心中不喜歡自己的感覺／沒有自尊／無法自重）：
低度自我厭惡：1 2 3 ④ 5：高度自我厭惡
6.自殺危險性整體評估：　　極低度危險：1 2 ③ 4 5：極高度危險 　　　　　　　　　　（不會自殺）　　　　　　　（會自殺）

在過去一週內：

自殺想法／情緒　是✓否＿　管理想法／情緒　是＿否✓　自殺行為　是＿否✓

B部分（臨床工作者）：	自殺危險性解除後，如果：當下整體的自殺風險<3；過去一週：沒有自殺行為並且有效的管理自殺想法／情緒　□第一次會談　□第二次會談 **在確認自殺危險性已解除的第三次連續會談中完成 SSF 自殺結果表。**

治療計畫更新

患者狀態：

□中斷治療　□缺席　□取消　□住院　✓轉介／其他：<u>藥物治療、伴侶治療</u>

問題編號	問題描述	說明目標	介入方案	期間
1	可能自我傷害	安全及穩定	完成安定計畫✓	三個月

| 2 | 對太太的信任 | 改善信任議題 | 「約會夜」
六個月
行為契約 | 三個月 |
| 3 | 自我感覺 | 改善自尊 | 過去的作業
＋認知行為治療 | 三個月 |

患者簽名　　　　　　　　日期　　臨床工作者簽名　　　　　　日期

C部分（臨床工作者會談後評估）：

心理狀態檢查（圈選適當的項目）：

警覺程度：　　　　　（警覺）睏倦　嗜睡　無反應的
　　　　　　　　　　其他：＿＿＿＿＿＿＿＿＿＿＿＿＿

定向感：　　　　　（人）（地）（時）（評估的理由）
情緒：　　　　　（平穩正常）過於愉快　煩躁不悅　激躁　憤怒
情感表現：　　　　平板　遲鈍　限縮的（適當）起伏不定
思考連續性：　　　（清楚且連貫）目標導向　離題　迂迴
　　　　　　　　　其他：＿＿＿＿＿＿＿＿＿＿＿＿＿

思考內容：　　　　（正常）強迫性思考　妄想　關係意念　怪異的　病態的
　　　　　　　　　其他：＿＿＿＿＿＿＿＿＿＿＿＿＿

抽象思考能力：　　（正常）值得注意地具象
　　　　　　　　　其他：＿＿＿＿＿＿＿＿＿＿＿＿＿

語言表達：　　　　（正常）快速　緩慢　口齒不清　貧乏的　無條理不連貫
　　　　　　　　　其他：＿＿＿＿＿＿＿＿＿＿＿＿＿

記憶：　　　　　（功能大致仍保存）
　　　　　　　　　其他：＿＿＿＿＿＿＿＿＿＿＿＿＿

現實感：　　　　　（正常）
　　　　　　　　　其他：＿＿＿＿＿＿＿＿＿＿＿＿＿

值得注意的行為觀察：　較冷靜溫和，不再是危機狀態

初步診斷／診斷（DSM／ICD診斷）：

重鬱症

酒精濫用

患者整體自殺危險性等級　（圈選一個並說明）：

☐輕度（想活的理由）　解釋：

☑中度（含糊不定）　表現較上次會談佳，在伴侶治療中努力婚姻背叛的議題。

☐高度（想死的理由）

個案記錄：

比爾和太太看起來很堅定的在伴侶治療中面對處理婚姻困難，他們彼此簽訂了六個月的行為契約來建立信任。對於太太得知自己的「祕密」，以及得到太太願意給予自己六個月的時間來向她證明自己，比爾感到解脫。在新的問題／起因：自尊議題中持續努力。

下次會談時間：　　　　　　　　治療模式：藥物治療＋伴侶治療

臨床工作者簽名　　　　　　　日期

自殺狀態量表──第四版（SSF-4）追蹤／更新 治療期間會談表(6)

患者：比爾　　臨床工作者：大衛・賈布斯　　日期：＿＿＿＿＿　時間：＿＿＿＿＿

> ### A部分（患者）：

請根據你現在的感覺，評定和完成下列各題。

1.評估心理痛苦程度（心中的創傷／苦惱／悲慘不幸；**不是**壓力；**不是**生理痛苦）： 低度痛苦：1 ②3 4 5 ：高度痛苦
2.評估壓力程度（平常心中的壓迫感或超出負荷的感覺）： 低度壓力：1 ②3 4 5 ：高度壓力
3.評估激躁程度（情緒上的急迫感／感覺需採取行動；**不是**易怒；**不是**煩惱）： 低度激躁：①2 3 4 5 ：高度激躁
4.評估無望感程度（未來不論你做什麼，事情都不會有好轉的感覺）： 低度無望感：1 2 ③4 5：高度無望感
5.評估自我厭惡程度（平常心中不喜歡自己的感覺／沒有自尊／無法自重）： 低度自我厭惡：1 2 ③4 5：高度自我厭惡
6.自殺危險性整體評估：　　極低度危險：1 ②3 4 5：極高度危險 （不會自殺）　　　　　（會自殺）

在過去一週內：

自殺想法／情緒　是✓否＿　管理想法／情緒　是✓否＿　自殺行為　是＿否✓

> ### B部分（臨床工作者）：

自殺危險性解除後，如果：當下整體的自殺風險<3；過去一週：沒有自殺行為並且有效的管理自殺想法／情緒　☑第一次會談　□第二次會談
在確認自殺危險性已解除的第三次連續會談中完成SSF自殺結果表。

治療計畫更新

患者狀態：

☐中斷治療　☐缺席　☐取消　☐住院　☑轉介／其他：藥物治療、伴侶治療

問題編號	問題描述	說明目標	介入方案	期間
1	可能自我傷害	安全及穩定	完成安定計畫☑	三個月
2	對太太的信任	改善信任議題	六個月行為契約伴侶治療覺察取向作業	三個月
3	自我感覺	改善自愛和同情心	日記抒寫＋認知行為治療作業	三個月

患者簽名　　　　　　　　日期　　臨床工作者簽名　　　　　　日期

C部分（臨床工作者會談後評估）：

心理狀態檢查（圈選適當的項目）：

警覺程度：　　　　　　（警覺）睏倦　嗜睡　無反應的
　　　　　　　　　　　其他：＿＿＿＿＿＿＿＿＿＿

定向感：　　　　　　　（人）（地）（時）（評估的理由）

情緒：　　　　　　　　（平穩正常）過於愉快　煩躁不悅　激躁　憤怒

情感表現：　　　　　　平板　遲鈍　限縮的（適當）起伏不定

思考連續性：　　　　　（清楚且連貫）目標導向　離題　迂迴
　　　　　　　　　　　其他：＿＿＿＿＿＿＿＿＿＿

思考內容：　　　　　　（正常）強迫性思考　妄想　關係意念　怪異的　病態的
　　　　　　　　　　　其他：＿＿＿＿＿＿＿＿＿＿

抽象思考能力：　　　　（正常）值得注意地具象
　　　　　　　　　　　其他：＿＿＿＿＿＿＿＿＿＿

語言表達：　　　　　　（正常）快速　緩慢　口齒不清　貧乏的　無條理不連貫
　　　　　　　　　　　其他：＿＿＿＿＿＿＿＿＿＿

記憶：　　　　　　　（功能大致仍保存）

其他：＿＿＿＿＿＿＿＿＿＿＿＿＿＿＿＿＿＿

現實感：　　　　　　（正常）

其他：＿＿＿＿＿＿＿＿＿＿＿＿＿＿＿＿＿＿

值得注意的行為觀察：　謹慎地抱持著希望／開朗的情感＿＿

初步診斷／診斷（DSM／ICD診斷）：

重鬱症＿＿＿＿＿＿＿＿＿＿＿＿＿＿＿＿＿＿＿＿＿＿＿＿＿＿＿

酒精濫用＿＿＿＿＿＿＿＿＿＿＿＿＿＿＿＿＿＿＿＿＿＿＿＿＿＿

＿＿＿＿＿＿＿＿＿＿＿＿＿＿＿＿＿＿＿＿＿＿＿＿＿＿＿＿＿＿＿

患者整體自殺危險性等級　（圈選一個並說明）：

☑輕度（想活的理由）　解釋：

☐中度（含糊不定）　　他感覺自己和太太有「第二次機會」，在過去一週，僅有

☐高度（想死的理由）　一次即閃而逝的自殺想法。

個案記錄：

比爾表現得越來越好，他感到或許他的婚姻是還有可能被拯救的。他的情感是開朗的，他與戒酒者匿名會中的幫助者一同努力且出席匿名會。比爾喜歡書寫日記，並且發現行為契約對於贏回太太的信任是很有幫助的。他看起來持續地抱持著希望。

＿＿＿＿＿＿＿＿＿＿＿＿＿＿＿＿＿＿＿＿＿＿＿＿＿＿＿＿＿＿＿

下次會談時間：＿＿＿＿＿＿＿＿＿　治療模式：＿＿＿＿＿＿＿＿

＿＿＿＿＿＿＿＿＿＿＿＿＿＿＿＿＿

臨床工作者簽名　　　　　　　　　日期

自殺狀態量表──第四版（SSF-4）追蹤／更新 治療期間會談表(7)

患者：_比爾___　臨床工作者：_大衛・賈布斯___　日期：_____　時間：_____

A部分（患者）：

請根據你現在的感覺，評定和完成下列各題。

1. 評估心理痛苦程度（心中的創傷／苦惱／悲慘不幸；**不是**壓力；**不是**生理痛
　苦）：
低度痛苦：1 ② 3 4 5 ：高度痛苦

2. 評估壓力程度（平常心中的壓迫感或超出負荷的感覺）：
低度壓力：① 2 3 4 5 ：高度壓力

3. 評估激躁程度（情緒上的急迫感／感覺需採取行動；**不是**易怒；**不是**煩惱）：
低度激躁：① 2 3 4 5 ：高度激躁

4. 評估無望感程度（未來不論你做什麼，事情都不會有好轉的感覺）：
低度無望感：1 ② 3 4 5：高度無望感

5. 評估自我厭惡程度（平常心中不喜歡自己的感覺／沒有自尊／無法自重）：
低度自我厭惡：1 ② 3 4 5：高度自我厭惡

6. 自殺危險性整
　體評估：
極低度危險：① 2 3 4 5：極高度危險
（不會自殺）　　　　　　　（會自殺）

在過去一週內：

自殺想法／情緒　是__ 否✔　管理想法／情緒　是✔ 否__　　自殺行為　是__ 否✔

B部分（臨床工作者）：

自殺危險性解除後，如果：當下整體的自殺風險<3；
過去一週：沒有自殺行為並且有效的管理自殺想法／
情緒　□第一次會談　☑第二次會談
**在確認自殺危險性已解除的第三次連續會談中完成
SSF自殺結果表。**

治療計畫更新

患者狀態：

□中斷治療　□缺席　□取消　□住院　☑轉介／其他：_藥物治療、伴侶治療_

編號	問題描述	說明目標	介入方案	期間
1	可能自我傷害	安全及穩定	完成安定計畫☑	三個月

| 2 | 在婚姻裡的信任 | 值得信任 | 伴侶治療
覺察的心理治療 | 三個月 |
| 3 | 自我關注 | 自愛和同情心 | 日記抒寫
覺察
心理治療 | 三個月 |

患者簽名 　　　　　　　　　　日期　　臨床工作者簽名 　　　　　　　日期

C部分（臨床工作者會談後評估）：

心理狀態檢查（圈選適當的項目）：

警覺程度：　　　　　　　（警覺）睏倦　嗜睡　無反應的
　　　　　　　　　　　　　其他：＿＿＿＿＿＿＿＿＿＿＿＿＿＿＿＿＿

定向感：　　　　　　　　（人）（地）（時）（評估的理由）

情緒：　　　　　　　　　（平穩正常）過於愉快　煩躁不悅　激躁　憤怒

情感表現：　　　　　　　平板　遲鈍　限縮的（適當）起伏不定

思考連續性：　　　　　　（清楚且連貫）目標導向　離題　迂迴
　　　　　　　　　　　　　其他：＿＿＿＿＿＿＿＿＿＿＿＿＿＿＿＿＿

思考內容：　　　　　　　（正常）強迫性思考　妄想　關係意念　怪異的　病態的
　　　　　　　　　　　　　其他：＿＿＿＿＿＿＿＿＿＿＿＿＿＿＿＿＿

抽象思考能力：　　　　　（正常）值得注意地具象
　　　　　　　　　　　　　其他：＿＿＿＿＿＿＿＿＿＿＿＿＿＿＿＿＿

語言表達：　　　　　　　（正常）快速　緩慢　口齒不清　貧乏的　無條理不連貫
　　　　　　　　　　　　　其他：＿＿＿＿＿＿＿＿＿＿＿＿＿＿＿＿＿

記憶：　　　　　　　　　（功能大致仍保存）
　　　　　　　　　　　　　其他：＿＿＿＿＿＿＿＿＿＿＿＿＿＿＿＿＿

現實感：　　　　　　　　（正常）
　　　　　　　　　　　　　其他：＿＿＿＿＿＿＿＿＿＿＿＿＿＿＿＿＿

值得注意的行為觀察：　　整體而言改善許多

初步診斷／診斷（DSM／ICD診斷）：

重鬱症

酒精濫用

患者整體自殺危險性等級　（圈選一個並說明）：

☑輕度（想活的理由）　解釋：

☐中度（含糊不定）　　比爾看起來已經好轉了。伴侶治療進行得很順利，「約會

☐高度（想死的理由）　夜」是一個成功！

個案記錄：

比爾表現得越來越好，戒酒者匿名會中的幫助者是一個巨大的支持，藥物看起來
也很有幫助。睡眠狀況越來越好，精神也改善許多，他感覺可能可以挽回太太。
伴侶契約附於此紀錄後。可能於下次會談結束CAMS。

下次會談時間：　　　　　　　　　　　治療模式：藥物治療＋伴侶治療

臨床工作者簽名　　　　　　　　　　　日期

自殺狀態量表——第四版（SSF-4）結果／處置最後會談表(8)

患者：<u>比爾</u>　臨床工作者：<u>大衛·賈布斯</u>　日期：_____　時間：_____

A部分（患者）：

請根據你現在的感覺，評定和完成下列各題。

1.評估心理痛苦程度（心中的創傷／苦惱／悲慘不幸；**不是**壓力；**不是**生理痛苦）： 　　　　　　　　低度痛苦：1 ② 3 4 5 ：高度痛苦
2.評估壓力程度（平常心中的壓迫感或超出負荷的感覺）： 　　　　　　　　低度壓力：① 2 3 4 5 ：高度壓力
3.評估激躁程度（情緒上的急迫感／感覺需採取行動；**不是**易怒；**不是**煩惱）： 　　　　　　　　低度激躁：① 2 3 4 5 ：高度激躁
4.評估無望感程度（未來不論你做什麼，事情都不會有好轉的感覺）： 　　　　　　　　低度無望感：① 2 3 4 5：高度無望感
5.評估自我厭惡程度（平常心中不喜歡自己的感覺／沒有自尊／無法自重）： 　　　　　　　　低度自我厭惡：1 ② 3 4 5 ：高度自我厭惡
6.自殺危險性整體評估：　極低度危險：① 2 3 4 5：極高度危險 　　　　　　　　（不會自殺）　　　　　　（會自殺）

在過去一週內：

自殺想法／情緒　是___否✔　管理想法／情緒　是✔否___　自殺行為　是___否✔

有哪些你的治療層面，是對你特別有幫助的？如果有，請儘可能地詳細描述。

安定計畫——六個月的伴侶契約真的幫助很大。

當未來再次有自殺危機時，你從你此次的臨床照護中學習到哪些事情是可以幫得上忙的？

和太太談談、運用我的實際化希望箱、聯絡治療師

B部分（臨床工作者）：

是否為自殺危險性解除的第三次連續會談：是✔否___
（若否，繼續CAMS追蹤）
**如果在自殺危險性解除後連續的第三週：當下整體的自殺風險<3；過去一週：沒有自殺行為並且有效的管理自殺想法／情緒

結果／處置（可複選）

✔　繼續門診心理治療　　　　　　　　___住院治療

___雙方同意結案　　　　　　　　___患者選擇中斷治療（單方面）

___轉介至：

✔　其他，描述：會持續參與戒酒者匿名會、伴侶治療、藥物治療

下次會談時間（如果有）：＿＿＿＿＿＿＿＿＿＿＿＿＿＿＿＿＿

＿＿＿＿＿＿＿＿＿＿＿＿＿＿＿＿　　＿＿＿＿＿＿＿＿＿＿＿＿＿＿＿＿

患者簽名　　　　　　　　日期　　臨床工作者簽名　　　　　　　日期

C部分（臨床工作者會談後評估）：

心理狀態檢查（圈選適當的項目）：

警覺程度：　　　　　　（警覺）睏倦　嗜睡　無反應的
　　　　　　　　　　　其他：＿＿＿＿＿＿＿＿＿＿＿＿＿＿

定向感：　　　　　（人）（地）（時）（評估的理由）
情緒：　　　　　　（平穩正常）過於愉快　煩躁不悅　激躁　憤怒
情感表現：　　　　平板　遲鈍　限縮的　適當　起伏不定
思考連續性：　　　（清楚且連貫）目標導向　離題　迂迴
　　　　　　　　　其他：＿＿＿＿＿＿＿＿＿＿＿＿＿＿

思考內容：　　　　（正常）強迫性思考　妄想　關係意念　怪異的　病態的
　　　　　　　　　其他：＿＿＿＿＿＿＿＿＿＿＿＿＿＿

抽象思考能力：　　（正常）值得注意地具象
　　　　　　　　　其他：＿＿＿＿＿＿＿＿＿＿＿＿＿＿

語言表達：　　　　（正常）快速　緩慢　口齒不清　貧乏的　無條理不連貫
　　　　　　　　　其他：＿＿＿＿＿＿＿＿＿＿＿＿＿＿

記憶：　　　　　　（功能大致仍保存）
　　　　　　　　　其他：＿＿＿＿＿＿＿＿＿＿＿＿＿＿

現實感：　　　　　（正常）
　　　　　　　　　其他：＿＿＿＿＿＿＿＿＿＿＿＿＿＿

值得注意的行為觀察：　我見過比爾最好的狀態——看起來快樂。

初步診斷／診斷（DSM／ICD診斷）：

　　重鬱症
　　酒精濫用
＿＿＿＿＿＿＿＿＿＿＿＿＿＿＿＿＿＿＿＿＿＿＿＿＿＿＿＿＿＿

患者整體自殺危險性等級　（圈選一個並說明）：
☑輕度（想活的理由）　解釋：
☐中度（含糊不定）　　達到CAMS結案標準
☐高度（想死的理由）

個案記錄：

比爾已經準備好結束CAMS的照護，並且將重心移至非以自殺為中心的治療。伴侶治療很困難，但是進行得很好。戒酒者匿名會以及其中的幫助者都改變了情況，比爾正在努力戒酒的十二步驟中。藥物治療看起來也很有幫助。預計持續每週一次的心理治療＋伴侶治療＋藥物治療。

臨床工作者簽名　　　　　　　　　　日期

國家圖書館出版品預行編目資料

自殺危機處遇：合作取向／大衛·賈伯斯著；
賴佑華，林恬安，謝嘉譯. -- 二版. -- 臺北
市：五南，2020.12
　　面；　　公分.
譯自：Managing suicidal risk : a collaborative approach.
ISBN 978-986-522-330-4(平裝)
1.自殺 2.危機管理
548.85　　　　　　　　　109016555

1BWB

自殺危機處遇
——合作取向

作　　者 ― 大衛·賈伯斯（David A. Jobes）

譯　　者 ― 賴佑華、林恬安、謝嘉

發 行 人 ― 楊榮川

總 經 理 ― 楊士清

總 編 輯 ― 楊秀麗

副總編輯 ― 王俐文

責任編輯 ― 金明芬

封面設計 ― 王麗娟

出 版 者 ― 五南圖書出版股份有限公司

地　　址：106台北市大安區和平東路二段339號4樓

電　　話：(02)2705-5066　　傳　　真：(02)2706-6100

網　　址：https://www.wunan.com.tw

電子郵件：wunan@wunan.com.tw

劃撥帳號：01068953

戶　　名：五南圖書出版股份有限公司

法律顧問　林勝安律師事務所　林勝安律師

出版日期　2010年 5 月初版一刷
　　　　　2020年12月二版一刷

定　　價　新臺幣500元